# 安倍改憲・壊憲総批判
# 憲法研究者は訴える

憲法ネット１０３ 編

八月書館

# 憲法ネット103編『安倍改憲・壊憲総批判——憲法研究者は訴える』目次

# はじめに——編集会議の帰り道で

**根森**　これで、やっと待望の私たち、憲法研究者と市民のネットワーク（略称・憲法ネット１０３）の本が出版できるね。『安倍改憲・壊憲総批判——憲法研究者は訴える』というタイトルは、これまでの憲法ネット１０３の足取りをよく表わしているネーミングかな。

**稲**　確かにそうだね。安倍首相が、いわば自分の政治の仕上げとばかりに「憲法9条自衛隊加憲」を打ち出して、衆議院解散に打って出た。あまりにもアクドイ「改憲・壊憲」策動に、もうこれ以上許してはダメだと、２０１７年10月に立ち上げたのが、憲法研究者と市民のネットワーク（略称・憲法ネット１０３）だったからね。

＊参照　憲法ネット１０３の website：https://kenponet103.com/

**根森**　その立ち上げ集会以来、この2年間、緊急声明活動、シンポジウム開催、「憲法なんでも出前講師グループ」の活動、市民と語る憲法講座「どこでも憲法」活動などを、仲間の憲法研究者と一緒になって、どうにかこうにかここまで行なってきたんだね。

**稲**　本当だね。２０１５年の安保法制の成立以来急激に、憲法が予定している民主主義も平和主義も人権保障もひどく侵害され、立憲主義の歪曲も極限まで行き着いた感がしたからね。いよいよ改憲が目前に迫っている危機的な状況の中で、この2年間、憲法研究者一人一人が、本来の教壇や論壇での研究・教育活動、言論活動を超えて、いまの憲法状況を憂え、この国の行く末を心配している市民とともに、ネットワークを作ってきた。憲法の危機的状況を乗り越えようと、ささやかながら「頑張ってきた！」。そうした憲法ネット１０３の活動の中から、この本ができたと言えるね。

**根森**　そうだね。今回のこの本は、立ち上げ集会以来の各シンポジウムや「どこでも憲法」での講演、報告などをベースに、全部で15人の憲法研究者が執筆した18本の論稿と関連資料からなっているね。この本の、第Ⅰ部「安倍改憲はここが問題だ！」、第Ⅱ部「沖縄は安倍改憲・壊憲に負けない！」、第Ⅲ部「安倍壊憲政治を乗り越える！」に収められた各章は、そんな憲法研究者の熱い思いが吐露されたものだね。

**稲**　読者の皆さんがぜひ本書を手にとって、現在の改憲問題の本質、沖縄の置かれている問題、壊憲状況とその克服について問題を共有してもらえれば嬉しい。

＊この本は、私たちの漠然とした「出来たらいいね」という想いを受けとめて、企画、執筆の呼びかけ、編集をリードしてくれた飯島滋明さんの頑張りと、八月書館の出版の献身的な引き受けによって可能になりました。感謝しています。今後とも、憲法ネット１０３の活動の中から本書のような企画・出版が続けられればと思っています。

２０１９年10月13日　稲　正樹

根森　健

# 第Ⅰ部　安倍改憲はここが問題だ！

# 第１章　自民党「改憲４項目」批判
## ――第９条には「平和省」こそ相応しい

鈴木　眞澄

【要旨】

２０１７年５月３日安倍首相の唐突な「自衛隊明記」の憲法改正構想を受けて、自民党憲法改正推進本部は「改憲４項目」のたたき台を作成し、所属国会議員等に配布した。このうち問題となるのは①自衛隊の明記、②緊急事態対応であり、③合区解消・地方公共団体、④教育充実は現行法律か法律改正で対応できるものである。ここではまず「改憲４項目」の①を中心に、憲法の平和主義原理の「原意」、即ち「すべての戦争と武力による威嚇・行使の放棄」という法意から徹底批判する。その上で、憲法の平和主義原理を実現するための政策として、「武力行使をさせない政策」と共に、平和主義原理が本来想定していた「積極的な平和政策」、筆者の言葉では「丸腰の積極的平和政策」を探求する。これには従来からかなりの研究業績が蓄積されているが、総じて、憲法前文と第９条の平和主義原理の理念、人権としての平和的生存権の理念を世界に発信し、東アジアをはじめ国際社会との連携・連帯を図り、組織化を追求する、という政策手法が共通する。そこで本稿では、そうした政策手法を象徴し、さらに具体化する手立てとして、「平和省」構想と「平和のテーブル」構想を提言したい。

### Ⅰ・はじめに――本稿の目的

１．２０１９年９月11日安倍第４次内閣が発足し「党一丸となって憲法改正に取り組む」姿勢を強調した。自民党は２０１２年「日本国憲法改正草案」を提起していたが、憲法研究者を中心に徹底批判が行われきた（参考文献①、②等）。それにも拘らず、２０１４年7月には閣議決定のみで集団的自衛権に途を開き、翌15年9月には安保関連法制を強行採決した。さらに２０１７年の憲法記念日に突如として安倍首相は「自衛隊を明記する」改憲案を提起し、それを受けて自民党は憲法改正推進本部が18年3月にまとめた「改憲4項目」の「条文イメージ（たたき台素案）」（以下「改憲4項目」という。）を２０１９年2月所属国会議員等に向けて送付し議論喚起をしている。19年7月の参議院選挙では政権与党のみで改憲発議に必要な3分の2を維持できないこととなったが、戦後政治からの脱却の最後として安倍政権は憲法改正に執念を燃やしている。今後の自民党のいう「憲法改正」の中身が明確ではないが、先の「改憲4項目」がたたき台になることは間違いないところから、ここで徹底批判をしておく必要があろう。

筆者は、自衛隊明記の改憲案が現実味を帯び始めている今だからこそ、憲法の平和主義原理の「原意」、即ち「すべての戦争と武力による威嚇・行使の放棄」という法意にこだわるべきだと考えている。それは第1に、立憲主義との関係からである。即ち、日本国憲法の前文及び第９条の平和主義は、立憲主義発展史を正統に「継承」しながら、他方で「武力によって戦いとられ、維持される正義」観と「断絶」するという「立憲主義のための挑戦」だったのであり、また日本社会はこの「断絶」をあえて踏み出すことで近代立憲主義の核心である個人の尊厳という価値に基底する社会を構想することができたのだから「憲法第９条は自由の条件」なのである（樋口陽一。参考文献③）。そして第2に、以下に述べるように、平和政策論の座標軸を適正に保つためである。

2．ところで、筆者は大学の教壇を離れて少しずつ市民運動に携わっているが、最近耳にするのは、「では、日本はどうすればいいのか？」という質問である。平和主義は憲法の三大原理であり、憲法改正（第96条）の限界を画することは誰でも知っているが、この問い立ては、「非武装・中立政策」と

「非暴力による抵抗論」の組み合わせとは違う応答を期待しているように思える。ここで分厚い応答をしないと、「改憲4項目」に言う程度の「自衛隊の明記」ならいいのではないか、という素朴な意識に行きついてしまうだろう。護憲側にも、とりあえず「専守防衛」まで押し戻そうという議論もあるようだが、「専守防衛」論は「最小限の実力」という歯止めをかけようとも自衛隊の存在を前提にしているのであれば、平和政策論の座標軸は右にシフトし、さらに「自衛隊」の文言が憲法に書き込まれれば「憲法の解釈」として軍事路線の防衛政策は際限なく進むだろう。しかし、憲法の平和主義原理の「原意」は、それ自身を実現するための「政策」を必要とし、それは本来、軍事力の阻止政策に止まらず、「非軍事の」、筆者の言葉で言えば「丸腰の」積極的平和政策を想定しているはずである。そしてその方向での平和主義の確信こそが、従来の軍事力阻止運動に強固な力を与えることになろう。

3．本稿は以上のパースペクティブの下で、第1に、「改憲4項目」を徹底批判する（その際は、「改憲問題対策法律家6団体連絡会」の「自民党憲法改正推進本部作成改憲案（4項目）「Q＆A」徹底批判」を参考資料とする。参考文献④、⑤）。その上で、第2に、詳細な議論は別の機会にゆずるとして、「改憲4項目」阻止運動を後押しするはずの「丸腰の積極的平和政策」を論じ、ささやかながら二つの試案を提言しようと思う。

## Ⅱ・「改憲4項目」批判

「自民党Q＆A」によれば、「改憲4項目」提案の趣旨は大要次の通りである。「日本国憲法の下で自由で民主的社会、経済発展、国民主権、基本的人権尊重、平和主義が定着したが、施行後70年、国民意識、周囲の環境が大きく変化し、現状と合わなくなってきた。」

この認識の最後の部分は護憲派と全く異なるが、問題なのは第1の「自衛隊の明記」と、せいぜいのところ第2の「緊急事態対応」であり、第3の「合区解消・地方公共団体」と第4の「教育充実」は、そもそも憲法改正の必要がなく、所謂「お試し改憲」案に過ぎないと考えられるところから、批判の重点は前2者に置かれる。

## 1.【自衛隊の明記】

（1）条文案：

第9条の2（第1項）「前条の規定は、我が国の平和と独立を守り、国及び国民の安全を保つために必要な自衛の措置をとることを妨げず、そのための実力組織として、法律の定めるところにより、内閣の首長たる内閣総理大臣を最高の指揮監督者とする自衛隊を保持する。」

（第2項）「自衛隊の行動は、法律の定めるところにより、国会の承認その他の統制に服する。」

（第9条全体を維持した上で、その次に追加する）

（2）「自民党Q＆A」要旨：

日本は徹底平和主義の憲法9条の下で専守防衛を維持し、軍事大国化を否定してきた。憲法制定当初は国連主義だったが、東西冷戦で安保理が機能不全となったために自衛隊、日米安保条約で対処してきた。しかし、①これを合憲とする憲法学者が少なく、②中学教科書にも違憲論が記載され、③違憲という政党まであることから、法治主義、立憲主義の観点から自衛隊を憲法に書き込むこととするが、従来の憲法解釈は維持する。「内閣の首長たる内閣総理大臣を最高の指揮監督者」で「内閣のコントロール」が及び、自衛隊の行動を「法律」で定め「国会のコントロール」が行われるから、「シビリアンコントロール」となる。

（3）批判：

①現状の安保関連法制その他一連の軍事法制は、「国及び国民のための自衛の措置」としての「実力組織」という名目の「自衛隊」を主体としているが、これらはすべて「法律」上の措置に過ぎないこ

とから、上記のような近代立憲主義の歴史上際立った意味を持つ憲法の平和主義に反する「違憲立法」として抑制が可能であった。しかし「憲法」に「自衛隊」の文言が明記され、然もその行動を新たに「法律」で定めることとなれば、現状でさえ歯止めになっていない「国及び国民のための自衛の措置」という名目で、「専守防衛」はおろか「自衛のための武力行使」や「集団的自衛権の行使」も限定なしに可能となる。

②しかし、憲法前文及び第9条の平和主義原理の「原意」と意味は上述のとおりであるから、「自衛隊の明記」の改正案はこの平和主義原理と明らかに衝突することになる。そればかりではなく、平和主義原理は、国民主権原理と基本的人権の保障原理と共に憲法の根本原理として憲法改正の限界となるから、「自衛隊の明記」の憲法改正は、憲法改正の限界を超える無意味・無効の行為となる疑いすらある。

③したがって「自民党Q&A」の「法治主義、立憲主義の観点から」という説明は本末転倒である。また「自衛のための必要最小限度の実力としての自衛隊」というこれまでの政府解釈も維持できないことは明白であるから、「これまでの憲法解釈は変更しない」という説明は虚偽の説明となる。

④「憲法第9条が現状と合わなくなっている」という認識は、同条の規範内容が「変遷」し、最早自衛隊は憲法上容認されているという憲法変遷論を意識しているのだろうが、憲法変遷論は明文改正とは全く別次元の一つの憲法解釈論に過ぎない。

⑤「シビリアンコントロール」に言及しているのは、自衛隊が「軍隊」であることを認めていることにほかならず、また現行の自衛隊は、内閣総理大臣が「内閣を代表して」最高の指揮監督権を有する（自衛隊法7条）のと異なり、「内閣の首長たる」内閣総理大臣を最高指揮者とする自衛隊条項は、内閣総理大臣が閣議を省略することも可能と読めることから、明治憲法第11条の「天皇の陸海軍統帥条項」に実質的に相当する。

⑥現行自衛隊の管理・運営等を行うのは、防衛大臣を長とする通常の国家行政組織である防衛省である（防衛省設置法2条、3条1項、4条1項2号、3号）から、国家行政機構の一部に過ぎない自衛隊を憲法に規定するのは、憲法の最高法規性（憲法98条1項）及び行政に関する憲法上の統治体制等と矛盾する（この点は後述する）。

⑦現状の世論調査でも、第9条の明文改正を支持する者は少数であり、また政府説明のように、国民投票で否決されても自衛隊は合憲という解釈は変わらないとしたら、全く無意味な憲法改正の提案である。

## 2.【緊急事態対応】

（1）条文案：

第64条の2「大地震その他の異常かつ大規模な災害により、衆議院議員の総選挙又は参議院議員の通常選挙の適正な実施が困難であると認めるときは、国会は、法律で定めるところにより、各議院の出席議員の3分の2以上の多数で、その任期の特例を定めることができる。」（国会の章の末尾に特例規定として追加する。）

第73条の2（第1項）「大地震その他の異常かつ大規模な災害により、国会による法律の制定を待ついとまがないと認める特別の事情があるときは、内閣は、法律で定めるところにより、国民の生命、身体及び財産を保護するため、政令を制定することができる。」

（第2項）「内閣は、前項の政令を制定したときは、法律で定めるところにより、速やかに国会の承認を求めなければならない。」

（内閣の事務を定める第73条の次に追加する。）

（2）自民党Q＆A要旨：

この緊急事態は大規模災害や関連する大規模事故等に限定し、①緊急事態でも国会の機能を維持し、選挙困難な場合における国会議員の任期に特例を設ける、②国会の機能確保できない場合に備えて、内閣が一時的な立法権限を代替する仕組みを作る。②の緊急政令は、国民の生命財産を守る一時的措置で、国会の事後承認を要し、承認が無ければ失効する。具体的規定は法律で定める。

（３）批判：

①「緊急事態条項」とは「国家による法の無視を事前に許す条項」という意味であり、個人の尊厳原理に基づく人権保障という憲法の根本原理と決定的な緊張関係をもたらすこととなる。２０１２年の「憲法改正草案」にあった「外部からの武力攻撃、内乱等による社会的混乱」に対する批判を受けて、「大地震その他の異常且つ大規模な災害」に限定したようであるが、こうした事態を緊急事態とする必要がなく、現行の災害対策基本法以下一連の災害立法で対応できる。

②日本全土で選挙ができなくなった前例などなく、こうした事態を想定するのは、結局外国のミサイル攻撃を想定しているものと考えられる。実際、参議院の緊急集会（憲法54条2項、３項）や「繰延投票」（公選法57条）で十分対応できる。

③「法律制定のいとまがない特別の事情」も結局「法律で定める」のであるから、「その他の異常かつ大規模な災害」の意味を戦闘状態にまで拡大規定される可能性がある。

④ヴァイマール憲法48条の緊急事態条項も「自民党Q＆A」の緊急政令条項と同じ体裁であり、ヒトラー独裁を止められなかった前例と同様な事態が想定される。

## 3.【合区解消・地方公共団体】

（１）条文案：

第47条第１項「両議院の議員の選挙について、選挙区を設けるときは、人口を基本とし、行政区画、地域的な一体性、地勢等を総合的に勘案して、選挙区及び各選挙区において選挙すべき議員の数を定めるものとする。参議院議員の全部又は一部の選挙について、広域の地方公共団体のそれぞれの区域を選挙区とする場合には、改選ごとに各選挙区において少なくとも1人を選挙すべきものとすることができる。」

第2項「前項に定めるもののほか、選挙区、投票の方法その他両議院の議員の選挙に関する事項は、法律でこれを定める。」

第92条「地方公共団体は、基礎的な地方公共団体及びこれを包括する広域の地方公共団体とすることを基本とし、その種類並びに組織及び運営に関する事項は、地方自治の本旨に基づいて、法律でこれを定める。」

（2）自民党Q&A要旨：

選挙における「地域」の持つ意味を重視して、「投票の価値の平等と地域の民意の適切な反映との調和」を図る。さらに一歩を進める意味で参議院選挙での合区を解消し、都道府県区域の選挙区でも一人選挙できるようにするが、「全国民の代表」性に影響ない。地方自治体の二段階制を憲法上明記する。

（3）批判：

①参議院選挙における合区対象県の投票率の低下は合区が原因ではないから、都道府県を重視することに意味はない。

②参議院議員の性格には多様な見解があるから、都府県代表という意味に固定化すれば「全国民の代表」と言えなくなる。

③他方衆議院選挙の投票率はむしろ小選挙区制導入後に低下しており、合区解消とは無関係である。

④地方自治の二段階制は当然の憲法原理とは言えない。

**4．【教育充実】**

（1）条文案：

第26条（第1、2項は現行のまま）

第3項「国は、教育が国民一人一人の人格の完成を目指し、その幸福の追求に欠くことのできないものであり、かつ、国の未来を切り拓く上で極めて重要な役割を担うものであることに鑑み、各個人の経済的理由にかかわらず教育を受ける機会を確保することを含め、教育環境の整備に努めなければならない。」

第89条「公金その他の公の財産は、宗教上の組織若しくは団体の使用、便益若しくは維持のため、又は公の監督が及ばない慈善、教育若しくは博愛の事業に対し、これを支出し、又はその利用に供してはならない。」

（2）自民党Q＆A：

教育の重要性を国の理念として位置づけ、教育に関する基本的理念・方針を明らかにすることで、現行の教育基本法・学校教育法、教科書無償・高校修学支援金・私学助成等の改正を図る。２０１８年閣議決定「骨太の方針２０１８」により、幼児教育の無償化、低所得者世帯の高等教育の無償化、年収５９０万円未満世帯の私立高校授業料の実質無償化を進める。私学助成に関する憲法89条の「公の支配」を「公の監督が及ばない」として誤解をなくす。

（3）批判：

①憲法26条は単なる政治的アジェンダではなく、教育に関する国の積極的具体的な措置を要求していると解されるから、国の「骨太の方針」は当然の義務内容である。

②この改正趣旨は結局現行の教育関連法の改正を予定するもので、憲法改正の必要はない。

③「自民党Q＆A」で制限された高等教育の無償化こそ緊急の課題である。

④「公の監督」条項は、すでに決着済みの話題であり、憲法改正の必要はない。

## Ⅲ・丸腰の積極的平和政策を考える

### 1．試案提言の趣旨

上述のように近代立憲主議の歴史上重要な意義を有する憲法の平和主義原理は、人類の永遠の理想であることも広く知られている。したがって「改憲4項目」に限らず、今後の改憲提案に対しては断固たる阻止運動を展開すべきことは勿論であるが、この阻止運動を後押しするためには「非軍事の」＝「丸腰の」積極的平和政策が必要になると考える。こうした平和政策論については、次の概念整理が注目される。「憲法政策学とは、憲法原理、憲法準則の実現のために最も適合的な政策を探求する学問」であるが、これを憲法の平和主義に当てはめれば、「武力行使をするな」は、「しない平和主義」、「平和実現のための積極的な平和行動」は、「する平和主義」といえる（君島東彦。参考文献⑥）。

この分類を本稿の趣旨から捉えなおすと、従来の「非武装・中立」論や「自衛隊・日米安保条約漸次縮小・解体・解消」論は「しない平和主義」に当たると考える。こうした「武力行使をさせない」平和主義政策が果たしてきた功績は、極めて大きい。こうした努力が無ければ、戦後の所謂「逆コース」や「再軍備圧力」、繰り返される憲法改正の画策を跳ね返すことはできなかっただろうと痛感する。

しかし、日本国憲法の平和主義は、本来、平和構想を提示したり、国際的な紛争・対立の緩和に向けて提言を行ったりして、平和を実現するために「積極的行動」をとるべきこと、そういう「積極的行動」をとることの中に日本国民の平和と安全の保障があるという確信を基礎にしている（芦部信喜。参考文献⑦）。とすれば「武力行使をさせない」平和主義政策を後押しするためにも、上記の分類によれば「する平和主義」にあたる「積極的な平和政策」、筆者の表現によれば「丸腰の積極的平和政策」

（以下、単に「積極的平和政策」という。）も同時に探求すべきこととなろう。

「積極的平和政策」とは、「①誰が、②何を、③どうするのか？・」を要素とする平和外交中心の平和政策である。①は「政策主体」、②は「政策対象」、③は「実施態様」である。唯、併せて強調したいのは、こうした「丸腰の積極的平和政策」は既に相当数の研究業績が蓄積されていることである。従来の研究業績は多岐にわたり、重層的である（参考文献⑧から⑰等）が、敢えて共通点を指摘するとすれば、②の「政策対象」は、概ね、「日本国憲法の前文」と「憲法第9条の戦争・武力放棄」、即ち「自衛のためであっても武力を行使しない」という理念、さらには「人権としての平和的生存権」の理念であり、③の「実施態様」は、「そうした理念を世界に発信すること」、「そのことを通じて東アジアをはじめ世界の各国と連帯し、組織化をすること」であり、その際は「多方面のわたる人的交流を図ること」も重視されている。①の「政策主体」については、「国＝政府」を中心に、「自治体、ＮＧＯ・ＮＰＯ等の非政府機関や市民・労働者たち（山内敏弘。参考文献⑫）等」と、幅広く提言されており、近時は君島の議論が壮大である。

従来の「積極的平和政策」論の蓄積が上記のとおりであるとすると、「積極的平和政策」をより具体的・積極的に展開するためには、上記の共通点を「象徴する」具体的な手段・手法が望ましいと考える。歴代政権の姿勢も影響して、現時点でも憲法第9条は必ずしも世界的な認識と理解が得られているわけではないからである。次に示す二つの構想はそういう趣旨である。

## 2．試案1――「防衛省」にかわる「平和省」という構想

筆者はかねがね、これほど明確な規定の憲法第9条を持ちながら、何故日本に「平和省」がないのか、不思議であった。第9条を象徴し、かつ具体化するのは、防衛省のような軍事的実行組織ではなく、非軍事的で丸腰の行政組織である「平和省」以外にないと考えていたからである。唯、これに類

似の構想は従来から提唱されている。①小林直樹「軍縮省」構想（参考文献⑩、⑨で再掲）は、冷戦構造下の発想ではあるが、軍縮と平和外交を徹底し、中立政策を達成するという政策の研究と実施をすすめるために、外務省と連携して内外の平和条件の整備にあたる「軍縮省」の創設を提案している。また②清水睦「平和保障省」（参考文献⑭）構想は、内閣に省として平和保障問題を所管する「平和保障省」を設置し、国務大臣たる専任の平和保障大臣が省務を統括するものとし、国内外相互の流動的活動と、非軍備を前提とする平和保障の実力行動とを実践させるために、内部組織として、「国際部門」、「国内平和保障部門」、「平和保障行動隊＝平和警備隊」を置くとして、それぞれの任務内容をさらに細かく提言している。

「平和省」構想の詳細な検討は別の機会に譲るとして、ここでは次のように素描しておく。

（1）設置目的：現行の防衛省や自衛隊のように、国の平和と独立を守り、国の安全を保つという観点ではなく、平和省は国の非武装の下で行われる平和政策を多角的にかつ具体的に研究し、これを積極的に推進し展開することを目的とする。

（2）設置形態：平和省は、国家行政組織法第3条2項の規定により、国の行政機関として設置する。したがって、平和省は、内閣の統轄の下で、その政策について自ら評価し、企画立案を行い、国の行政機関相互の調整、連絡を図り、一体として行政機能を発揮するようにしなければならない（同法2条1項）。これに対し現行の自衛隊は自衛隊法によって設置され、自衛隊の最高指揮監督権は内閣を代表して内閣総理大臣が有するとされているが（自衛隊法7条）、防衛庁が防衛省に格上げされるに伴い制定された防衛省設置法によれば、防衛省は、国家行政組織法3条2項に基づき通常の国の行政組織として設置され、その長は防衛大臣であり（防衛省設置法2条1項、2項。尚、防衛大臣は自衛隊の隊務を統括する。自衛隊法8条）、自衛隊を管理・運営し、関連事務を行うとされている（防衛省設置法3条1項、4条2項、3項）。従って、上述のように、こうした自衛隊を憲法上に明記するのは、憲法の最高法規性（憲法98条1項）との整合性や、国家行政組織体制上の法的一体性との関連性等、憲法の統治体系上困難な問題を抱えることになる。因みに、１９９９年に設置された内閣府は、内閣直属の行政組織であり（内閣府設置法2条）、国家行政組織法の適用を受けないが（国家行組織法1条）、憲法上の国家機関ではない。

（3）主務大臣：平和省の長は、通常の国の行政機関と同様に、平和大臣とする。現行自衛隊のような、主務大臣と異なる指揮監督者（内閣を代表する最高指揮監督権を有する内閣総理大臣。自衛隊法7条）も予定しない。従って平和大臣は、内閣の一員としての国務大臣であり、すべて閣議に基づく行動が義務付けられる。

（4）任務内容：積極的平和活動の研究・実践に当たる国家公務員を、武器不携帯（丸腰）のままで国際社会に派遣し、憲法第9条及び平和的生存権の理念を普及させること、国連の第6章「紛争の平和的解決」第33条の「交渉」、「仲介」、「調停」、「その他紛争当事者が選ぶ平和的手段による解決」に協力すること、平和のために国際連携の組織化に努めること等とする。

## 3. 試案2——「平和のテーブル」という構想

（1）「平和省」の任務内容としてもよいが、それと独立した構想として、筆者はかねてより「平和のテーブル」という構想を持っている。戦争や武力紛争は、つい昨日まで血で血を洗う戦闘行為に明け暮れていた紛争当事者が、一旦和平の機運が生まれるや、途端に丸腰の話し合いを持つ。人間の愚かさを実感する瞬間である。しかし、結局は「話し合い」で決着するのであれば、最初から話し合いの「テーブル」に着けばよいだけのことであろう。

（2）国連憲章のうち第7章「軍事的紛争解決」は現代の「正戦」規定であることは既に指摘されているが、第6章「平和的紛争解決」条項は、「積極的平和政策」論にとっても有用な規定内容と考えられる。筆者は、その中でももっともプリミティブな紛争解決手段である「仲介」及び「調停」条項（同33条）に注目する。「日本こそは、東と西、北と南のはざまにあって和解の務めを果たすべきである。」という指摘（深瀬忠一。参考文献⑪）は重要だろう。

（3）また、東西冷戦時代の世界は米ソ間の「対話」手段が閉ざされていたために（「囚人のジレンマ」状態）、相手方の出方は視えないところから、際限なき核兵器開発競争が展開された。これと異なり憲法の平和主義は、紛争当事者全員が「テーブルに着く」ことを前提とする理念と言える。因みに、現在米朝首脳会談がさまざま取りざたされているが、ともあれ両首脳が「テーブルに着いている」点は重要だろう。

（4）さらに、「オスロ合意」（1993年）という実例があることも重要である。パレスティナ（PLO）とイスラエルという長期の敵対関係にある当事者が第3国ノルウェーの仲介でともあれ休戦合意にこぎつけたという歴史的事実を忘れてはならない。

（5）このように「平和のテーブル」構想は憲法第9条を象徴するにふさわしい手法と考えるが、目下のところは、①主体はやはり日本政府として、②日本側がすべての滞在費、安全性を保障して、紛争当事者に和解交渉の場を提供し（場所は広島や長崎でも良いだろう）、③紛争解決に向け徹底した交渉をしてもらうことを目的とする、というものである。

## V・まとめ――平和主義原理・政策の展望

本稿は、日本国憲法の平和主義の「原意」を徹底することで、自民党「4項目改憲案」を徹底批判し、その上で筆者の実際の市民活動での体験をもとに、日本国憲法の平和主義原理が本来予定している「積極的平和政策」＝「丸腰の積極的平和政策」に光を当てようというものである。人類の理想であり、一旦失えば二度と手に出来ない憲法第9条の理念は現在でも国際社会に十分に浸透しているとは言えないところから、本稿はとりわけ国際社会に向けた従来の議論をさらに具体化して、第9条を象徴するに相応しい二つの手法を提示してみた。

こうした提言は「非現実的」と言われるかもしれない。しかし、憲法第9条の「原意」を踏まえた解釈論が「非現実的」と非難されながらも社会的な運動と連帯・協力しながら今日かくあるような「現実」を造り上げてきた（樋口陽一。参考文献⑬）ように、提言の趣旨に共鳴する積極的な市民運動等との共闘を通じて、「あるべき現実」を追求することは可能であろう。

唯、この文脈で近時変化を望まない若者が増加していることが懸念される。この背景には、「自己責任論」の浸潤による若者の自信喪失があるように思える。しかし、「自己責任」を問うためには、「自己決定」、「自己実現」が全うに行われる社会的基盤が無ければならない。現在の日本社会がそうした基盤を持っているかははなはだ疑問である。若い世代の新しい感性による平和・民主主義運動を期待し、惜しみない声援をおくりたいものである。そして必ずや再びこの国に、国民の「理性バネ」が働く時が来ることを信じているのは、一人筆者に限らないであろう。

追記：平和省の設置を巡っては国内外で国際団体等の活動がみられるが、本稿は専ら憲法（政策）学の立場から平和省設置の構想を論じるものである。

【参考文献】

①奥平康弘・愛敬浩二・青井未帆編『改憲の何が問題か』岩波書店、2013年
②樋口陽一『いま、「憲法改正」をどう考えるか——「戦後日本」を「保守」することの意味』岩波書店、2013年
③同『憲法　近代知の復権へ』東京大学出版会、2002年

④「安倍9条改憲NO！　全国市民アクション」ホーム・ページ　http://kaikenno.com/?p=1146（脱稿時確認済み）
⑤安倍9条改憲NO！　全国市民アクション　改憲問題対策法律家6団体連絡会編：ブックレット『自民党憲法改正推進本部作成改憲案（4項目）「Q&A」徹底批判』、2019年、自民党QA批判．pdf（同右）
⑥君島東彦「第6章　憲法政策学」in 杉原泰雄編『新版　体系憲法事典』青林書院、2008年
⑦芦部信喜『憲法』岩波書店、1992年
⑧小林直樹「憲法第9条の政策論――平和憲法下の安全と防衛」法律時報（1975年10月号）
⑨同　『平和憲法と共生六十年――憲法第9条の総合的研究に向けて』慈学社出版、2006年
⑩和田英夫・小林直樹・深瀬忠一・古川純編『平和憲法の創造的展開　総合的平和保障の憲法学的研究』学陽書房、1987年
⑪深瀬忠一『戦争放棄と平和的生存権』岩波書店。1987年
⑫山内敏弘『平和憲法の理論』日本評論社、1993年
⑬樋口陽一「戦争放棄」in 同編『講座憲法学2　主権と国際社会』日本評論社、1994年
⑭深瀬忠一・杉原泰雄・樋口陽一・浦田賢治編『恒久世界平和のために――日本国憲法からの提言』勁草書房、1998年
⑮中村政則『戦後史』岩波新書、2005年
⑯君島東彦「六面体としての憲法9条――憲法平和主義と世界秩序の70年」in『憲法問題29』三省堂、2017年
⑰水島朝穂『平和の憲法政策論』日本評論社、2017年

# 第２章　安倍改憲論の問題性
## ——自衛隊の憲法９条加憲論を中心にして

藤井　正希

【要旨】

本項では、自衛隊の憲法９条加憲論を中心にして安倍首相のとなえる改憲論の問題性を明らかにしていく。まず、安倍改憲４項目と２０１２年自民党改憲案を概観し、安倍改憲の背後にあるものを考える。特に安倍９条加憲の素案については、具体的な条文を確認する。つぎに、９条加憲についての安倍首相の説明は、まったく根拠がないばかりか、その真の目的が自衛隊を将来、完全な集団的自衛権が認められ、国連軍にも参加できるようなフルスペックの軍隊にすることにあることを指摘する。さらに、平和主義の実現のためにはむしろ９条を改正すべきであるという立憲的改憲論と呼ばれる新しい主張について、その内容や目的を見ていく。立憲的改憲論がその目的とするところを決して実現しえず、結局、自衛隊の固定化につながり、かえって安倍改憲に手を貸す結果にもなりかねないという危険性を持つことを明らかにする。そして、以上を踏まえ、憲法９条を今のままで堅持することには、きわめて深い意義と重要性があるのであり、自衛隊を９条に加憲することも、９条の平和主義を改正・放棄することも、少なくとも現時点では、まったく必要ないことを検証する。安倍改憲４項目や２０１２年自民党改憲案は、まさに〝百害あって一利なし〟と言わざるをえないのである。

## 1. 安倍首相の自衛隊加憲論とは

２０１８（平成30）年3月25日、自由民主党（以下、自民党）は党大会を開き、党の憲法改正推進本部がまとめた条文案（いわゆる「たたき台素案」）にもとづいて、①自衛隊の憲法9条への明記、②緊急事態条項の創設、③参議院の合区解消、④教育の充実の追加の4つの項目で憲法改正を進めていくことを確認した。この改憲案は安倍晋三首相が主導して作成され、安倍首相の意思や考え方が色濃く反映されていることから、いわゆる〝安倍改憲4項目〟と呼ばれている。２０１９（令和元）年9月11日午後、皇居での認証式を経て第4次安倍再改造内閣が発足したが、安倍首相は首相官邸での記者会見において、「安定と挑戦の内閣だ」と強調し、憲法改正に関しては、党総裁任期の残り2年（２０２1年9月まで）のうちに「困難な挑戦だが、必ずや成し遂げる」と明言した。首相就任以前から繰り返し改憲の必要性に言及してきた安倍首相の強い〝改憲意欲〟はまったく衰えてはいないようである。

そもそも自民党は、１９５５（昭和30）年の結党以来、自主憲法制定を党是としており、占領体制から脱却し、日本を主権国家にふさわしい国にするためと称し、これまで憲法改正に向けて多くの主張や提言をおこなってきた。この点、もっとも強力に憲法改正を主張した自民党の歴代総裁の一人が、A級戦犯被疑者として逮捕され、東京の巣鴨拘置所に拘置された岸信介元首相（結果的には不起訴。安倍首相の母方の祖父）である。党としての提言としては、民主党政権下の２０１２（平成24）年4月に発表された『日本国憲法改正草案』（以下、２０１２年改憲案）がある。この２０１２年改憲案は、自民党のもっとも新しい体系的な改憲草案であるが、現行の日本国憲法のすべての条項が見直されている（全体で11章、１１０か条の構成）。具体的には、前文はすべて書き換えられ、主要な改正点としては、（1）国旗・国歌の規定、（2）自衛権の明記、（3）国防軍の保持、（4）家族の尊重、（5）環境保全の責務、（6）財政の健全性の確保、（7）緊急事態の宣言の新設、（8）憲法改正提案要件の緩和などがあげられている。「時代の要請、新たな課題に対応した憲法改正草案」と自画自賛しているが（自民党発行の『日本国憲法改正草案Ｑ＆Ａ［増補版］』）、大日本帝国憲法回帰の復古的色彩が濃厚に表れている点が特徴と言える。

この点、安倍改憲４項目と２０１２年改憲案との関係が問題となるが、安倍改憲４項目が公表された後も２０１２年改憲案は撤回されてはいないことから、安倍改憲４項目は安倍政権において最初に成し遂げるべき改憲目標であり、その後、２０１２年改憲案にもとづいて本格的な改憲が予定されているものと考えられる。すなわち、自民党による改憲は安倍改憲４項目のみでは決して終わらず、第二、第三の改憲が予定されているのであり（いわゆる二段階改憲論）、安倍改憲４項目はまさに〝お試し改憲〟と呼ぶにふさわしいものなのである。２０１２年改憲案における大日本帝国憲法回帰の復古的な憲法観にもとづく日本国憲法の全面改正こそが安倍改憲の到達目標なのである。安倍改憲４項目の必要性・妥当性を考える場合には、まずそのことを念頭におく必要がある。

安倍改憲４項目はいずれも非常に問題が多いと言わざるをえない。③参議院の合区解消は、参議院選挙区の定数を増加したり、選挙区選出をやめて比例代表に一本化する等、法改正によって実現可能である。また、④教育の充実も、教育を受ける権利（憲法26条）から当然に導かれるのであり（例えば、国の教育環境整備義務や経済的理由による教育上の差別禁止）、教育の無償化は法改正によって実現可能である。よって、いずれも憲法改正による必要はないのである。さらに、②緊急事態条項にいたっては、その必要性も妥当性もまったく認められない。すなわち、災害対策基本法や災害救助法など災害に対処するための法律はすでに存在しているのであり、それらを十分に活用した上で、なお不十分であれば憲法の範囲内において立法で充実させれば足りる（憲法13条の「公共の福祉」）。安倍改憲案では、異常かつ大規模な災害の際に内閣が法律と同様の効力をもつ政令を制定できるとする。しかし、そのような権限を内閣に認めたからといってより効果的な災害対処ができるとは限らず、国会の意思が無視される点で議院内閣制（憲法66条3項等）の趣旨にも反する。この点、ヒトラー率いるナチスの独裁がワイマール憲法の緊急事態条項を悪用することで可能になったことを想起する必要があろう。

改憲4項目のなかで安倍首相の思い入れがもっとも強く、日本や日本国民、そして日本国憲法をもっとも危険にさらしかねないのが、①自衛隊の憲法9条への明記である。例えば、東日本大震災の時の自衛隊の活躍や、国連平和維持活動（PKO）における自衛隊の献身等を見るにつけ、多くの国民は自衛隊の存在を認め、自衛隊員に感謝している。それゆえ、「自衛隊をしっかりと憲法に明記しよう」との主張は、一見すると非常に説得力ある主張に思えてしまう危険性がある。実際、「それは当然のことである」という賛成意見も多く聞かれる。この点、安倍改憲では、現行の憲法9条1項・2項およびその解釈を堅持した上で、「自衛隊」を明記するとともに、「自衛の措置（自衛権）」についても言及すべきとの観点から、つぎのような素案が提起されている。すなわち、憲法9条のつぎに「第9条の2」を新設し、「第1項」として「前条の規定は、我が国の平和と独立を守り、国及び国民の安全を保つために必要な自衛の措置をとることを妨げず、そのための実力組織として、法律の定めるところにより、内閣の首長たる内閣総理大臣を最高の指揮監督者とする自衛隊を保持する」を、また、「第2項」として、「自衛隊の行動は、法律の定めるところにより、国会の承認その他の統制に服する」を追加するというものである。以下、このような自衛隊の憲法9条加憲論を中心にして、安倍改憲の問題性を検証していきたいと考える。

## 2. 安倍自衛隊加憲論の是非

日本国憲法も〝不磨の大典〟ではないのであるから、決して改正してはならない（あるいは、改正できない）というものではない。憲法も社会の進歩や文化の発展、国民の規範意識の変化等により、適宜、修正する必要があることはもちろんである。だからこそ、憲法自ら改正手続（憲法96条）を定めている。しかし、憲法は、国家の根本法であり、最高法規（憲法98条1項）である。すなわち、憲法は、まさに国家の背骨であり、法体系の骨格であり、不可侵の基本的人権の保障であり、政治の根本原則でもあるのである。それゆえ、安易に改正してはならないのであって、もし改正するならば手続に十分に時間をかけ、国民的議論を尽くし、国民的コンセンサスを得なければならない。しかし、これまでのところ安倍改憲には、そのような国民的議論や国民的コンセンサスがまったくないばかりか、ほとんどの国民は憲法のどこがどのように改正されようとしているのかさえ知らない状態である。それなのに、安倍首相は〝２０２０年新憲法施行〟と期限を区切り、短時間で改憲を強行しようとしている。あまりに時間がなさ過ぎると言わざるをえず、そのように改憲を急がなければならない理由がまったく分からない。安倍首相の個人的な野心や功名心のためとすら疑ってしまう。このように、安倍改憲は手続き的にきわめて問題があると言わざるをえないのである。

また、もし憲法改正が必要であるとしても、それを「いつ、誰に、どのような政治状況でやらせるか」は、まったく別問題である。「みっともない憲法ですよ、はっきり言って。それは、日本人がつくったんじゃないですからね」。「連合国軍総司令部（ＧＨＱ）の、憲法も国際法もまったく素人の人たちが、たった8日間でつくり上げた代物だ」。これらはいずれも安倍首相の発言であり、安倍首相は「今の憲法は、法律の素人が8日間でつくって、占領軍により押しつけられたものだから、こんなみっともない憲法はさっさと変えなければだめだ」というような趣旨の発言をこれまで繰り返しおこなっている。そもそもその程度の認識しかない者に改憲をさせて、良い憲法になるはずがない。憲法はそれほど軽いものではないのである。戦後の日本の平和と繁栄は、間違いなく日本国憲法のおかげであり、日本国憲法は間違いなく世界に誇れる素晴らしい憲法である。憲法を改正するならば、少なくともそのような憲法観にたつ人に任せなければならない。憲法の価値とは人間の価値と同様に、「出自」

ではなく、「中身」によって判断されるべきである。しかも安倍首相の改憲を支持する勢力の中には、「日本国憲法よりも明治憲法の方が良かった」などと主張するような勢力も少なからず存在している。そのような価値観は狂気の沙汰であり、そのような勢力に憲法をいじらせては絶対にならないのである。

安倍首相は、「多くの憲法学者や政党のなかには自衛隊を違憲とする議論が今なお存在している」ことを問題視し、「自衛隊は違憲である」との疑義や論争がおこなわれる余地をなくすために、憲法に「必要な自衛の措置をとる自衛隊の保持を妨げない」との文言を書き込むべき旨を主張している。しかし、安倍首相の言うように自衛隊を憲法に書き込んでも、安倍首相の言う通りにはならず、決して疑義論争は終結しない。なぜなら、単に憲法に自衛隊の存在を書き込んだだけでは、「自衛隊の権限と限界」はすべて解釈に委ねられてしまうからである。安倍首相であっても、自衛隊が侵略戦争までやっていいとは考えないのだろうから、どの程度の規模や行為までが合憲なのかの解釈（例えば、自衛隊は集団的自衛権を行使しうるか）については、依然として疑義論争が続いてしまう。また、一般論として自衛隊の存在を合憲と見なしても、現実に存在する自衛隊が合憲かどうかは、まったく別問題である。筆者は、専守防衛に徹する自衛隊であれば、日本国憲法上、合憲という立場であるが、現実に存在する自衛隊はあまりに規模が大き過ぎ、専守防衛の範囲を超え、違憲と考えている。安倍改憲でも、そのような疑義論争が生じうる点は何ら今と変わらないのである。

そして、安倍首相は、「自衛隊を憲法に書き込んでも、現実の自衛隊には何の変化もなく、今と何も変わらない」とも述べているが、これも間違いと言わざるをえない。自衛隊を憲法に書き込んだなら、確実に状況は変わる。というのも、安倍首相がやりたいことが、ますますやりやすくなり、自衛隊員に対する危険は格段に増す。安倍首相は、憲法に自衛隊の規定がない現在でさえ、どんどん憲法を拡大解釈して、集団的自衛権の行使や駆けつけ警護等、自衛隊に武力行使をさせるような方向に突き進んでいるのだから、憲法に自衛隊を明記すれば、「憲法に書いたのだから使ってもいいだろう」と、ますます憲法の平和主義がなし崩し的に破壊されていく方向にむかうのは火を見るより明らかである。むしろ安倍首相の真の意図は、それをやりたいからこそ憲法に自衛隊を書き込もうとしているようにさえ思われる。２０１２年改憲案にかんがみるならば、自民党が目指しているのは、自衛隊を将来、完全な集団的自衛権が認められ、国連軍にも参加できるようなフルスペックの軍隊にすることであるのは間違いない。だが、これは絶対に許してはならない。それを許すことはまさに日本国憲法の死を意味するに他ならないのである。

さらに、安倍改憲案では、従来の政府解釈で採用されていた「必要最小限度の実力」ではなく、「必要な自衛の措置」を認めるとされている。すなわち、これまでの条文案では通常、想定されていた「必要最小限度」という限定的文言による縛りが消えてしまっている。これは立憲主義の観点からしてきわめて問題である。この「必要最小限度」という限定文言がなくなることで自衛隊の活動に歯止めがかからず、自衛隊の活動が無限定に拡張されかねない。「必要な自衛の措置」には、集団的自衛権行使や敵基地先制攻撃などが含まれると解されることになるに違いない。したがって、この文言は、戦力の不保持、交戦権の否認を定めた憲法９条２項と正面から衝突する。戦力を持たないと宣言しながら、自衛のためであれば、無限定な戦闘行動が可能になってしまう。結局、この改憲によって、憲法９条２項は、まったく意味をなさなくなるのである。

### 3．立憲的改憲論の是非

これまでの改憲議論では、改憲派が９条改正に賛成し、護憲派が９条改正に反対するという図式が当然であったが、近時、護憲派のなかで９条改正に賛成する者が現れている。このような、平和主義の実現のためにこそ、むしろ９条を改正すべきであるという主張は、通常〝立憲的改憲論〟と呼ばれている。立憲的改憲論は、9条改正を志向する点で安倍改憲と共通の基盤に立ち、改憲の話し合いのテーブルに着くことはいとわないことから、9条改正を急激に加速させかねない。また、護憲派のなかに大きな亀裂を生じさせる危険性もある。その点で、安倍改憲や9条改正を考える場合には、立憲的改憲論の検討を避けることはできないであろう。

立憲的改憲論の内容については論者により多少の違いがあるが（主唱者としては、山尾志桜里、伊勢崎賢治、小林節、中島岳志など）、自衛隊の存在や権限、活動要件等について憲法に明記することによって、自衛隊を立憲的にコントロールし、もって自衛隊の活動を制限しようとするところにその眼目がある。すなわち、憲法9条が自衛隊や自衛権について沈黙していることによって、9条と自衛隊という規範と現実との乖離は時間を追うごとに拡大し続け、その結果、政権の恣意的な解釈によって安保関連法の成立を許すことになった。この流れを押しとどめるには、自衛隊や自衛権について憲法に明記して政権による拡大解釈の余地のない形に改正する必要がある。具体的には、自衛隊と個別的自衛権を認め、集団的自衛権を禁止することを憲法に明記すべきとする。このように、自衛権としては、個別的自衛権の行使のみを許し、集団的自衛権の行使は認めないことから、安倍内閣がおこなった限定的に集団的自衛権を認める解釈改憲や安保関連法の制定、さらにはフルスペックの集団的自衛権を容認しかねない安倍改憲には明確に反対することになる。立憲的改憲論が立憲主義をきわめて重視している点、また、自衛隊の活動を厳格に制限しようとしている点は評価に値しよう。

確かに、あれだけ巨大でしかも強大な権限を持つ自衛隊の組織を憲法でしっかり縛っていこうというのは、一つの考えとしては十分にありうるのかもしれない。しかし、そもそも憲法9条の平和主義とは、核兵器はもちろん、通常兵器や軍隊もない理想的な世界を目指すという人類の見果てぬ夢を先取りした内容となっており、それは実にすばらしいことであり、一切変更する必要はない。現在の世界はそのようになっておらず、当面は自衛隊を認めざるをえないにしても、憲法の平和主義は本来、個別的自衛権の行使も不必要な世界を目指しているのである（この点については項をあらためて詳述する）。よって、立憲的改憲論が主張するように中途半端に自衛隊の権限や制約を憲法に書き込んでも、結局、自衛隊の固定化につながるだけであり、かえって安倍改憲に手を貸す結果にもなりかねないであろう。この点、もし憲法に自衛隊を明記することが必要であるという立場にたって考えるならば、自衛隊ができることとできないこと、すなわち自衛隊の具体的な権限や制約を詳細に規定しなければ、立憲的改憲論が目的とする自衛隊の立憲的コントロールは決して実現できない。特に自衛隊に課されるべき制約は逐一、詳細に規定される必要がある。具体的には、①海外派兵の禁止、②集団的自衛権の不行使、③国連軍への不参加、④専守防衛の原則、⑤文民統制（シビリアン・コントロール）の原則、⑥非核三原則、⑦武器輸出の禁止、⑧防衛費ＧＤＰ１％枠の堅持、⑨ＰＫＯでの参加５原則の堅持・武器使用の禁止、⑩核兵器の保持の禁止などがそれにあたる。そして、そもそも大前提として、平和主義からすれば自衛隊もない（要らない）世界が理想であることが確認される必要があるし、その理想の実現のために、「日本国憲法の永久平和主義の理想からすれば、自衛隊は発展的に解消されるべきである」と明記するべきである（もちろん災害救助や難民支援等の人道支援活動、ＰＫＯなどの国際平和協力活動のみをおこなう自衛隊であれば日本国憲法にはまったく反しない）。現在主張されている立憲的改憲論は、このような主張にはなっていない点で支持することはできないと言わざるをえない。

### 4．憲法９条堅持の意義と重要性

前述したように、憲法９条の平和主義は、世界中のすべての国が核兵器はもちろん、通常兵器や軍隊も放棄した理想的な世界を目指している。よって、本来、自衛のための必要最小限度の実力組織である自衛隊であっても存在すべきではないし、専守防衛にもとづく個別的自衛権であっても行使すべきではないのである。現在の憲法解釈で通常、自衛隊の存在や個別的自衛権の行使が合憲とされているのは、現状の世界が平和主義の理想にはほど遠く、戦争や地域紛争、テロが絶えないことから、やむをえず消極的に肯定しているに過ぎない。とするならば、憲法に自衛隊や個別的自衛権を書き込むことは、そもそも平和主義の理想に本質的に矛盾するのである。また、憲法に書き込んでしまえば、それらを解消する場合に再度、憲法改正が必要になってしまう。現在のように、自衛隊や個別的自衛権は、憲法上は解釈によって消極的に認める限度にとどめ、それらが必要ない世界を目指し、平和主義の理想を積極的に高く掲げ続けるのがもっとも望ましいであろう。憲法とは〝理想を語る〟ものなのである。この点、自衛隊は、あくまで憲法の枠内で法律により、その権限や活動の詳細が明記されるべきである。結局、憲法9条を改正する必要は一切ないのである。

東日本大震災の直後に韓国人の潘基文・国連事務総長が述べたつぎの言葉は、平和主義の有効性を端的に物語るものとして、深く心に明記される必要がある。すなわち、「日本は世界中の困っている人びとをもっとも援助してきた国です。今度は国連が日本を支援する番です」。この点、誤解してはならないのは、平和主義とは憲法に平和を掲げて何もしないことではない。世界中の困っている国や貧しい国を率先して助けるために最大限の努力をすることなのである。例えば、学校や病院がない国には建設する。医者や看護師、教師が足りない国には養成して派遣する。必要とする国には災害救援や難民救助、食糧・医療・技術支援等を積極的に行う。戦争や兵器のためにではなく、他国の援助や支援のためにお金を使う。そもそも相手が本当に素晴らしくて、学ぶべき点がたくさんあるのであれば、喧嘩をするよりも、仲良くして多くを学んだ方が得なのはもちろんである。「日本とは仲良くした方が得だ。日本を攻めたら世界中を敵に回すことになる」、「日本の技術や文化は実に素晴らしい。ぜひ取り入れたい」――そう世界中の国々から思われる日本や日本人になるために最大限の努力をするべきなのである。そのような活動を地道に積み重ねることによって、他国の感謝と尊敬を集め、攻められない国、たとえ攻められても助けてもらえる国をつくる。まさにこの〝感謝と尊敬を集め、攻められない国、助けてもらえる国をつくる〟という考え方が平和主義の要諦なのである。

戦争の反対が平和であるから、平和とは、少なくとも戦争のない状態を言うはずである。よって、戦争をする国、戦争をしている国は平和な国ではない。この点、アメリカは戦後、一貫して世界最強の軍事力を誇り、世界最多の核兵器を保有する国家であった。軍事力で平和になれるならアメリカが世界一平和な国になっているはずであるが、残念ながら、アメリカの戦後は、戦争と武力行使の連続だった。朝鮮戦争、ベトナム戦争、湾岸戦争、イラク戦争、アフガニスタン紛争、シリア空爆、枚挙にいとまがない。現在ではアメリカは、世界でもっとも敵が多い国と言われ、アメリカの敵は世界中に散在し、武力行使される危険、テロの危険、人質になる危険、それらがもっとも高い国がアメリカなのである。また、アメリカは、世界最強の軍事力や世界最多の核兵器にもかかわらず、ベトナム戦争には負け、ツインタワーも護れなかった。もし日本が世界最強の軍事力を持ち、世界最多の核兵器を保有したとしても、中国との戦争には負け、尖閣列島も護れないということは十分にありえるのである。

やはり日本は、世界で唯一の被爆国であるからこそ、率先して反核・軍縮の立場に立ち、非軍事の面から世界の平和に貢献するべきである。例えば、アメリカとイスラムが対立した場合、アメリカの側に立ちアメリカと一緒にイスラムと戦うのではなく、あくまで中立の立場で両国の間に立ち、平和外交に尽くす。その際、武器を持たないからこそ、丸腰で行くからこそ信用される。血と汗は、戦場で流すのではなく、このような平和外交や停戦監視活動等の非軍事的平和活動を積極的に行うことにより流せばよい。確かに、世界平和のために〝ならず者〟を武力制圧する国も現状では必要であるが、中立的立場で和平交渉する国も絶対に必要である。その役割にもっともふさわしいのは平和憲法を掲げる日本なのである。まさに〝役割分担〟と言えるであろう。戦争に命をかけるのではなく、平和主義に命をかけるべきなのであり、それこそがまさに憲法9条の立場である。このような立場に徹するならば、日本は世界中の国々から感謝と尊敬を集め、決してどこの国からも侵略されることはないはずである。もし日本が他国から攻められれば、ほとんどの国は日本を助けてくれるはずである。そのことは、前述の潘・国連事務総長の言葉が如実に物語っている。このように、武器ではなく人間の尊厳によって国を護るのが平和主義なのであり、このような活動を地道に積み重ねることにより培われる国際社会における発言力・説得力こそが、領土紛争や拉致事件等の国際問題を解決する力となる。この憲法9条の平和主義を改正、放棄する必要性はまったくないのである。

そして、憲法9条を一切変えてはならない実際的・実質的な理由は、9条は日本がアメリカの派兵要求を拒む最大の根拠になるからである。すなわち、そもそも9条は少なくとも形式的にはGHQを率いていたマッカーサーが日本に原案を示し（いわゆるマッカーサー・ノート）、つくらせたものである。しかし、9条は多くの日本人から支持され、日本に根づき、日本の法文化の一つとなり、70年以上も改正されることなく、大事に護られてきたのである。今でも世論調査をすれば、9条の平和主義は堅持すべきという意見が日本人の多数意見である。アメリカもそのことを十分に認識・理解しているし、また、まがりなりにもアメリカも民主国家を標榜しているのだから、憲法を無視してまで自衛隊の海外派兵を日本に強いることはしない。いかにアメリカが厚顔だとしても、そもそも自分がつくらせた9条なのだから、それを無視させるなんて、そんなことは恥ずかしくてできないのである。9条がアメリカの派兵要求を拒む最大の根拠になることは、歴代の自民党の首相も認めている（例えば、田中角栄元首相や宮澤喜一元首相）。実際、ベトナム戦争時（1965年〜）に、日本と同じアメリカの同盟国である韓国がアメリカから出兵を強いられて5千人近い戦死者をだしたのにもかかわらず、日本が出兵をまぬがれ、一人の戦死者もださずにすんだのは、日本には9条の平和主義が存在したからに他ならない。もし日本に9条がなかったならば、ベトナム戦争のみならず、朝鮮戦争（1950

年～）、湾岸戦争（１９９０年～）、アフガニスタン紛争（２００1年～）、イラク戦争（２００3年～）等、いずれにおいてもアメリカの派兵要求を拒めず、自衛隊の出兵を強いられ、日本人の戦死者をだしていたに違いない。だが、もし日本人の手で憲法9条を少しでも変えてしまえば、アメリカから更なる改正を強いられ、もはやアメリカの派兵要求を拒む最大の根拠にすることはできなくなってしまう。9条はアメリカがつくらせたままの状態で保持することに、非常に大きな政治的・軍事的な意味がある。その点でも、9条は一文字一句、改正してはならないのである。

日本国憲法が施行され70年以上が経過した今、以上のことを踏まえ、もう一度、9条を始めとした憲法改正の必要性について各自がじっくりと考えるべきである。その努力を怠るならば、いつの間にか日本が戦前に逆戻りしてしまうかもしれない。憲法について考えることは、将来の世代に対する責任であり、義務なのである。なお、筆者は必ずしも反自民の立場ではない。現在の平和で豊かな日本を築くために、戦後ほぼ一貫して政権を担ってきた自民党は非常に大きな貢献をしてきたのであり、それは十分に評価に値するものと考えている。しかし、いま主張されている安倍改憲4項目や２０１2年改憲案だけは、憲法研究者として絶対に支持することはできない。なんとしてもこの改憲だけは断固阻止の立場を貫きたいと痛切に感じている。ぜひ諦めることなく自分にできることを一歩ずつやっていきたいと考える。

【参考文献】
・伊勢崎賢治・伊藤真他『9条「加憲」案への対抗軸を探る』かもがわ出版、２０１8年
・伊藤真・神原元他『9条の挑戦——非軍事中立戦略のリアリズム』大月書店、２０１8年
・木村草太『自衛隊と憲法——これからの改憲論議のために』晶文社、２０１8年
・木村草太・青井未帆他『「改憲」の論点』集英社、２０１8年

・纐纈厚『自衛隊加憲論とは何か――日米同盟の深化と文民統制の崩壊の果てに』日本機関紙出版センター、２０１９年
・松竹伸幸『改憲的護憲論』集英社、２０１７年
・本秀紀・森英樹他『９条改正論でいま考えておくべきこと』日本評論社、２０１８年
・山尾志桜里『立憲的改憲――憲法をリベラルに考える７つの対論』筑摩書房、２０１８年

# 第3章　緊急事態条項
## ――大規模自然災害と国家緊急権

村田　尚紀

【要旨】

安倍自民党が現在、改憲論議の盛り上げを図って提案している条文イメージ（たたき台素案）の一項目となっている緊急事態条項は、従来の自民党の改憲案と違って、もっぱら大規模自然災害対策を目的としているようにみえる。しかし、憲法の効力を停止する緊急事態条項は、そのような目的に役立たない。大規模自然災害への法的対応は、現行憲法とその下に制定されている多くの法令によって可能であり、緊急事態条項は不要である。必要なのは、大規模自然災害に対する物的・人的な備えと発災時に現行法を迅速かつ適切に発動し、行政を動かすことができる主体とである。条文イメージの緊急事態条項は不要であるだけでなく、それには見過ごせない重大な抜け穴がある。このことを、自衛隊を本格的な海外軍事行動ができる軍隊に変えてしまうことになる条文イメージ第9条の2と併せてみるならば、緊急事態条項は、戦時に憲法を停止して独裁的な国内法体制を導くためのものであることが明らかになる。

### 1. はじめに
2017年5月3日、安倍首相は改憲派の集会へ向けたビデオメッセージで憲法第9条を改正し2020年までに施行すると表明し、2018年3月には自衛隊を憲法に明記する9条改憲をはじめとする4項目からなる「条文イメージ（たたき台素案）」（以下、「条文イメージ」）が自民党大会で取りまとめられ、改憲を推進することが決定された。２０１９年2月には、自民党憲法改正推進本部が「日本国憲法改正の考え方～『条文イメージ（たたき台素案）』Q＆A～」（以下、Q＆A）を作成し、改憲に向けた国民運動への活用を呼びかけた。２０１９年7月21日夜、参議院通常選挙の大勢が判明したことを受けて行われたテレビインタビューのなかで、安倍晋三自民党総裁は、改選議席の過半数を獲得したことをもって「（憲法改正の）議論をすべきではないかという国民の審判だったのだろう」と述べ、改憲への執念をみせた。

いま自民党によって目論まれているのは、「条文イメージ」に挙げられている4項目の改憲である。本稿は、そのうちの「緊急事態対応」のためと称されている条文案を検討するものである。検討の対象となる条文イメージの案は次のようなものである。

第73条の2

大地震その他の異常かつ大規模な災害により、国会による法律の制定を待ついとまがないと認める特別の事情があるときは、内閣は、法律で定めるところにより、国民の生命、身体及び財産を保護するため、政令を制定することができる。

②内閣は、前項の政令を制定したときは、法律で定めるところにより、速やかに国会の承認を求めなければならない。

第64条の2

大地震その他の異常かつ大規模な災害により、衆議院議員の総選挙又は参議院議員の通常選挙の適正な実施が困難であると認めるときは、国会は、法律で定めるところにより、各議院の出席議員の3分の2以上の多数で、その任期の特例を定めることができる。

以上の緊急事態条項は、一見して2012年の自民党改憲草案[*1]とはかなり違って簡素で、緊急事態としては「大地震その他の異常かつ大規模な災害」を想定するにとどまっているようにみえる。2018年3月26日付の自民党憲法改正推進本部「憲法改正に関する議論の状況について」によれば、「緊急事態の対象を『大地震その他の異常かつ大規模な災害』に限定せず、『外部からの武力攻撃』や『大規模テロ・内乱』も対象にすべきとの意見もあった」(4頁)が、そのような意見は退けられたようで、緊急事態条項の必要性については、「わが国では有史以来、巨大地震や津波が発生しており、南海トラフ地震や首都直下型地震などについても、想定される最大規模の地震や津波等へ迅速に対処することが求められている」(3頁)と、もっぱら大規模自然災害対策が強調されている。

そこで、以下、大規模自然災害対策を目的とするという条文イメージの緊急事態条項の必要性と合理性について検討する。

**2. 国会議員の任期延長(条文イメージ第64条の2)の必要性と合理性**

一般に緊急事態条項とは、いわゆる国家緊急権について定める法規範である。国家緊急権とは、「戦争・内乱・恐慌・大規模な自然災害など、平時の統治機構をもっては対処できない非常事態において、国家の存立を維持するために、国家権力が、立憲的な憲法秩序を一時停止して非常措置をとる権限」[*2]である。条文イメージ第64条の2(以下、第64条の2)は、「立憲的な憲法秩序を一時停止して非常措置をとる権限」の行使を可能にする法的な意味での緊急事態に関する条項ではない。日本国憲法に緊急事態条項はないが、国会議員の選挙が「大地震その他の異常かつ大規模な災害により」行えなくなった場合に発動すべき条文はある。したがって、問題は、既存の条文に何か不都合があるのか、仮に不都合があるとしてそれは第64条の2を創設しなければ解消しないのか、ということである。具体的には、国会議員選挙が正常に行えない場合にどうするか、また選挙が正常に行えない場合に国会をどうするかという問題に現行日本国憲法は対応できないのか、第64条の2によればそれが可能なのか、ということである。

（1）「改憲事実」の不存在

そもそも「大地震その他の異常かつ大規模な災害により」衆議院総選挙や参議院通常選挙の「適正な実施が困難である」場合とはどのような場合か。被災しなかった選挙区は適正な実施が可能なのであるから、予定どおりに選挙を行えばよい。被災した選挙区には、そのような場合のための繰延投票（公選法第57条）という制度があるのであるから、それを実施すればよい。「大規模かつ長期にわたって投票を繰り延べることは、選挙の公平の観点からも、望ましいものとは言えない」[*3]という見解があるが、東日本大震災のときでも地方議会選挙が1か月繰り延べられたにすぎない。国政選挙が全国的に半年や1年あるいはそれ以上の長期間行えないという事態は実際に起きたことがなく、空想的で、憲法を改正すべき立法事実ならぬいわば「改憲事実」としてありえない。

繰延投票が問題になりうるとすれば、憲法第54条1項が衆議院の解散総選挙を解散の日から40日以内に行わなければならないとしている点との関係であろう。たしかに、この40日の期間以内に繰延投票ができない事態は現実問題として想定しうる。そうすると、そうした事態について特段の定めを置かず、解散の日から40日を超えて繰延投票を行うことを可能にしている公選法第57条は、その点で違憲となるのであろうか。この問題は、任期満了による総選挙の場合については法律（公選法第31条、国会法第2条の3）が定めているのに、衆議院の解散総選挙の場合に限って、憲法第54条1項が選挙を行うべき期間を定め、さらに選挙の日から30日以内に国会を召集することにしていることの趣旨から考えなければならない。憲法第54条1項は、「解散は、議会と行政府との対抗関係が端的にあらわれる場面だった」、「とりわけ、解散をしたあとの選挙結果が行政府にとって望ましいものでないときに、再度の解散をあえてすることすらあった」という「議会制の歴史を反映している」[*4]のである。つまり、憲法第54条1項は、解散後、内閣が、与党の都合に合わせて恣意的に選挙の実施を引き延ばすことを阻止することを本旨とする条文なのである。その定める期間内の総選挙実施が不可抗力によってできない場合については法律に委ねられているのである。それが即ち公選法第57条である。よって同条に従って繰延投票を行うことは、たとえ解散の日から40日を超えての実施になったとしても憲法違反になる訳ではない。

（2）参議院緊急集会による対応

「改憲事実」が存在しないのであるから、本来、これ以上の検討は不要である。ともあれ、仮に総選挙や通常選挙が全国的に長期にわたって行えない事態が生じた場合として、さまざまなケースが考えられるが、いずれにしても少なくとも参議院議員の半数は必ず存在する。したがって、たとえば仮に衆参同時選挙となってそれが全国的に長期間実施できないことになっても、参議院の定足数（憲法第56条1項）が満たされないことはありえず、参議院の緊急集会（憲法第54条2項但書）が開けないこともない。つまり、国会の活動に空白期間が生じることはない。憲法第54条2項但書は、衆議院解散の場合を想定しているが、任期満了に伴う総選挙が全国的に長期間実施できなくなった場合にこれを準用することに解釈上の妨げはない。[*5] なお日本国憲法史上、任期満了による総選挙は1度しか行われていない。

参議院の緊急集会による対応に関して、Q&Aは、「緊急時こそ、事態に対応するための立法を行い、政府による対応を質す国会がしっかり機能していることが重要」であるとして、「できるだけ衆参両院が揃って『国会』として対応する方が望ましい」[*6] とする。「望ましい」ということは、緊急集会による対応が憲法上可能であることを認めていることになる。しかし、緊急集会にどのような不都合があるのかについては、説明がない。衆参揃って「国会」として対応することが望ましいというが、任期延長の理由もまた示されていない。望ましさをいうならば、発生した「異常かつ大規模な災害」への対応について選挙で民意を問うことの方が望ましく、また選挙の実施は可能である。この点では、選挙時点では争点にならなかった事態への対応を迫られる緊急集会を開く参議院も――解散はできないとはいえ――同じ問題を抱えるといえる。しかし、緊急集会に関しては、憲法第54条3項によるチェックがかかる。これに対して、第64条の2では、任期を延長された議員によって行われた立法その他の活動に対するチェックは予定されていない。よって、こちらの方が望ましいとはいえない。また、「緊急時こそ、事態に対応するための立法を行い」といいつつ、同時に条文イメージ第73条の2を提案しているのは矛盾といえよう。2016年、野党の臨時会開催要求（憲法第53条）を無視したことをはじめとする自民党の数々の国会軽視を想起するならば、そもそも「緊急時こそ、～」なる言説が欺瞞そのものであることはいうまでもない。

### 3．大規模自然災害対策と緊急事態条項

（1）「改憲事実」の不存在

条文イメージ第73条の2（以下、第73条の2）の必要性について、自民党憲法改正推進本部「憲法改正に関する議論の状況について」は、すでに引用したように「想定される最大規模の地震や津波等へ迅速に対処することが求められている」として、「このため、憲法に『緊急事態対応』の規定を設けること」[*7]が必要である旨述べている。Q&Aも同様に次のように述べている。「現在、南海トラフや首都直下型地震などの発生が相当の確率で想定されており、国家中枢が機能不全に陥るなど甚大な被害も考えられるところです。そこで、大規模自然災害などの緊急事態時において、『国民の生命と財産を守る』ために必要な規定をあらかじめ憲法上整備しておく必要があると考えました」[*8]。

緊急事態条項の必要性について述べられていることはこれだけである。遠くない将来に高い確率で大規模自然災害が起きるであろうことはもはや争う余地がないといってもよい。しかし何故「このた

め」あるいは「そこで」緊急事態条項なのか？　この点の説明はまったくない。現行憲法には大規模自然災害に対処できない不都合があるのか、緊急事態条項＝国家緊急権があれば、その不都合は回避できて事態に対処できるのか、こういった疑問に答える説明が皆無なのである。『日本国憲法改正草案Q＆A〔増補版〕』では、「東日本大震災における政府の対応の反省」[*9]と述べられているが、反省の具体的内容はやはり不明である。

東日本大震災のケースで、地震・津波により多くの犠牲者が出たこと、重大な原発事故が起きたことの原因が、避難訓練が不充分であったこと、あの規模の地震や津波の発生を科学的な根拠なく想定外にしていたこと、そのためにマニュアルが用意されていなかったことにあったことは、すでにさまざまな検証によって明らかにされている[*10]。当時の政府のエラーの原因がなぜ憲法にあるといえるのか説明はない。

大規模自然災害が発生した場合、発災直後の一時期、人命救助・応急措置のためとくに迅速な活動が国や地方公共団体に求められる。大規模な災害が発生したとき、人命救助は72時間以内に行わなければ難しいといわれる。しかし迅速な人命救助のために憲法を停止する必要などない。憲法第13条が生命を「立法その他国政の上で」最大限尊重しなければならないと定めているのであるから、憲法が人命救助活動の妨げになることはない。

また応急措置が私権に妨げられてできないなどということもない。憲法第29条は、個人の財産権を保障しているが、その保障は絶対的なものではない。他の保護すべき利益と比較衡量して必要な財産権制限を合理的な範囲で法律によって行うことは憲法上当然許される。一例を挙げれば、災害対策基本法第64条2項は、市町村長が、災害発生の場合に応急措置の実施のため緊急の必要があると認められるときに、現場の災害を受けた工作物や物件で応急措置の邪魔になるものを除去することができるとしている。

委任の目的や委任事項が限定的に明確にされていれば、政令によって権利を規制することも罰則を設けることも憲法上許される（憲法第73条6号）。あらかじめ法律の委任があれば、災害が発生してから必要な政令を整備することも可能である。災害対策基本法は、「災害緊急事態に際し国の経済の秩序を維持し、及び公共の福祉を確保するため緊急の必要がある場合において、国会が閉会中又は衆議院が解散中であり、かつ、臨時会の召集を決定し、又は参議院の緊急集会を求めてその措置をまついとまがないとき」に、「供給が特に不足している生活必需物資の配給又は譲渡若しくは引渡しの制限若しくは禁止」をはじめとする4項目に限って内閣がいわゆる緊急政令を定めることができるとしている（第109条、第109条の2）。

災害時に中央の政府にフリーハンドを与えていたら被害を最小化できると考えるのは、まったく見当違いである。Q＆Aなどは、「国家中枢が機能不全に陥るなど甚大な被害も考えられる」[*11]としながら、そのときに内閣の権限を強化することをなんら怪しまない支離滅裂な説明を行っている。国家中枢が機能不全に陥らないとしても、被災地の地方公共団体は、現場から離れたところで情報不足のなかフリーハンドを行使する中央政府に翻弄されることになる。災害時に最も状況適合的に活動できるのは現場の地方公共団体にほかならないことはいうまでもない。この点に関し、災害対策基本法は、応急措置を市町村が行い（第62条）、都道府県が「その区域内の市町村及び指定地方公共機関が処理する防災に関する事務又は業務の実施を助け、かつ、その総合調整を行う責務」を負い（第4条1項）、国は「地方公共団体、指定公共機関、指定地方公共機関等が処理する防災に関する事務又は業務の実施の推進とその総合調整」（第3条2項）を行うものとしている。このような状況適合的な対応を可能にする災害対策基本法上の役割分担の仕組みは、憲法の地方自治の原則である補完性原理に基づくものである。

復旧・復興も急ぐべきことに違いないが、これは発災直後の人命救助とは性格が異なる問題である。それこそ、間髪を入れないような急迫の危機ではない。これは、緊急事態条項など必要ない問題である。むしろ、たとえば神戸市の長田では、地元住民を置き去りにした再開発が問題になっている[*12]ことから明らかなように、復旧・復興に関しては急ぐべきことともに、必要な時間をかけて民主的に行わなければならないことがある。これは、憲法の住民自治の原則に従って取り組むべきことである。

自然災害は、今日の科学の水準では、正確に予測することはできないにしても、対応すべき事態をシミュレートすることはできる。シミュレーションに基づいて対応マニュアルを作成し、マニュアルを実行するための体制と態勢を整備することが大規模災害への備えとなる。憲法は、そうした備えをすることを何ら妨げるものではない。国や地方公共団体がいざというときに組織的に合目的的に迅速に活動するためには、詳細な法令がなければならない。現行法上、憲法の下にそのような法令が多数置かれている[*13]。東日本大震災の際に憲法をはじめ現行の災害対策関係法令が応急措置等諸活動の妨げになったという意見は、日弁連が行った被災市町村に対するアンケートおよびヒアリング、政府の東京電力福島原子力発電所における事故調査・検証委員会最終報告書（2012年7月23日）[*14]、国会の東京電力福島原子力発電所事故調査委員会報告書（2012年7月5日）[*15]、政府の危機管理組織の在り方に係る関係副大臣会合「政府の危機管理組織の在り方について（最終報告）」（2015年3月20日）[*16]のいずれにもみられず、出されている法令の改正意見も、憲法に従った現行法令の理念を強化する方向のものである[*17]。

以上のように、第73条の2の必要性はない。

（2）条文イメージ第73条の2の危険性

第73条の2は「改憲事実」がないのであるから、これ以上の検討は蛇足ともいえるが、その合理性・相当性についてもみておこう。もっとも、その一端については、すでに明らかにしている。緊急事態条項は、応急措置や復旧・復興の妨げとなる。すなわち、合理性がないということである。以下では、第73条の2の規定そのものの問題点を検討する。

第73条の2は、大日本帝国憲法上の多くの緊急事態条項のなかでも最も「重宝」された第8条に似た立法型緊急事態条項である。

第73条の2の目的が大規模自然災害対策とされていることはすでにみておいた。条文上も「大地震その他の異常かつ大規模な災害」という文言がある。この「その他の」という文言は、法令用語としては「その他」と区別される。「Aその他B」という場合、AとBとは別のものとして両者は対等並列な関係に立つ。これに対して、「Aその他のB」という場合、AはBという集合に包含され、Bの例示であることになる。この用語法に従えば、大地震は「異常かつ大規模な災害」の例示であることになり、第73条の2は、もっぱら大規模な自然災害対策の条文であるということになる。

しかしながら、この区別は、あくまでも基本的な区別であり、必ずしも徹底しているわけではない点に注意が必要である。たとえば、憲法第21条1項の「〜出版その他一切の表現

## 主な災害対策関係法律の類型別整理表

| 類型 | 予防 | 応急 | 復旧・復興 |
|---|---|---|---|
| （全類型） | 災害対策基本法 | | |
| 地震<br>津波 | 大規模地震対策特別措置法<br>津波対策の推進に関する法律<br>・地震財特法<br>・地震防災対策特別措置法<br>・建築物の耐震改修の促進に関する法律<br>・密集市街地における防災街区の整備の促進に関する法律<br>・東南海・南海地震に係る地震防災対策の推進に関する特別措置法<br>・日本海溝・千島海溝周辺海溝型地震に係る地震防災対策の推進に関する特別措置法 | ・災害救助法<br>・消防法<br>・警察法<br>・自衛隊法 | 激甚災害法<br><被災者への救済援助措置><br>・中小企業信用保険法<br>・天災融資法<br>・小規模企業者等設備導入資金助成法<br>・災害弔慰金の支給等に関する法律<br>・雇用保険法<br>・被災者生活再建支援法<br>・株式会社日本政策金融公庫法<br><災害廃棄物の処理><br>・廃棄物の処理及び清掃に関する法律<br><災害復旧事業><br>・農林水産業施設災害復旧事業費国庫補助の暫定措置に関する法律<br>・公共土木施設災害復旧事業費国庫負担法<br>・公立学校施設災害復旧費国庫負担法<br>・被災市街地復興特別措置法<br>・被災区分所有建物の再建等に関する特別措置法<br><保険共済制度><br>・森林国営保険法<br>・農業災害補償法<br>・地震保険に関する法律<br><災害税制関係><br>災害被害者に対する租税の減免、徴収猶予等に関する法律<br><その他><br>防災のための集団移転促進事業に係る国の財政上の特別措置等に関する法律 |
| 火山 | 活動火山対策特別措置法 | | |
| 風水害 | 河川法<br>特定都市河川浸水被害対策法 | 水防法 | |
| 地滑り<br>崖崩れ<br>土石流 | ・砂防法<br>・森林法<br>・特殊土壌地帯災害防除及び振興臨時措置法<br>・地すべり等防止法<br>・急傾斜地の崩壊による災害の防止に関する法律<br>・土砂災害警戒区域等における土砂災害防止対策の推進に関する法律 | | |
| 豪雪 | 豪雪地帯対策特別措置法 | | |
| 原子力 | 原子力災害対策特別措置法 | | |

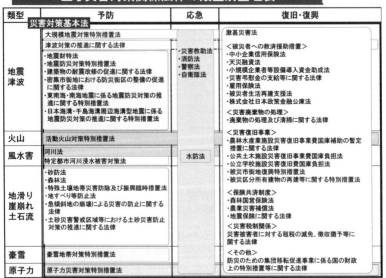

の自由」の「その他」は、ここでいう「その他の」を意味すると考えざるをえない。また1991年1月湾岸危機が戦争に移行した際に、政府が、自衛隊法第100条の5に基づいて自衛隊機による難民輸送を行ういわゆる特例政令を制定したときには、同条の「国賓、内閣総理大臣その他政令で定める者」にいう「その他」を基本的な区別に従って解したのであるが、この「その他」は「その他の」の意味であることは自衛隊法施行令第126条の16によって明らかであった。またそのように解さなければ、政令への委任が白紙委任となってしまい憲法違反となるのである。[*18]

「その他」と「その他の」との区別が必ずしも絶対的なものではないとすると、第73条の2がもっぱら大規模自然災害対策の条文であると理解して済ませる訳にはいかなくなる。大規模自然災害を限定列挙することは立法技術的に何ら難しいことではないはずであるにもかかわらずここに置かれた「その他の」という文言は注意を要する。

第73条の2第1項にいう国会による立法を「待ついとまがない」とはどの程度切迫した状況を指すのか明確ではなく、また「法律の制定を待ついとまがないと認める特別の事情」とはどのような事情なのかも明らかでない。しかも、そのような事態を認定する主体は国会ではなく内閣である。内閣は、国会に諮ることなく「特別の事情」を認定することになる。この点では、緊急事態の宣言に事前または事後の国会承認を要するとしていた2012年自民党改憲草案第98条2項よりも危険である。また特別の事情の終了の認定については何ら定めがない。すなわち、内閣が必要と判断するかぎり「特別の事情」は続くことになる。

第73条の2第1項の緊急政令の目的は「国民の生命、身体及び財産」の保護とされる。大規模自然災害時にはこれらが危険に曝されるのであるから、それらの保護が目的となるのは当然といえる。しかしながら、そのために制約されるその他の利益をどのように考慮するのか。この点でも、「第14条、第18条、第19条、第21条その他の基本的人権に関する規定」の最大限尊重を謳っていた2012年自民党改憲草案第99条3項――その欺瞞性についてはここでは触れない――よりも危険である。政令によって保護される利益と制約される利益との均衡、制約の態様・程度等の考慮は内閣の無制限の裁量に委ねられることになるのである。Q＆Aは、「緊急政令によって定めることができる自由や財産の制限の範囲は、今の憲法の下で法律により定めることが認められる範囲内に限られます」、「この改正によって、今までとは違う権利の制限ができるようになるわけではありません」[*19]というが、条文上そのような保証は与えられていない。

第73条の2第2項によれば、緊急政令は「法律の定めるところにより、速やかに」国会承認を求められることになっている。しかし、「速やか」とはどの程度をいうのか不明である。何らかの期間制限ないし時間制限がなければ、意味がない。また、この規定では、国会承認を求めることが内閣に義務づけられているだけで、２０１２年自民党改憲草案第99条2項の「事後に国会の承認を得なければならない」より後退している。さらに、承認されなかった場合の効果について触れられていない。

Q＆Aによれば、「緊急政令は、あくまで国民の生命や財産を守るための一時的な措置であり」、「制定された緊急政令は、国会の機能が回復したら、速やかに国会の承認を受けることとしています」、「国会の承認が得られなければ、政令は失効することになります」[*20]というが、いずれの点も条文上保証されていない。

## 4．むすび

Q＆Aは独裁の危険性を否定しようとするが、以上の検討からは、その危険性は否定できない。日本国憲法を「みっともない」と蔑む者が政権担当者となっており、その政権を支持する政治勢力が多数議席を占める国会が「虚像化された言論の府」[*21]と化している現状をみるとき、第73条の2が創設されるなら、その危険性が現実になることを恐れるのは杞憂として片付けられなくなろう。

みられるように、第73条の2の「改憲事実」は、まともに示されていないし、そもそも存在しない。第73条の2には必要性も合理性もなく、国民・住民にとって重大な危険性が孕まれている。第73条の2の目的は、一見大規模自然災害対策に限定されるようにみえて、実は必ずしもそうではない。しかも、大規模自然災害対策の法令は、現に多数存在している。

それでは、「その他の」の解釈によって何に対する対応の余地が広げられるのか。第73条の2の本当の狙いが問われる。条文イメージ提案に至るまでの戦後日本の国家緊急権導入をめぐる歴史を想起するならば、それが明らかになる。いうまでもなく、これまで国家緊急権の法制化は、戦時を想定して試みられてきた。2012年自民党改憲草案第98条1項もまた戦時対応を一つの目的としていた。条文イメージの作成過程でも「外部からの武力攻撃」等を対象にすべきとの意見があった。

そこで、条文イメージが第73条の2と同時に第9条の2を提案していることが注目される。第9条の2が設けられることによって、自衛隊は安保法制を超えるいっそう本格的な集団的自衛権行使＝海外軍事活動が可能になると考えられるが、それとともに国内体制を戦時体制に切り替える法的装置が必要になる。第73条の2導入の真の狙いはそこにあるとみられる。[*22] すでに国民保護法（「武力攻撃事態等における国民の保護のための措置に関する法律」）には、「武力攻撃により直接又は間接に生ずる人の死亡又は負傷、火事、爆発、放射性物質の放出その他の人的又は物的災害」を意味する「武力攻撃災害」（第2条4項）なる概念が存在する。第73条の2の下では、「その他の」の解釈によって、武力攻撃災害時に緊急政令を制定することができるのである。

第73条の2がなければできないのは、大規模自然災害対応ではなく、武力攻撃災害対応であり、それこそが同条創設の真の狙いである。

2019年9月11日、第4次安倍再改造内閣発足に当たり、安倍首相は、7月の参院選の結果に触れて本稿冒頭に紹介したような国民の声なるものの解釈を繰り返し、改憲論議の活性化に向けて意欲を示した。[*23] しかし国民の審判は、小選挙区制中心の選挙制度によって獲得した議席数ではなく、比例代表選挙での得票率に現れている。公約で改憲をかつてなく強く打ち出したにもかかわらず、自民党の比例区での得票率は、35・91パーセントにすぎない。また、選挙直後の世論調査によれば、「安倍首相に一番、力を入れて欲しい政策」は、年金などの社会保障が1位で38パーセント、以下2位教育・子育て23パーセント、3位景気・雇用17パーセント、4位外交・安全保障14パーセントと続き、憲法改正は3パーセントで、選択肢のなかでは最低であった。比例区で自民党に投票した人に限っても、1位は同じく社会保障38パーセントで、憲法改正は最下位の4パーセントにすぎなかった。したがって、この選挙で国民が改憲論議の促進を求める意思表示などしていないことは明らかである。

仮に国会での改憲論議が活性化した場合、条文イメージは議論を起こすための「たたき台素案」としての役割を終え、修正される可能性がある。第73条の2は、そのままでは真の狙いを果たすには「使い勝手」が悪いから、議席数を頼みに「使い勝手」のよりよいものに修正されることが考えられる。政権与党による国会運営上の数々の暴挙を想起するならば、この予想は的外れとは言い難いであろう。

「改憲事実」が存在しないことからいうまでもないことであるが、このような見通しが考えられることからも、その議論に入ることすら許されないといわなければならない。

【注】

（1）その緊急事態条項について、すでに多くの検討がなされているが、筆者によるものとして、参照、拙著『改憲論議の作法と緊急事態条項』（日本機関紙出版センター、２０１６年）65頁以下。

（2）芦部信喜『憲法〔第7版〕』高橋和之補訂（岩波書店、２０１９年）３８８頁。

（3）Q&A6頁。

(4) 樋口陽一・佐藤幸治・中村睦男・浦部法穂『憲法Ⅲ〔第41条〜第75条〕』（青林書院、１９９８年）１１０頁（樋口陽一執筆）。

(5) 参照、高見勝利「大震災と憲法――議員の任期延長は必要か？」世界２０１６年６月号１５６〜１５７頁。

(6) Ｑ＆Ａ６頁。

(7)「憲法改正に関する議論の状況について」３頁。

(8) Ｑ＆Ａ４頁。

(9)『日本国憲法改正草案Ｑ＆Ａ〈増補版〉』（２０１３年）32頁。

(10) 双葉病院事件、釜石の悲劇、釜石の軌跡ほかの諸事例の検証を通じて「法律や制度の適正な運用による事前の準備がなかった」ことについて、参照、永井幸寿「緊急事態条項の論点」関西学院大学大災害復興制度研究所編『緊急事態条項の何が問題か』（岩波書店、２０１６年）48頁以下。

(11) Ｑ＆Ａ４頁。

(12) 参照、塩崎賢明『復興〈災害〉――阪神・淡路大震災と東日本大震災』（岩波新書、２０１４年）40頁以下。

(13) 参照、災害対策法制のあり方に関する研究会「主な災害対策関係法律の類型別整理表」http://www.bousai.go.jp/kaigirep/kenkyu/saigaitaisakuhousei/1/pdf/1_sanko2.pdf

(14) https://www.cas.go.jp/jp/seisaku/icanps/post-2.html

(15) http://www.mhmjapan.com/content/files/00001736/naiic_honpen2_0.pdf

(16) http://www.bousai.go.jp/kaigirep/kaigou/saishu/pdf/saishu_houkoku2.pdf

(17) 参照、前掲・永井論文57頁以下。

(18) 参照、拙稿「湾岸危機・戦争と民主主義――法治主義と委任立法」法律時報１９９１年11月号。

(19) Ｑ＆Ａ５頁。

(20) 同前。

(21) 加藤一彦『議会政の憲法規範統制――議会政治の正軌道を求めて』(三省堂、2019年)iii頁。
(22) 参照、渡辺治『戦後史のなかの安倍改憲』(新日本出版社、2018年)274頁以下。
(23) 参照、朝日新聞2019年9月12日。

【参考文献】
・永井幸寿『よくわかる緊急事態条項Q&A――いる? いらない? 憲法9条改正よりあぶない⁉』明石書店、2016年
・小林節・永井幸寿『〈対論〉緊急事態条項のために憲法を変えるのか』かもがわ出版、2016年

なお、本稿執筆に当たり、同時期に公刊予定の拙稿「大規模自然災害対策と国家緊急権――緊急事態条項の不要性と危険性」(法学館憲法研究所報21号)の一部を利用した。

# 第4章　安倍改憲と「教育無償化」の欺瞞

成嶋　隆

【要旨】
２０１7年5月に安倍首相がいわゆる「9条加憲」論を打ち出して以来、改憲問題が急展開している。安倍改憲構想における〈本丸〉は、いうまでもなく戦争放棄条項たる9条であるが、その9条改正の〈呼び水〉として、いくつかの改憲メニューが提唱されている。その一つが「教育の無償化・充実」である。そして、この「無償化」提言は、単に改憲項目の一つとして挙げられているのみならず、消費増税分を財源とする「無償化」政策としていわば〈先取り〉的に実行されようとしている。「教育の無償化・充実」という、それ自体否定することの困難なこの提言と政策には、しかし、重大な問題点が潜んでいる。本稿は、改憲攻勢のなかでの「教育無償化・充実」提言・政策の狙いとその問題点を剔抉することを課題とする。

## Ⅰ・改憲動向と教育改革――その連動関係

改憲というアジェンダには、つねに教育問題が付随する。その原理的な理由は、改憲という〈国のかたち〉の改変を行ううえで、改変された国家・社会に適合的な〈国民〉を創出することが必須の課題となるが、この課題を担うのが公教育だからである。

これまでの改憲動向をふり返っても、それが教育改革と連動していたことが確認される。すなわち、これまでの三次にわたる改憲攻勢（１９５０年代・１９８０年代・１９９０年代以降）の特徴の一つとして、それらが教科書攻撃および教育基本法（以下、教基法）の改正提言と連動していたことが確認できるのである。とりわけ、第一次安倍政権下の2006年に断行された教基法改正は、改憲と教育改革との密接な関係性を浮き彫りにした。

教基法改正は、改憲の〈露払い〉と、その〈先取り〉という二重の意味をもつ出来事であった。そのことは以下の諸点より確認できる。――①「準憲法」「憲法付属法」などと呼ばれた改正前の旧教基法（1947年制定）は、規範内容面で現憲法と一体関係にあったことから、憲法とともに明文改正のターゲットとして位置づけられていた。②旧教基法は、占領下における制定という特異な出自から、憲法とともに〈押しつけ〉の烙印を押されていた。③旧教基法は「基本法」の名称をもつものの、法形式上は一般の法律と同格であることから〈改正しやすい教基法から〉という改憲戦略を導いた。④改正教基法は2条5号の「愛国心」条項など、現憲法の理念から乖離した規範内容を有しており、改憲後の〈国民〉像を先取り的に示すものとなった。

教基法改正と同様、今次の「教育無償化・充実」提言・政策も、改憲の〈露払い〉の意味と、改憲後の〈国民〉像の〈先取り〉という意味とを併有する。以下、このことを確認していきたい。

## Ⅱ・「教育無償化・充実」提言・政策展開の経緯と概要

### 一「無償化」提言

まず、安倍政権による「教育無償化・充実」提言の経緯をたどっておきたい。――2017年1月の施政方針演説で、安倍首相は「高等教育もすべての国民に真に開かれたものでなければならない」と発言し、同年5月3日には、改憲派集会へのメッセージで、改憲項目の一つとして「高等教育の無償化」に言及した。6月には、経済運営の指針となる「骨太の方針」の目玉として、幼児教育・保育の無償化が明記された。同月の通常国会閉幕後の会見で、安倍首相は高等教育の負担軽減など「人づくり革命を断行する」と宣言、10月には衆院選の公約として3～5歳児の幼児教育・保育の全面無償化を掲げた。同年12月8日、政府は、「人づくり革命」として、幼児・高等教育の一部無償化を柱とする2兆円規模の「政策パッケージ」を閣議決定。公明党が主張する「私立高校の授業料無償化」を明記した。2018年2月21日、自民党憲法改正推進本部は、「教育の充実」に関する改憲条文案（後掲）を大筋で了承した。そして同年3月25日の自民党大会で、①自衛隊の憲法への明記、②緊急事態条項、③参議院の合区解消、④教育の充実の4項目で憲法改正を進めていくことが確認された。

**【自民党憲法改正推進本部が了承した条文案】**（傍線＝追加、ゴシック体＝削除）

26条　すべて国民は、法律の定めるところにより、その能力に応じて、ひとしく教育を受ける権利を有**する**し、経済的理由によつて教育上差別されない。

2　すべて国民は、法律の定めるところにより、その保護する子女に普通教育を受けさせる義務を負ふ。義務教育は、これを無償とする。

3　国は、教育が国民一人一人の人格の完成を目指し、その幸福の追求に欠くことのできないものであり、かつ、国の未来を切り拓く上で極めて重要な役割を担うものであることに鑑み、教育環境の整備に努めなければならない。

89条　公金その他の公の財産は、宗教上の組織若しくは団体の使用、便益若しくは維持のため、又は公の**支配に属しない**監督が及ばない慈善、教育若しくは博愛の事業に対し、これを支出し、又はその利用に供してはならない。

## 二「無償化」立法

前述したように、改憲メニューとしての「教育無償化・充実」提言は、2019年の第198回通常国会における二つの関連立法により、改憲を待たずして具体化された。その概要は以下のとおりである。

（一）「幼児教育・保育無償化」法

まず、幼児教育・保育の「無償化」を図るものとして、子ども・子育て支援法の一部改正法（令和元年法律第7号）が2019年5月9日に、自民・公明・国民民主・維新などの賛成多数で可決・成立した。同法は、2019年10月に予定されていた消費税率10％への引き上げによる増収分を財源として、以下のような「無償化」措置を講ずることを内容としている。

○対象児童：すべての3～5歳児および住民税非課税世帯の0～2歳児

○対象施設：〔利用料全額補助〕幼稚園・認可保育園・認定こども園　〔補助に上限あり〕認可外保育施設・ベビーシッター　〔補助に上限、五年間のみ対象〕基準を満たさない認可外保育施設

○必要経費・負担割合：〔必要経費〕年間7764億円　〔負担割合〕国4割・地方6割（19年度は全額国負担）

（二）「高等教育無償化」法

同じく消費増税分を財源として、低所得世帯の子どもを対象に高等教育の負担を軽減することを目的とした「大学等における修学の支援に関する法律」（令和元年法律第八号）が2019年5月10日、与党などの賛成多数で可決された。2020年4月1日施行予定の同法の概要は以下のとおりである。

○支援内容：授業料減免・給付型奨学金支給

○支援対象：「両親と大学生、中学生」のモデル世帯で年収380万円未満の場合＝収入ごとに3段階の減免

○支援要件：〔機関要件〕①実務経験のある教員が卒業要件単位数の1割以上の授業を担当②理事に外部人材を複数任命③適正な成績管理④財務・経営情報の開示　〔成績要件〕①修得単位数が標準の5割以下②下位4分の1以下の成績が連続③学習意欲が著しく低いと大学が判断等の場合は

支援打ち切り

## Ⅲ・「教育無償化・充実」提言・政策の問題点

### 一　改略性——改憲ウイングの拡大

「教育無償化・充実」提言・政策の第一の問題性は、他の改憲メニューに比して同調を得られやすい項目を掲げることにより改憲ウイングを拡大し、改憲機運を高めるという政略的意図に基づいていることである。具体的には、以下のように、いくつかの政党や一部の国民階層の取り込みが企図されている。

（一）日本維新の会の取り込み

「教育無償化」という改憲項目は、もともと日本維新の会が提唱していた。2016年に公表された同党の「憲法改正原案」は、教育無償化を改憲項目の筆頭に掲げ、現26条2項後段の「義務教育は、これを無償とする」との規定を削除し、これに代えて一項に「経済的理由によって教育を受ける機会を奪われない」との文言を挿入、さらに新三項として「法律に定める学校における教育は、……幼児期の教育から高等教育に至るまで、……無償とする」という規定を付加した。一方、同改憲原案における9条改正は、改憲項目としては5番目に位置していた。かかる事情のもとでは、「9条改憲を最大の狙いとする自民党としては、このような日本維新の会を取り込み、9条改憲に積極的に賛同させるためには、日本維新の会が、改憲項目の第一にあげていた『教育の無償化』を自民党の重要な改憲項目とする必要があった」（山内2019・117頁）との観察が成り立つ。

（二）公明党の取り込み

「無償化」提言には、連立を組む公明党を取り込む狙いもある。この点につき、東京新聞は次のように報じている。――「もとは公明党の公約だった私立高校の無償化も財源にあてのないまま、安倍首相が衆院選前にすんなり約束した。首相は悲願の憲法改正にこぎつけるため国民だけでなく、公明にも配慮しているようにみえる。」（東京新聞2017・12・9）

（三）一部階層の取り込み

「無償化」提言の政略性については、次のような指摘もある。あながち〈うがち過ぎ〉ともいえないだろう。――「これまで政府は福祉的な政策として、低所得者層に絞って教育の無償化を進めてきたが、安倍政権はこれを転換。3〜5歳児は高所得者層も含め『すべて無料』を打ちだした。政権への支持が低い中高所得の女性票を取り込むねらいが見え隠れした。」（朝日新聞2017・12・9）

## 二　欺瞞性――改憲の不要性・歴代自民党政権による条件整備の懈怠

「無償化」提言には、上記のような政略性とともに、それ自体きわめて欺瞞的な提言であるという問題性もある。

第一は、公教育の無償化という課題は、必ずしも改憲を必要としないところ、これを改憲メニューに挙げた点である。その狙いについて、中川律は次のようにいう。――「教育の無償化は憲法を改正しなければいけない課題ではない。それにもかかわらず、憲法改正が主張されるところを見ると、教育の無償化ではなく、憲法改正それ自体が自己目的化していることが疑われる。」（中川2018・132頁）

この点については、現憲法26条2項が「義務教育」の無償を規定していることが問題となりうるが、同項は、1項の教育を受ける権利を実効的に保障するための条件整備にかかる規定であり、義務教育以外の教育を無償化することを妨げない。また、日本が批准している国際人権A規約（社会権規約）13条は、中等・高等教育の「漸進的無償化」義務を締約国に課しており、子どもの権利条約28条も、子どもの教育への権利の「漸進的達成」、中等教育への「無償教育の導入」を謳っている。これらの規定は、法律に優位する国内法的効力をもつとともに、憲法26条に対する補完的な規範充填の機能を果たすと解することもできる（成嶋2017・25頁）から、義務教育以外の教育段階の無償化は、少なくとも国際法上の義務であり、解釈いかんによっては憲法上の義務であるということができる。

以上のように、義務教育以外の教育無償化は現憲法下で可能であるばかりか、むしろ国際法上ないし憲法上の要請であるともいえる。2010年に、時の民主党政権下で高校無償化が実現したが、その際、「憲法上の疑義」が提起されなかったのは当然である。何よりも、安倍政権が教育「無償化」を改憲テーマに掲げる一方で、無償化ないし教育支援に関わる施策を次々と打ち出していることが、皮肉にもこの課題についての改憲が不要であることを傍証している。

「無償化」提言が欺瞞的であることの第二の理由は、この提言が、教育無償化を含む教育条件整備について、歴代自民党政権が一貫して消極的ないし敵対的な姿勢をとってきたことを一切不問に付していることである。実際、前述した憲法・条約上の教育条件整備義務に背を向け、これを懈怠してきたのは、ほかならぬ自民党政権であった。たとえば自民党政府は、社会権規約の批准に際して、「負担の公平」や「財源確保の困難さ」を理由に、前述の中等・高等教育の漸進的無償化条項を留保した（2012年、民主党政権下で留保撤回）。また、高校無償化措置についても、政権に復帰した自民党は「効果がない」としてこれを廃止し、所得制限を伴う制度へと後退させた。

## 三 〈無償化〉と引き換えの教育統制

「無償化」提言・政策のさらなる問題点として、これらが「無償」と引き換えの教育統制を企図しているという点がある。その最たる例は、前出の「高等教育無償化」法における二つの支援要件である。実務家教員や外部理事の導入等を求める機関要件は、大学の教育内容編成権や人事権に介入するものであり、国大協や私大連合などから大きな懸念が表明された。主要8カ国の授業料・奨学金について研究してきた小林雅之は、「国のメインの奨学金について、このような要件をつけている例を知らない」(小林2019・226頁)と指摘したうえで、「明らかにここには、学生支援という巨額を投じるプロジェクトによって、高等教育機関を変えようとする政策意図がある」(同前・228頁)と喝破する。学生に向けられた成績要件も問題が多い。とくに、下位四分の一以下の成績が続いた場合に支援を打ち切るという条件は、「本人だけで決定できない相対的なものである」(同前・226頁)ことから、修学支援の趣旨に反するといえよう。

幼児教育・保育についても、さまざまな「無償化」提言がなされる一方で、統制の方向が打ち出されている。たとえば、2018年度から小中学校で道徳が教科化されるのと連動するかたちで、幼稚園・保育園・認定こども園の教育要領・指針等がほぼ同じ内容で変えられた。その一例として、「幼児期の終わりまでに育ってほしい姿」として、「道徳性」「規範意識の芽生え」など10項目が規定されているのを挙げることができる。

先に紹介した自民党の26条改正案にも〈統制〉の契機がみられる。本秀紀はこのことを次のように指摘する。――「教育に関して、さらに問題なのは、この新設される26条3項で、『教育が……国の未来を切り拓く上で極めて重要な役割を担うものであること』を教育環境整備の根拠としていることです。この規定からは、税金で教育の環境整備を行うのだから、それは国の未来を切り拓くのに資するものでなければならないという『論理』が導かれ、大学も含めて、教育内容に――いま以上に正々堂々と――国家が介入する口実に使われるのではないかということが危惧されます。」(本2018・21頁)

ところで、「無償」と引き換えの教育統制については、われわれには〈既視感〉(déjà-vu)がある。たとえば、教科書無償配布制度が創設される際に、「広域統一採択制」(広範な採択区において1種目につき1冊の教科書を採択する制度）という教科書統制装置が導入されたという前例である。こうした事情をとらえて、奥平康弘が「ただより高い物はない」（奥平１９８６・２３５頁）と慨嘆したのは有名である。

## 四・制度設計における欠陥

「教育無償化・充実」提言・政策の問題点として、次に、前出の二つの立法による「無償化」の制度設計に多くの矛盾と欠陥があることを指摘したい。その予備作業として、無償教育に関する原則および現行無償教育制度を確認しておく。

（一） 教育費負担に関する三つの原則

「誰が教育費を負担するか」については、三つの原則が識別される。第一は、教育を受けることにより利益を得る者（児童・生徒・学生およびその家庭）が教育費を負担すべきだとする「受益者負担」（応益負担）原則（benefit principle）である。第二は、教育費を支出する能力のある者が負担すべきだとする「応能負担」原則（ability-to-pay principle）である。この原則は通常、所得制限を伴う選別的給付スキームを導く。このような選別的給付の方式は、「無償教育」というよりは、むしろ「教育支援」と呼ぶべきである。「公費負担」原則（public expense principle）と呼ぶことのできる第三の原則は、教育サービスを公費により一般的（普遍的）に給付するスキームを導く。言葉の真の意味での「無償教育」は、まさしくこのスキームに相当する。

以上に関連して、憲法26条2項後段の「無償」規定の意味が問題となる。この点については、世取山洋介の次の見解が参考となる。——世取山は、上記三原則をそれぞれ「応益負担」・「応能負担」・「無償性」と呼び、「応益負担」は「受給する現物から得られる利益を負担すること」、「応能負担」は「受給者の収入に応じて負担すること」そして「無償性」は「一切負担しないこと」と定義する。そして「2項後段の『無償とする』とは、国が給付する義務を負う教育のうち普通義務教育を給付する際に、受給者に金銭の支払いを義務づけることができない、ということを意味する」と述べる。そして、この「無償性」は、「応益負担が採用されている場合に、貧者にも教育機会を確保するために、応益負担を応能負担化するしくみ、すなわち、選別的現金給付や支払免除（一部または全部）」とは区別されるとする。さらに「無償性」は、「国公私立を問わず、授業料などの全額または一部をすべての保護者に金券として給付し、保護者はその金券を授業料などの支払いに用いる」制度である「バウチャー制度」とも区別されるとする（世取山2019・44〜45頁）。

（二）代表的な無償教育および教育支援の諸制度

現在、日本において実施されている無償教育ないし教育支援の代表的な制度は、以下のとおりである。それぞれ、上記の選別的給付スキームまたは普遍的給付スキームのいずれかに照応している。

①公立学校における初等教育および前期中等教育についての授業料不徴収（この制度は普遍的給付スキームに分類される。ただし、一方で無償の範囲は授業料不徴収に限定され、他方では国公立学校における義務教育に限定されている。）

②私立学校を含む義務教育についての教科書無償配布（同制度も、教科書についてのみの普遍的給付スキームの一つである。）

③（国公私立）高校生への所得制限を伴う就学支援金の支給（2010年に実施された同制度の当初の方式は、公立高校生についての授業料不徴収と私立高校生に対する所得制限なしの就学支援金の支給とを併用したものであった。この方式は、2014年に現行制度に改編された。この経緯は、同制度が普遍的給付スキームから選別的給付スキームに転換されたことを示している。なお、前出の世取山は、就学支援金の支給を「バウチャー制」ととらえているようである。世取山2019・45頁）

④貧困家庭の子どもの保護者に対する就学援助金の支給（選別的現金給付スキームに属するこの制

度は、学校教育法19条に根拠を置く。同制度において、就学困難な学齢児童・生徒をもつ保護者は、市町村より就学援助金を受給する資格をもつ。援助金の受給者は、生活保護法6条に規定される要保護者およびこれに準ずる者として市町村教育委員会により認定された者である。）

⑤生活保護の一環としての教育扶助（生活保護法13条に基づき、義務教育の修学に必要な費用を扶助するもの。選別的現金給付のスキームである。）

⑥奨学金制度（主要な教育支援の制度として、日本には、主として日本学生支援機構（ＪＡＳＳＯ）により運営される種々の奨学金制度がある。奨学金制度の二つのタイプのうち、ＪＡＳＳＯが採用したのは、卒業後に返済が求められる「貸与型」のそれである。もう一つの「給付型」の奨学金については、２０１７年にきわめて限定的なやり方で導入された。）

(三)〈所与の前提〉としての貧困な公財政教育費支出

今次の「無償化」制度設計の問題点として真っ先に挙げなければならないのは、それが、現在の日本の貧困な公財政教育費支出を不動の前提としていることである。広く知られているように、日本におけるＧＤＰに対する公財政教育費支出はＯＥＣＤ34カ国中最下位である。高等教育の費用負担の対ＧＤＰ比をみても、公的負担割合は０・６％で、ＯＥＣＤ諸国中最下位である。

真正の無償教育、つまり「公費負担」原則に基づく所得制限なしの普遍的な教育サービスの給付は、国家予算の組み替えや税制改革（とくに、所得税の累進課税の強化）などを必要とするが、「無償化」の制度設計にはそのようなコンセプトが皆無といってよい。それは、逆進性の強い消費税の増税分を財源としていることに端的に示されている。

「公費負担」原則（普遍的給付スキーム）が排除される理由の一つに、かつて奥平が指摘した〈逆差別〉論ないし〈悪平等〉論がある。〈無償性を徹底すればするほど、貧困家庭の教育費負担は軽減されるが、裕福な家庭も支弁を免れる〉という議論である（奥平１９８６・２４０頁）。これについては、世取山の次の応答が妥当しよう。――「無償性を実現するには、累進課税によって徴収される富裕者の富を用いるほかなく、富裕者は支払いを免れる金銭以上の金銭を税として支払うことになる。税制度を考慮すれば、逆差別という批判は成立しない。」（世取山２０１９・50頁）

### （四）「応益負担」＋「応能負担」

「公費負担」原則を排除した今次の「無償化」制度は、貧困層に対して選別的に現金給付を行う「応能負担」原則に立脚するものとなっている。この制度設計には、以下の問題がある。

第一に、この制度が「応益負担」（受益者負担）原則を引きずっていることである。一例として、保育の重要な一環とされている給食費が無償化の対象とされず、実費徴収とされたことが挙げられる。もともと「受益者負担」原則は、１９７１年中教審答申が打ち出して以来、日本の教育財政制度の基本原則をなすものであった。注意しなければならないのは、この原則が広範な国民に受け入れられていることである。とくに高等教育に関しては、受益者負担を当然とする国民は約8割に上っている。このような国民意識が、日本の教育財政政策・制度を下支えしており、今次の「無償化」の制度設計も依然としてこれに依拠していることを見落としてはならない。

第二に、「応能負担」原則それ自体の問題性である。この原則に基づく所得制限を伴う選別的給付スキームは、受給者に対する負の烙印効果、煩瑣な受給者認定、時として生じる有資格者の認定漏れなどの問題点があるのである。

第三に、「応能負担」という見地からみても、新制度には矛盾が多い。たとえば、認可保育施設の保育料はすでに所得に応じた負担となっているので、その「無償化」に充てられる４６５０億円のうち約半分は年収６４０万円以上の世帯に使われ、住民税非課税世帯に使われるのは１％程度となる。その結果、「無償化の恩恵が比較的所得の高い世帯に偏る」（朝日新聞２０１９・３・24）ことになるのである。

（五）「保育の質」の低下

制度設計上の次なる問題点は、今回、認可外の保育施設も「無償化」の対象としたこと、とくに認可外施設についての指導監督基準すら満たさない施設やサービスも5年間は「無償化」の対象としたことである。〈保育の質〉を確保するための基準を満たす認可保育所の増設を放棄し、安心・安全を保障しえない認可外をあてにする無責任さが露呈している。

（六）公的保育制度の後退

新制度では、私立保育所には国から2分の1の補助がなされるのに対し、公立保育所は市町村の全額負担となっている。このことは、これまで政府により推進されていた公立保育所の廃止・民営化を加速させる懸念がある。公立保育所に代わる保育の〈受け皿〉の一つとして考えられているのが、新制度で「無償化」対象となる企業型保育所（認可外）であるが、この施設は、市町村が設置・監督に関与せず、認可基準以下で整備・運営することができる。突然の閉園や助成金の不正受給といった事例もある。ここには、国の教育条件整備義務の重要な内容の一つである公的保育制度の整備・充実義務の重大な懈怠がある。

なお、公的保育制度の後退や保育民営化の動向が、現在の教育改革を規定する新自由主義イデオロギーと親和的であることにも注意しておきたい。この観念のもとでは、「規制緩和」の名目で国家の〈公共〉からの撤退が進められ、公共財が商品化されて市場における〈競争〉に委ねられる。各人はその〈能力〉に応じて財を〈選択〉し、その結果について〈自己責任〉を負うという論理がまかりとおる（成嶋2004・3頁）が、上記の動向は、まさしくかかる論理に即しているのである。

（七）差別的制度設計

制度設計上の問題として、最後に新制度における差別的要素にふれたい。まず、「高等教育」無償化法において支援の対象となるのは、学部生のみであり、大学院生と留学生は排除されている。一方、

「幼保無償化」法では、各種学校として幼児教育を行っている88の外国人幼児教育施設が適用除外となっている。このうち40施設は朝鮮学校幼教部（朝鮮幼稚園）であるから、在日コリアンは、高校無償化措置からも幼児教育無償化措置からも排除されることになる。こうした〈排外主義〉的な制度設計は、今回の「無償化」措置が、「教育の機会均等」の名目のもとで、たとえば「少子化」という〈国家的課題〉に対応することを主目的としていることと無縁ではない。

【参考・引用文献】


・山内敏弘「『合区』解消と教育条項に関する改憲論の問題点」龍谷法学51巻4号、２０１９年
・中川律「教育の無償化は憲法改正によって実現されるべきものなのか?」阪口正二郎他編『憲法改正をよく考える』日本評論社、２０１８年
・成嶋隆「朝鮮学校の無償化問題」国際人権28号、２０１７年
・小林雅之「大学無償化法の何が問題か――特異で曖昧な制度設計」世界２０１９年8月号
・本秀紀「憲法をめぐる情勢と安倍改憲の問題点」法学セミナー７６１号、２０１８年
・奥平康弘「『機会の均等化』と『均等の機械化』」奥平『ヒラヒラ文化批判』有斐閣、１９８６年
・世取山洋介「教育の『無償性』と『無償化』」教育８７０号、２０１８年
・成嶋隆「21世紀型改正論の特徴」日本教育法学会編・法律時報増刊『教育基本法改正批判』日本評論社、２００４年

# 第5章　環境権と憲法改正

植野　妙実子

【要旨】

日本国憲法には環境権について直接に示した規定はない。２０１７年5月3日、安倍晋三首相の示した憲法改正案においては、環境権についての言及はない。しかし、しばしば環境権を盛り込むことから憲法改正をすべきだという声も聞かれる。２０１２年4月27日に示された自民党の日本国憲法改正草案には25条の生存権の規定に続けて、25条の2として「環境保全の責務」という規定が入っている。しかしそこには環境権を権利として認めようという姿勢はない。そこでまず環境権の定義を考える。次に環境権が日本国憲法に明示されていないのなら、どのように既存の条文から解釈しているのか、またその解釈で不足があるのか、ないのか検討してみる。さらに環境権の規定が憲法になくても環境基本法が存在し、様々な環境に関する法律も存在している。そこではどのように環境権を扱っているのか、そのことを知る必要もある。最後に、環境権をめぐる訴訟がどのように行われ、環境権規定がないことがどのように作用しているのか確認する。現実に環境権がどのように扱われているか知ることで、我々市民が求める権利としての環境権を憲法改正で盛り込むような状況にないことを示していきたい。

## はじめに

日本国憲法には環境権について直接に明示した規定はない。

憲法改正について、２０１７年5月3日、安倍晋三首相は憲法改正をめざす「公開憲法フォーラム」

で、9条1項・2項に加えて自衛隊を明記すること、高等教育の無償化を明記することを憲法改正として2020年までになしとげたいとビデオメッセージで示した。また自民党は、2018年3月25日新たに憲法改正たたき台素案を作成している。ここには9条改正、緊急事態条項、参院選「合区」解消、教育の充実と題して、関連する条文の改正案が示されている。これらの改正案には環境権は改正対象として入っていない。

しかし、2012年4月27日に示された自民党の日本国憲法改正草案には25条の生存権の規定に続けて、25条の2として「環境保全の責務」という規定が入っている。そこには次のように述べられている。「国は、国民と協力して、国民が良好な環境を享受することができるようにその保全に努めなければならない。」また2016年7月25日のBS日テレの深層ニュースにおいて、菅義偉官房長官は憲法改正をめぐる議論に関して、環境権を盛り込むことなどから始めるべきだとの考えを示している。さらに2017年8月24日日経ビジネスのインタヴューにおいて、公明党の北側一雄議員（2017年当時憲法調査会会長）は憲法改正の重要項目として地球環境問題をあげている。このように環境権、環境問題は憲法改正の対象となる可能性がある項目といえる。

そこでまず環境権とは一体何なのか、その定義を考えてみたい。次に環境権が日本国憲法に明示されていないのなら、どのように既存の条文から解釈しているのか、またその解釈で不足があるのか、まかないきれない点があるのか検討してみたい。さらに環境権の規定が憲法になくても環境基本法が存在し、様々な環境に関する法律も存在している。そこではどのように環境権を扱っているのか、そのことも知る必要がある。そして最後に、環境権をめぐる訴訟がどのように行われ、環境権規定がないことがどのように作用しているのか、いないのかも確認する必要がある。このようなことから、環境権に関して憲法改正が必要なのか否かを考えてみたい。

## 1．環境権の定義

環境権とは一般に「よい環境を享受する権利」と定義される。しかし、その「よい環境」をどこまで人間にとって必然のものとして認めるのか、その範囲によって様々な「よい環境」のとらえ方が生じる。

1960年代の高度成長政策によって、産業基盤の強化や地域開発が大規模に展開された結果、大気汚染や水汚染、光化学スモッグの問題など、公害問題が深刻となった。そこで1967年8月に公害対策基本法が制定された。すなわち、公害問題への対処という形で環境問題がとらえられた。しかし公害対策基本法には当初、経済発展との調和の下に公害対策をとることが明らかにされ、規制対象となる汚染物質も限定されていた。現実には、経済発展との調和を図りながら公害対策をとることは難しい。公害対策をとることは人間の生命・健康を守ることで毅然とした態度が必要とされる。そこで、公害に対する住民運動が高まる中で、1970年11月に始まった国会において、公害対策基本法が改正され、「経済発展との調和」が削除された。1970年。経済発展より、国民の健康を優先すべきという認識が生まれた。公害の対象も拡大されて、1971年5月には環境庁設置法も成立し、公害対策への充実が図られた。

また、1970年は、大阪空港公害訴訟を契機として大阪弁護士会が、はじめて「環境権」という概念を提唱した年でもあった。それによると環境権とは「良き環境を享受し、かつこれを支配しうる権利」とされた。「環境に対する支配の機能は、そこに住む地域住民の共有に属するものである。」「その共有者の一人にすぎない加害企業が、独占的にこれを支配することは許されないものであり、もしそのような必要があるときは、共有者である地域住民の同意を必要とすると考えるべきである。そのような同意のない侵害に対しては、地域住民は、環境権の共有者として、これを侵害しようとする他の共有者に対し、侵害の予防を請求し、またはこれを差し止める権利をもつ」とした（大阪弁護士会環

境権研究会編『環境権』日本評論社1973年54頁)。

1970年前後に提起された四大公害訴訟、それは新潟水俣病、四日市ぜんそく、富山イタイイタイ病、熊本水俣病に関わる訴訟であるが、いずれも原告勝訴となった。これらの訴訟においては、公害の被害者が加害者である企業に対して、不法行為責任を問い損害賠償を求めたものである。裁判所は、いずれも企業の加害責任を認めた。

しかし、このように企業の加害責任は認められたが、そこにはいくつかの問題があることも明らかになった。まず、公害問題の根本的解決には、国や地方公共団体が事業活動などの環境汚染行為を規制して地球環境を良好な状態に維持するための行政上の対策が強く求められたことである。また訴訟上の問題点としては、故意過失要件の認定、因果関係の推定、受忍限度を超えていることが承認されなければならない。さらに生命や健康への被害が生じる前に公害の発生が防止されるのか、差し止め訴訟が可能なのかの問題も当然でてきた。

例えば、1972年7月24日の四日市ぜんそくに関わる津地裁四日市支部の判決は、原告側勝訴として共同不法行為を認めたが、次のように判断している。

「工場建設に際して、企業側に事前の調査によって住民に被害を与えないよう立地すべき義務があり、操業後も煤煙の排出量・気象条件に注意する義務があるのに、これを怠ったのは、立地・操業の両面に過失がある。その上で、事業の公共性、排出基準の遵守等を考慮しても、生命・身体に実害を及ぼしている以上、受忍限度を超えるとして不法行為の成立が認められる。」

ところが1980年代に入ると、企業や行政においては、経済効率主義や経済の自由化、規制緩和が叫ばれるようになり、公害対策や環境政策が蔑ろにされるようになった。また産業構造が従来の重化学工業中心からハイテク産業へと転換したことも影響した。

こうした状況の変化はあったが、他方で、国際的には環境問題が大きくとりあげられるようになり、自然環境の重要性や環境資源の有限性への意識が広がっていった。1992年6月にリオデジャネイロで開催された地球環境サミットでは、世界各国が協力して地球規模で環境管理に努め良好な環境を維持すべきことが合意された。これを受けて日本でも公害対策から環境対策への転換が図られる。公害対策基本法にかわって、1993年11月に環境基本法が制定された。

環境基本法は、環境を人の活動を制約する基本要素として捉え、環境政策の基本理念として「環境への負荷の少ない、持続的に発展可能な循環型社会の構築」を掲げ、環境の適切な利用・管理・保全を図るための法システム、新たな「環境法」システムの形成をめざすものである。

従来の公害関連法が人の健康や財産への被害防止という限られた目的をもっていたのに対し、環境法は良好な環境維持という広がりをもっている。また地球環境に関わりのあるすべての人の活動を対象とし、適正な地球環境の管理をめざしている。さらに、地球環境の保全は、一地域や一国に限定される事柄ではない。相互に関連して地球全体に関わるという視野を広げるものとなっている。環境基本法はこのように基本的な理念や性格が公害対策基本法とは異なるものであるが、この法律の最も大きな問題は、「環境権」ということばをどこにも使っていないことである。その1条は、次のようにこの法律の目的を定めている。

「この法律は、環境の保全について、基本理念を定め、並びに国、地方公共団体、事業者及び国民の責務をあきらかにするとともに、環境の保全に関する施策の基本となる事項を定めることにより、環境の保全に関する施策を総合的かつ計画的に推進し、もつて現在及び将来の国民の健康で文化的な生活の確保に寄与するとともに人類の福祉に貢献することを目的とする。」

ここでは、権利ではなく、環境の保全の責務を示している。環境権を明記しなかったことについては、政府は、法的権利としての内容が定まっていないことを理由としてあげている。しかし、環境権の内容として「国民の健康で文化的な生活」を暗黙に示唆しているように思え、その確保が重要との認識を示しているといえよう。

## 2．環境権の憲法上の根拠条文

「よい環境を享受する」環境権は、その「よい環境」をどのようにとらえるかによって憲法上、根拠条文をどこに求めるかが異なってくる。また環境権をどのような性質のものととらえるかによっても根拠条文は異なるといえる。

例えば、環境権を「公害ないし環境破壊による人の生命、健康などの侵害」ととらえ、憲法13条の幸福追求権及び25条の生存権によって根拠づけられるとする考えがある。生存権を根拠とするのは「たんに動物としての生命を維持できる権利ではなく、健康で文化的な人間に値する生存の権利であるが、公害に対抗する環境権の内容は、自然とのかかわりの中でしか生きていけない人間の『生物的存在としての生存』であるという意味においてである」という。この場合、生存権を国家の積極的行為を要求する請求権的側面よりも、国家による侵害行為の排除を求める自由権的側面からのアプローチとしている（中村睦男「生存権」芦部信喜編『憲法Ⅲ』有斐閣１９８１年３４９頁以下）。

一般的には、環境権は「人が健康で快適な生活を維持するために必要なすべての条件を充足した良好な環境を求める権利」とされ、人間存在のための絶対的な権利としてすべての国民に平等に認められると考えられている。その上で、憲法に明示されている権利ではないために、まず、「人間にとっての良好な環境」をどのような範囲で認めるのか意見が分かれ（A）、次に憲法のどの条文を根拠として環境権を認めるのか意見が分かれている。既述したように根拠条文をどこに求めるのかによって、環境権の法的性格のとらえ方も異なっている（B）。

A　環境権の範囲に関しては、遺跡、文化財、公園や学校などの文化的・社会的環境の保護までも含める見解があるが、有力な見解は、自然環境の保護とする見解である。前者の見解においては、広範になりすぎるために、環境権の権利性が弱められると批判されている。また、文化的・社会的環境の保護が、良好な環境の整備を理由にインフラの整備までも含むことになると、むしろ自然環境の保護との対立を生む場合もあると指摘されている。

B　環境権を憲法上の権利のどの条文から導き出すかについては、13条説、25条説、13条と25条の双方を根拠とする説に分けられる。

13条は、個人の尊重を定めるとともに、生命・自由及び幸福追求に対する国民の権利を定める。したがって、良好な環境を得るべきであるのに、それが侵害されているととらえ、すべての個人が尊重されて良好な環境の中で生き、幸福を追求する権利があるのにそれが侵害されている、とする。これが13条説である。ここでは、環境権は自由権としての性格が強いと考えられている。

これに対し、25条説は、良好な環境の整備を政府に要求できる権利ととらえる。25条は、生存権を定めた規定とされているが、1項は「すべて国民は、健康で文化的な最低限度の生活を営む権利を有する」と定める。2項は「国は、すべての生活部面について、社会福祉、社会保障及び公衆衛生の向上及び増進に努めなければならない」としている。そこで、環境権は人の健康で文化的な生存のために不可欠な権利であるが、その実現のためには、公権力による環境の回復や保全等の施策を必要とする。このように基本的に社会権としての性格、すなわち国家に作為を要求する権利と考える。生存権を規定する憲法25条が社会権としての環境権の根拠条文だとする。

しかしながら、そもそも25条の生存権の法的性格については、具体的な請求権を示したものではなく、国家の方針を定めているにすぎない、とか、抽象的な規定にすぎず、法律によってそれを具体化することを要し、国民はそれによって具体的な生活保障を要求する権利を保障されることになるとかと、解釈されている。25条1項の規定が、国民が立法府に対し、その権利内容にふさわしい法律を制定するように請求できる具体的な規定であると考えているのは、まだ少数の研究者にとどまっている。さらに、最高裁は1982年7月7日堀木訴訟において、25条の規定について次のような態度をとっている。「憲法25条の規定の趣旨にこたえて具体的にどのような立法措置を講ずるかの選択決定は、立法府の広い裁量に委ねられており、それが著しく合理性を欠き、明らかに裁量の逸脱・濫用と見ざるを得ないような場合を除き、裁判所が審査判断するのに適しない。」また、最高裁は1967年5月24日朝日訴訟において次のようにも判示していた。「何が健康で文化的な最低限度の生活であるかの認定判断は、厚生大臣の合目的的な裁量に任されており、その判断は、当不当の問題として政府の政治責任が問われることはあっても、直ちに違法の問題を生ずることはない。」このような弱点を25条説がもっていることは否めない。すなわち、立法府や行政府の広い裁量を認め、司法権からの判断も「著しく合理性を欠き、明らかに裁量の逸脱や濫用があった」ときに下すにとどめている。

こうしたことから、環境権に対する学説上の多数的な見解は、今日では「公権力による積極的な環境保全」としての環境権の根拠を25条に求めつつ、「公権力による生活環境の侵害の排除を求める自由権としての環境権の憲法上の根拠」を13条に求めて、全体として13条と25条の競合的保障に求める見解となっているのである。

日本においては、環境権を私法上の権利として損害賠償や差止めが容易になされることを目的として考え、憲法上の権利であることを否定する見解（あるいはあえて必要としないとする見解）も強く主張されていた。しかし、こうした見解は、すでに過去のものといえる。環境が人間の「健康で文化的な」生活の基本条件であり、よい環境を享受することが人間の尊厳や自由にとって不可欠な前提である以上、25条の生存権と不可分の意味をもち、また13条の生命への権利や幸福追求の権利とも関連づけられることは明らかである。

なお、環境基本法の文言からもわかるように、政府は、環境権を権利としては明示してはいないが、環境基本法を制定するにあたっての憲法上の位置付けを憲法25条に基づいて説明している。「国は国民が健康で文化的な最低限度の生活ができるように環境保全のための諸施策を実施するそういう責務があり、このような国の責務を果たすための基本理念というようなことであるといたしますれば、それは憲法25条に由来するものと言うことができる。」このように説明している。

## 3．環境権に関する訴訟

「公権力による生活環境の侵害の排除」を求める訴訟は、日本でも多く見られるが、環境権を権利として憲法上または法律上明示していないということから、環境権として認めさせることには成功していない。環境権をめぐる訴訟としては、大阪空港公害訴訟、各種基地公害訴訟や原発、産業廃棄物処理施設の事前差止め請求など多岐にわたる。ここでは大阪空港公害訴訟と厚木基地公害訴訟をとりあげてみる。なお下級裁判所においては、憲法13条に基づき環境権ではなく人格権の侵害として認めるものが若干みられる。

大阪空港公害訴訟とは、大阪空港の周辺住民が、航空機の騒音・振動・廃棄ガス、墜落の危険等により身体的・精神的被害及び生活環境に対する様々な被害を受けているとして、国に対し、①人格権・環境権に基づく夜間発着の差止め、②過去の損害賠償、③将来の損害賠償、を求める民事上の請求を行ったものである。一審は③については棄却したが、①②については部分的に認容し（1974年2月27日大阪地裁）、これに対し二審は周辺住民の主張をほぼ全面的に認めた（1975年11月27日大阪高裁）。

二審の大阪高裁は、「個人の生命、身体、精神および生活に関する利益は、各人の人格に本質的なものであって、その総体を人格権ということができ、このような人格権は何人もみだりにこれを侵害することは許されず、その侵害に対してはこれを排除する権能が認められなければならない」と説いて人格権に基づく差止請求を認めた。但し「当裁判所は、周辺住民の人格権に基づく差止請求を認容するのであって、周辺住民が主張する環境権理論の当否については判断しない」としている。

これに対し、国が上告したが、最高裁は、①の差止め請求については却下し、②の過去の損害賠償請求については、空港の公共性と周辺住民の被る被害との関係を述べて一部認容し高裁に差し戻した。③の将来の損害賠償については、「明確な具体的基準によって賠償されるべき損害の変動状況を把握することは困難」として却下した（1981年12月16日最高裁）。最高裁は、人格権についても環境権についても考えを明らかにしなかった。


厚木基地公害訴訟とは、厚木海軍飛行場（自衛隊と米軍が共同で使用）の周辺住民が、同飛行場に離着陸する航空機の騒音・振動・排気ガス、墜落の危険等により甚大な肉体的・精神的・社会的被害を被っているとして、国に対し、環境権・人格権に基づく航空機（①自衛隊機、②米軍機）の離着陸等の差止め、③過去の損害賠償、および④将来の損害賠償、を求める民事上の請求を行ったものである。一審は、①②④を却下、③を一部認容した（1982年10月20日横浜地裁）。二審は、①②④を一審同様に却下し、③も棄却した（1986年4月9日東京高裁）。これに対し、周辺住民が上告したので、軍用基地騒音公害に対する初の最高裁の判断が示された（1993年2月25日最高裁）。

最高裁は、①及び②の差止めの請求については却下し、とりわけ②の米軍機の離着陸の差止め請求は国の支配が及ばない問題であるので主張自体が失当であるとした。④の将来の賠償請求については不当として却下したが③の過去の賠償請求については、受忍限度の範囲内にあるかどうか再度検討するべきだとして、高裁に差戻した。この最高裁判決も人格権や環境権に触れていない。

この後もいくつかの空港基地や公害訴訟があるが、空港や基地の公共性は認めながらも、空港や基地周辺住民に負担が多くかかることを考慮するという流れはある。こうした流れは環境権が規定として存在するか否かには関わっていない。

### 4．憲法改正の必要性

環境権はつまるところ「健康で文化的な生活を営む権利」であり、幸福追求を可能とする人間の生存に関わる権利である。そのようにみるならば、こうした権利はすでに憲法25条、13条に定められており、あらためて憲法改正をして憲法に書き込む必要がある権利とはいえない。憲法条文を受けて環境基本法に環境権を明示すればよいのである。

問題なのは、環境権を国民の権利として明確に認めない、政府や司法の態度である。今日では、環境権が人間の生命や健康の維持に不可欠であるのはいうまでもない。にもかかわらず、その権利性を疑ったり、不明確であるとしたりするなど、時代錯誤とも思われる状況がみられる。環境権は実被害がでたときだけが問題ではなく、被害を予防することが大切である。さらに地球温暖化対策など、将来の被害が予想されることに対し、目の前の利益を超えて規制に取り組む必要のある場合もある。

環境問題に関しては、国家・政府の責任を追及することができるようでなければならない。環境を悪化させる企業の背後にはそうした行為を容認する政府が存在するからである。許認可行政のあり方のみならず、計画段階でも環境の悪化の懸念がある場合には、計画をやめさせ、再考させることが可能になるような手段の確立が必要である。その点で日本には行政訴訟の確立が遅れている。

1つの壁となっているのは、国家賠償法1条であり、そこには「故意又は過失によつて違法に他人に損害を加えたときは、国又は公共団体が、これを賠償する責に任ずる」となっているが、この解釈は狭く解釈されており、国家賠償が認められるケースは多くはない。環境権の確立のためには、国や公共団体の責任を問うことが広くできるように、行政訴訟のあり方そのものを考え直さないといけないと思われる。

他方で、2012年の自民党の憲法改正草案には環境権を書き込むことが考えられているのではなく、国民の良好な環境を享受することができるように、国の環境保全の責務を努力義務として示している。努力義務は方針であり、国がやっているといえばそれ以上の追及は難しい。すなわちこのような規定は環境権の確立にとって、意味をもたないといえよう。ましてや未だに環境権に対して消極的な態度がみられる司法の状況がある。国の責任を示すならもっと明確に書き込むべきであるが、それは環境基本法1条が既に示している。それでも、環境をめぐる訴訟の、国や地方公共団体の責任の追及の不十分性がみられるのである。

ところで、日本では2011年3月東日本大震災による福島第一原子力発電所の大きな事故があった。にもかかわらず、原発の全面廃止ではなく、安全基準を強化する形で稼働させている。2011年の段階では全部で54基あったが、2018年7月において、稼働しているのは9基、廃炉が決まったのは19基となっている。

2012年6月に原子力規制委員会設置法が成立しているが、これは、それまでの内閣府にあった原子力安全委員会と経済産業省の下にあった原子力安全・保安院、さらに独立行政法人の原子力基盤機構の3つを統合することで安全を確保する体制を整えたものである。原子力規制委員会は、環境省の外郭団体として位置づけられ、原子力規制庁が事務局となっている。この委員会の設置には当然2011年3月の福島の原発の事故の反省があり、独立性を確保し、関連事務を一元化して、原子力の安全についての規制を強化し、原子力災害対策も強化するものとされている。しかしながら情報公開に関しては、自発的に行うとされ、透明性を確保できるのか不安もある。

2011年3月の東日本大震災による地震と津波で福島第一原発は1号機から6号機まであったが、1号機から3号機までは、原子炉圧力容器から核燃料が溶け出し、原子炉格納容器内に放出された。また、1号機・3号機・4号機の建屋は水素爆発により破壊された。4号機の原子炉格納容器には核燃料は入っていなかったが、2号機については、水素爆発は免れたものの、2号機から最も大量の放射性物質が放出された。5号機と6号機は、高台にあったために津波の被害が深刻ではなく免れた。溶け落ちた核燃料の取り出しは困難を極め、2022年から始める予定となっている。

東京電力福島第一原発事故をめぐり、業務上過失致死傷罪で強制起訴されている旧経営陣の判決は東京地裁で2019年9月19日に下されたが無罪であった。巨大津波の予見性があったかどうかが争点となっていたが、認められなかった。他方で、東京電力福島第一原発事故の影響で神奈川県に避難した175人が東電と国に賠償を求めた裁判においては、横浜地裁は2019年2月20日、東電と国に賠償を命じる判決を下している。これは刑事事件での責任追及の難しさを示しているといえる。

## まとめにかえて

残念ながら、日本においては環境権が権利として認められているとはいえない状況である。環境権が権利として認められるなら、環境について知る権利、参加する権利、裁判を受ける権利が明確となろう。このような内容を明示した1998年のオーフス条約を日本はまだ批准していない。とりわけ環境に関する裁判を受ける権利を充実させることで、自らが損害を実際に被ったことだけでなく、多くの人たちのための良好な環境を得る裁判を起こすことができ、いわゆる環境利益を守る、環境という公益を守る訴訟が起こせることになる。環境を守らなければならないという認識も一層社会に広がると思われるが、日本はまだその段階にはない。

こうしたことは環境権を憲法改正によって書き込むことで簡単に達成できることではない。国・政府が環境を守るという毅然とした態度を示すことが必要である。さらに環境を守ることは、戦争をしないということである。戦争こそが最も大きな環境破壊である。自衛隊を明記し、普通の国になって、戦争ができるようにしよう、という国には、環境を守る気概はないといわざるをえない。

【主な参考文献】

・原田尚彦「公害・環境法制」ジュリスト1073号、1995年、78頁以下
・中富公一「環境権の憲法的位置付け」『憲法の争点〔第3版〕』ジュリスト増刊、1999年
・野中俊彦他編『憲法Ⅰ〔第3版〕』有斐閣、2001年、467頁以下（野中俊彦担当）
・『法律事件百選』ジュリスト900号、1988年
・『憲法判例百選Ⅰ・Ⅱ』ジュリスト217号・218号、2013年
・植野妙実子＝佐藤信行編『憲法判例205』学陽書房、2007年

# 第6章　憲法改正手続としての国民投票について

井口　秀作

【要旨】

安倍首相は憲法改正について「最終的には国民投票で決める」ことを強調し、それゆえ改憲論議を進めて憲法改正の発議をすることが国会の責務であるとする趣旨の発言をしている。憲法改正について「最終的には国民投票で決める」ことは憲法で決まっていることである。しかし、国会に憲法改正の発議をしなければならない責務や義務があるわけではない。国会は憲法改正のために発議をするのであって国民投票のために発議をするわけではない。憲法96条の定める国民投票は憲法改正手続としての国民投票である。したがって、「護憲派」が国民投票を求めるということは論理的にあり得ない。国民投票を行わない限り憲法改正は実現しないのであるから、憲法改正について国民投票を行うべきかどうかという争点は存在しない。国民投票を行うかどうかについて争点がないのであるから、国民投票について「護憲派」が逃げるということもあり得ない。国民投票の法的効果は、国会が発議した憲法改正案の承認又は不承認ということに尽きる。しかし、その政治的な効果を考えると、小難しい議論をしなければならなくなる。それは、現在の日本の憲法状況とそれを前提とする改憲論議が原因である。

## 1.「最終的に決めるのは国民投票」？

安倍首相は、しばしば、憲法改正について「最終的に決めるのは国民投票」であることを強調する。２０１９年の参議院議員選挙を目前に控えた記者会見では、「憲法改正を最終的に決めるのは国民投票。正に国民の皆様の投票によって決することになります。私たち国会議員には、国民の皆様に対して、その判断材料を提供するという大きな責任があるはずです」と述べ、「憲法の議論すらしない政党を選ぶのか、国民の皆様にしっかりと自分たちの考えを示し、議論を進めていく。その政党や候補者を選ぶのか。それを決めていただく選挙である」と参議院議員選挙を位置づけた。

憲法改正について国民投票による決定を強調するのは安倍首相に限ったことではない。それどころか、国民投票による決定を強調することは、今世紀に入ってからの改憲論の通奏低音をなすといってもよい。２００４年6月に公表された自民党の憲法改正プロジェクトチームによる「論点整理」においては、「憲法改正の手続法が整備され、国民投票が実現されれば、わが国憲政史上初めてのことになる。すなわち、日本国民は初めて主権者として真に憲法を制定する行為を行うことになるのである」と述べられていた。２００5年の民主党（当時）の憲法提言も、「日本ではこれまで、憲法制定や改正において、日本国民の意思がそのまま反映される国民投票を一度も経験したことがない。私たちは、憲法を国民の手に取り戻すために、国民による直接的な意思の表明と選択が何よりも大事であることを強く受け止めている」と、国民投票を「憲法を国民の手に取り戻す」手段としていた。これらは、あたかも国民投票を行って、新たな憲法を作り出すことが、真の国民主権の確立であるかのような主張である。

また、憲法改正に反対する「護憲派」の姿勢に対しては、国民投票に反対しているという趣旨の批判が向けられることがある。すなわち、憲法改正の是非は最終的に国民投票で決定するのであるから、憲法改正に反対なのであれば国民投票で反対すべきであり、国民投票を行うことに反対するのは、主権者国民が意思決定することを阻害している、というのである。ここでは、国民投票を行うことが国民主権の行使であって、国民投票を行うことに反対することは国民の主権行使を阻害するもの、という理解がある。

本稿では、改めて、日本国憲法における憲法改正と国民投票の関係について考えてみたい。

## 2. なぜ国民投票なのか？

しばしば、国民主権を採用しているのであるから、憲法改正について国民投票で決定すべきであるという主張を耳にすることがある。しかし、国民主権は、憲法改正について「必ず」国民投票を行うことを要求するものであるわけではない。

憲法改正論議の中で、頻繁に憲法改正がなされる国としてドイツの例が引き合いに出される場合がある。確かに、ドイツの憲法に該当する「ドイツ連邦共和国基本法」は、1949年の施行以来60回を超える憲法改正が行われている。しかし、憲法改正について国民投票が行われたことは一度もない。また、200年を超える歴史をもつアメリカ合衆国憲法についても、27の修正条項が付加されているが、国民投票は全く行われていない。だからといって、ドイツやアメリカが国民主権を否定している、ということになるわけではない。

国民主権を基本原理としたうえで、それに基づいてどのような政治制度を構築していくかは、それぞれの国家の憲法によって定まることである。ドイツやアメリカにおいて、憲法改正の場面で国民投票が実施されてこなかったのは、国民主権を否定しているからではなく、ドイツやアメリカの憲法が、憲法改正手続において国民投票を制度化していないというだけのことである。

それに対して、日本国憲法の改正について国民投票が「必ず」行わなければならないのは、日本国憲法自身がそう定めているからである。日本国憲法96条1項は、「この憲法の改正は、各議院の総議員の3分の2以上の賛成で、国会が、これを発議し、国民に提案してその承認を経なければならない。この承認には、特別の国民投票又は国会の定める選挙の際行はれる投票において、その過半数の賛成を必要とする」と規定している。すなわち、最終的には国民投票による承認がなければ憲法改正ができないと日本国憲法が決めているから、日本国憲法の改正には「必ず」国民投票を行わなければならないのである。その意味では、憲法改正について「最終的に決めるのは国民投票」というのは、憲法で書かれていることに過ぎない。要するに、憲法改正について国民投票で決定すべきなのは、日本国憲法がそう決めているからである。したがって、「最終的に決めるのは国民投票」であるのは、安倍首相の忌み嫌う日本国憲法が憲法改正手続についてそのように定めた結果である。

しかし、このことは国民主権と国民投票が無関係ということを意味するわけではない。日本国憲法96条で設けられた国民投票を「憲法改正について最終的に決定する制度」と捉えて、それを「国民が国政に関する最終決定権を有する」という国民主権と結びつけて理解することは可能であり、学説ではそれが多数説であろう。国民投票による承認がない限り憲法改正が実現しないという制度設計の中に、国民主権が具体化していると理解しているのである。

しかし、このことは実際に国民投票が行われない限り国民主権が実現しない、ということを意味しているわけでない。憲法96条の国民投票は国会が憲法改正の発議をしたときにだけ行われる。つまり、憲法改正手続としての国民投票である。この国民投票が実際に行われない限り国民主権が実現しないというのであれば、国民主権の実現のためには、国会は常に憲法改正の発議をし続けならない、ということになる。これが珍奇な主張であることは明白である。憲法96条の国民投票を国民主権と結びつけて理解したからといって、国民主権だから国民投票を行うべきで、そのために国会が憲法改正の発議をすべきである、ということにはならない。

国会が憲法改正の発議をしたときにだけ国民投票が行われるということは、国会が憲法改正の発議をしない限り国民投票は行われないということを意味する。冒頭で紹介した安倍首相の発言の「私たち国会議員には、国民の皆様に対して、その判断材料を提供するという大きな責任があるはずです」という部分は、国民投票を行うべきであるから、その判断材料を提供するために、国会は憲法改正の発議をする責務があるという趣旨であろう。しかし、国会は憲法改正のために発議するのであって、国民投票を行うために発議をするのではない。国会が憲法改正は必要と判断し、憲法改正の発議を行えれば国民投票は行われ、国会が特に憲法改正の必要性を認めず、したがって発議を行わなければ、国民投票は行わない。国会が憲法改正は必要ないと判断すること自体は、何ら国民主権に反する事態ではない。国会には憲法改正の発議をしなければならない責務や義務がないのである。安倍首相の発言は、憲法96条の論理を理解していない。日本国憲法下でこれまで一度も憲法改正の発議がなされたことはなく、その結果、国民投票が実施されていないが、だからといって、国会が発議しなかったことが、国会の怠慢として非難されるわけでない。あえて国民投票で国民の意思を表明する機会が奪われる場面を考えるとすれば、いわゆる「安保法制」のように、本来、憲法改正を必要とする内容であるにもかかわらず、国会が憲法改正の発議をせずに、憲法に反する法律を制定するような場面であろう。もっともこの場合でも、発議をしなかったことが問題なのではなく、あくまでも違憲の法律を制定したことが問題なのである。

国民投票を含めて直接民主制については、その機能や効果について、古くから様々な論議があり、それらに対する批判的見解も根強く存在する。特に、EUからの離脱を選択した２０１６年のイギリスの国民投票は、それを「失敗」と評せるかどうかは別にしても、国民投票に対して否定的な評価を広めることとなった。しかし、そうであっても、日本国憲法の改正には、国民投票を行わなければならない。それは、日本国憲法自身が、そう定めているからである。イギリスで「失敗」したから、国民投票によって憲法改正をすべきではない、ということにはならない。

つまり、現在の日本国憲法の規定に従う限り、憲法改正について国民投票を行うべきか否かという争点は存在しない（もちろん、日本国憲法96条を改正して国民投票を削除する、というような場面は別であるが）。あるのは、憲法改正をすべきか、どのように憲法改正すべきか、という点である。

## 3．どのような国民投票か？

日本国憲法の96条の国民投票は、国会が憲法改正を発議したときのみに行われる。国会による憲法改正の発議とは、国会が国民に提案する憲法改正案を確定することである。そして、この憲法改正案を国民の承認に付す手続が国民投票である。つまり、国民投票の結果に従って国会が憲法改正の決定をするのではなく、国会が憲法改正案を決定したことを前提にして国民投票が行われるのである。国民投票の結果を踏まえて、政府や議会がEUからの「離脱」かEUへの「残留」か、いずれかの手続をとるという2016年のイギリスの国民投票と逆方向のものであることがわかる。キャメロン政権は、「EU残留」の承認手続として国民投票を行ったのではなく、「離脱」か「残留」かのいずれかを、国民投票に基づいて決めるとして国民投票を行ったのである。

日本国憲法の96条の国民投票の前提は、国会による発議であり、発議とは憲法改正案を確定することである。発議に賛成するということは、憲法改正案に賛成するということである。憲法改正に反対している勢力を「護憲派」というのであれば、「護憲派」は憲法改正に反対しているのであるから、そもそも発議に賛成の余地はない。「護憲派」は「護憲派」である限り国民投票を求める立場にはないのである。したがって、「護憲派」が国民投票を行うことに反対しているという批判は的外れである。もし仮に、国民投票で否決するために憲法改正の発議をしてもらうべきだという趣旨の批判なのであれば、それは、原発反対の意思を住民投票で示すために、わざわざ、原発設置計画を作成してもらうような、倒錯した議論である。したがって、「護憲派」の行動を、まさに「護憲派」そのものである憲法改正を求めないという点で批判するのであれば理解できるが、「国民投票に否定的な姿勢」として批判するのは筋違いである。

憲法96条の国民投票について、「改憲の是非を問う」国民投票といわれるときがある。これは、ややミスリーディングな表現である。この国民投票で問われるのは、国会が発議した個別・具体的な憲法改正案についての賛否である。一般的な「改憲の是非」が問われるわけではない。国会が発議した憲法改正が国民投票で否決された場合、その改正案に関する憲法改正は実現しないことになる。だからといって、別の憲法改正案を国会が発議することが法的に禁止されるわけではないのである。すなわち、一切の憲法改正をしないことを決めるために国民投票を行うことは論理的にあり得ないのである。

## 4. 国民投票の対象

国民投票の具体的なあり方は、国民投票において国民に問われる「問い」によってかなり左右される。これまで述べてきたことからも明らかなように、日本国憲法96条の国民投票において国民に問われるのは、一般的に憲法改正をするか否かではなく、国会が発議した個別・具体的な憲法改正案に対する賛否である。したがって、何が国民投票で問われるか、その意味合いは、どのような改正案が国会によって発議されるかによって変わってくる。したがって、例えば、一般的・抽象的に「憲法9条改憲案」というものを想定して、「9条改正の是非と問う」国民投票を考えることは、あまり意味があることではない。「9条改正の是非と問う」国民投票というと、いかにも「護憲派」が、そして「護憲派」のみが、国民投票で反対の投票をするように思える。しかしそうなるかどうかは、具体的な改正案次第である。

「立憲的改憲論」と称して、個別的自衛権のみを憲法9条に書き込み、集団的自衛権を禁止することを明確にするという改憲構想がある。このような内容を具体化する憲法改正案が国会によって発議された場合を考えてみる。そもそも個別的自衛権であってもこれを否定すべきと考える有権者や、自衛権が憲法に明記されていないことに積極的な意味を見いだし、個別的自衛権であっても憲法に書き込むことが危険だと考える有権者は、それぞれ、理由は異なるが、個別的自衛権を明記する憲法改正案に反対することが理屈に合う。他方で、「日本のおかれた現在の国際情勢に鑑みて、アメリカとの同盟強化は不可避であって、そのためには一定の場合には集団的自衛権の行使は認められなければならない」と真摯に考える有権者は、集団的自衛権行使を将来にわたって禁止することになる改正案には賛成し難いはずである（もっとも、あらゆる有権者がこのような論理的な思考に基づいて投票行動をとるとは限らないことはいうまでもない)。したがって、「護憲派」だけではなく「護憲派」と対局にある立場にある勢力からも、この改正案は否定的に受け取られていることになる。すなわち、このような改正案は「改憲派」からも支持されないという「リスク」を負うのである。安倍首相が、憲法9条の改正について、自衛権ではなく自衛隊を明記することに拘るのは、自衛隊の存在を肯定する「護憲派」からの支持を調達とするとともに、「国防軍」明記することを求めるような「改憲派」からの支持を失う「リスク」を考えてのことであろう。

以上のことは、憲法9条の改正案が対象となっている国民投票だからといって、問われていることが、単に「9条を改正することの是非」ではないことを示している。

憲法改正の発議権、すなわち、国民に提案する憲法改正案の決定権を有する国会は、他方で、法律を制定する立法権ももっている。立法権をもつ国会が国民投票で国民に問う憲法改正案の決定権を独占していることには一定の意味がある。国会は立法権をもっているのであるから、国会が憲法改正を発議するのは、法律では実現できないことを目指す場合であろう。そのような事柄こそ、国民投票で国民に問うに値するものである。国民投票を一回実施するために800億円を超える費用がかかると指摘されている。安倍首相は、自衛隊を憲法に明記する規定を加えるという改憲案について、自衛隊の活動については現状と何ら変わりがない、と強調することがある。もしそうであれば、現状を何も変えることのない改憲案ということになり、それは莫大な費用をかけて国民投票で国民に問うに値するものではないということを示している。

## 5. 国民投票の効果

国民投票の効果を考える場合、法的効果と政治的効果を区別する必要がある。

憲法96条の国民投票は国会が発議した憲法改正案を承認する手続である。したがって、国会が発議した憲法改正案に対する賛否が問われる国民投票で、賛成が多数の場合は、その法的効果として、憲法改正案の承認という効果が生じることになる。そして、憲法96条2項に従って、天皇が、「国民の名で、この憲法と一体をなすものとして直ちに公布する」ことになる（ここでいう「直ちに」とは、「速やかに」あるいは「遅滞なく」という程度の意味である）。国民投票の直接的な法的効果はここまでである。国民投票によって承認され、天皇が公布した新たな憲法の規定がどのように解釈・運用されていくかは、国会の発議や国民投票のプロセス中でどのような議論がなされてきたかによって一定程度の影響を受けるとしても、それは国民投票の法的効果とは別次元の事柄である。「憲法9条の自衛隊を明記する」という改憲案について、「現在の政府の解釈を1ミリも動かさない」という説明がなされることがある。しかし、これを担保するものは何もないのである。新たな条文が運用される過程で、短期的に「0・5ミリ」くらいは動くかもしれないし、長期的には「5ミリ」も動くかもしれないのである。

しばしば、「解釈改憲は問題があるので明文改憲で明確にすべきである」という意見を聞く。不思議な見解である。改正された憲法の規定もまた解釈・適用の対象となるのであるから、明文改憲が新たな解釈改憲のはじまりになることもある。

ほとんど解釈が不要な憲法改正とは、次のような場合である。日本国憲法53条は、臨時国会の招集について、衆議院・参議院いずれかの議院の総議員の4分の1以上の要求がある場合には、内閣は召集の決定をしなければならないことを定めているが、いつまでに決定しなければならないかを明記していない。これを根拠に政府は、臨時国会の召集の要求があった場合に、内閣が召集を決定しなかったとしても憲法には反することにはならないとしている。そこで、この憲法53条を改正して、臨時国会の召集があったときは、「要求があった日から20日以内」に臨時国会の召集の決定をしなければならない、と改正するとする。この憲法改正の趣旨は明確であり、「召集要求があった場合には内閣は20日以内に召集を決定しなければならない」ということ以上に、解釈の余地がほとんどない。しかし、憲法の条文は常にこのようなものばかりではない。結局、改正された憲法の条文について、どれくらい解釈の余地があるかは、憲法改正案の内容次第なのである。

他方で、国民投票として承認された憲法改正案は「この憲法と一体をなすものとして」公布されるから、その法的効力は、既存の憲法の規定と同等である。しかしながら、現在の日本国憲法は帝国議会で承認されたのみであるのに対して、新たに公布される規定は国民投票によって承認されたもの、という事実から生じる政治的効果は無視できない。例えば、憲法9条1項・2項をそのままに、自衛隊を明記する9条3項を付け加えるという改憲案が国民投票によって承認された場合を考えた場合、9条1項・2項と3項に矛盾が生じた場合、後者こそ国民に直接の意思の表明として重視されていくという可能性は否定できない。

国会が発議した憲法改正案に対する賛否が問われる国民投票で、反対が多数の場合、その法的な効果としては、憲法改正案が不承認であったということになる。不承認であるから承認という効果は発生しない。法的効果に限定する限り、不承認の効果は承認という効果が生じず、国会が発議した憲法改正案が実現しないということに止まる。憲法の規定は現状のままということになる。ただ、国会が発議した憲法改正案が国民投票で否決されたということに伴う政治的な効果は残る。それがいかなるものかは、憲法改正案の内容とともに政治状況によっても左右されることである。

自衛隊を憲法で明記するという改正案について、それが国民投票で否決された場合、しばしば、「自衛隊の存在が将来的に否定された」とか、「9条2項と自衛隊が両立不可能と国民は判断した」と言われるときがある。しかし、話は、それほど単純ではない。既に述べたように、立法権をもつ国会が憲法改正の発議権をもつ。国会が現在の憲法下で自衛隊法等の法律を廃止しようとしていないのであるから、国会は自衛隊を合憲と判断していることになる。自衛隊を憲法で明記するという改憲案を発議した国会は、現在の憲法の下で自衛隊が合憲という前提で発議をしているのであるから、改憲案が否決されても、自衛隊の合憲性は変わらない、と考える方が筋が通る。国民投票で否決されたら、つまり、憲法が変わらないのであれば自衛隊が違憲になるとして発議をすることは、発議権の濫用であろう。問題なのは、自衛隊を憲法で明記するという改正案について、「承認されても自衛隊の機能は変化せず、否決されても自衛隊の合憲性は変わらない」と説明される改正案を国民投票で問うことに、何の意味があるのか、ということであろう。

国民投票による不承認の法的効果は、憲法の条文が変わらないということに尽きる。このことは、先ほども言及した、個別的自衛権のみを憲法9条に書き込み、集団的自衛権を禁止することを明確にするという改憲構想を考えてみれば分かることである。

「個別的自衛権」をのみを憲法に書き込む憲法改正案が国民投票で否定されたことをもって、これを、「国民が自衛権自体を否定した」、「9条2項と自衛権が両立不可能と国民は判断した」と理解することは許されない。既に指摘したように、「個別的自衛権のみを認める」という改正案に反対するものの中には、自衛権そのものを否定する有権者だけではなく、集団的自衛権の行使が必要であると判断する有権者も含まれるからである。

憲法9条1項2項をそのままに個別的自衛権のみを加えるという憲法改正案が国会により発議されるということは、国会の両院のそれぞれで3分の2以上の議員がこの改正案に賛成しているということである。集団的自衛権を禁止するという趣旨の改正案に賛成する国会議員が両院のそれぞれで3分の2以上存在するということは、既に、いわゆる「安保法制」に関する法律の少なくとも集団的自衛権の行使を容認する部分は削除されているはずである。そのうえで、個別的自衛権のみを憲法に明記する憲法改正の趣旨は、将来にわたって集団的自衛権の行使を禁止することにあるはずである。したがって、国際情勢に鑑みて集団的自衛権の行使が必要であると真摯に判断する有権者は、このような憲法改正には賛成し難いはずである。それよりも、現行憲法下で「安保法制」のような形で限定的で

はあれ集団的自衛権の行使が認められうる状況の方が好ましいと判断するはずである

おそらく、「立憲的改憲論」を展開する論者も、「個別的自衛権のみを認める」という改正案が否決された場合でも、個別的自衛権が現行憲法でも認められることは変わりがないと考えているはずである。つまり、「個別的自衛権のみを認める」という改正案が国民投票と問われた場合の争点は、集団的自衛権の行使を憲法上禁止するか否か、という点に設定されるはずである。そうなると、個別的自衛権の行使を認めるかどうかは争点から外される。したがって、この改正案が国民投票で否決されたとしても個別的自衛権の否定という効果が導くことは許されないことになる。「立憲的改憲論」を唱える論者も同様に考えているとすれば、「個別的自衛権のみを認める」という改正案が否決されても現状と変わらないことになる。そうだとすれば、自衛隊を明記する改正案が否決されても自衛隊の合憲性は変わらない、という安倍首相と論理は同じであるということになる。

改正案の不承認は、本来であれば単純な話であるはずである。しかしながら、このような小難しい話をしなければならないのは、現在の日本の憲法状況とそれを前提とする改憲論議が原因である。国民投票による否決の効果に期待して、むしろ9条改憲の国民投票が、「安保法制」を強行されたことに対する「リベンジ」となるという期待があるが、そんな単純な話ではない。というのが、筆者の現状認識である。

【参考文献】

・芦部信喜『憲法制定権力』東京大学出版会、1983年
・浦田一郎他（編）『いまなぜ憲法改正国民投票法なのか』蒼天社出版、2006年
・井口秀作「このまま改憲国民投票でよいのか」マスコミ市民№589
・井口秀作「改憲手続と国民投票をめぐって」法と民主主義№527

# 第Ⅱ部　沖縄は安倍改憲・壊憲に負けない！

# 第1章　沖縄が渇望してきた立憲主義

石村　修

【要約】

1853年6月、アメリカ艦隊司令官であったペリー提督は、日本の本土を訪れる前に琉球を訪れた。本土がだめでも琉球を占領する意図があった。この例に倣って、アジア・太平洋戦争の終結時の1945年4月1日、アメリカ軍は沖縄島の中部に上陸し、この地において凄惨な戦闘を行い、民間人を巻き沿いにして戦争は終結した。この沖縄戦で、島民の4人に1人が犠牲になったとされている。本土決戦の前に最後の防御線となった沖縄は、すべてを占領軍に占領されたことになる。「ネズミ（沖縄）は、ネコ（アメリカ軍）のゆるす範囲でしか遊べない」と言われたように、アメリカ軍は軍事目的という観点から、沖縄を支配することに意欲をもった。1951年の「サンフランシスコ平和条約」3条は、沖縄の地を「合衆国を唯一とする施政権者とする信託統治制度の下におく」とした。植民地の用法が使えなくなった以降の、新植民地宣言がここにあった。こうして、1972年の施政権の返還まで、アメリカ軍の直接統治が為され、この間に沖縄の島の主要な部分は、「銃剣とブルドーザーによって」軍事施設へと変貌して行った。

今日の辺野古の問題は、こうした歴史を振り返らなければ理解できず、沖縄が長期に亘りアメリカ軍の安全保障に寄与する空間であったことは、現在まで形を変えながら続いてきた。この地の問題は、「平和」の実現を根本理念とする「近代立憲主義」を内包する憲法との深い溝があったことが、まず問題になる。沖縄で生活してきた人々は、日本国民の扱いを同等に受けることもなく、憲法の内実が適用されない日々を送ってきたことになり、この日々は近代立憲主義憲法への願望であった。しかし、本土復帰後も、原状は日米安保条約の存在によって、基本は変わってはいない。歴代の政府が手を付けようとしなかった問題点を指摘しながら、アメリカ・日本政府が辺野古への移設に拘泥する所以を考えたい。

## 1．国外に駐留するアメリカ軍とその統治

冷戦後であってもアメリカ軍の現役兵士の総数は、130万人とされ、その内国外には19万人強、さらに、常に流動的である世界中の紛争地帯には最強部隊が派遣されている。同国の海外での基地・施設数は、減少傾向にあり、2017年の最新統計では総数41か国に517（陸軍199、海軍125、空軍170、海兵隊23）であり、陸軍が大きく減少しているのは軍の在り方が変わってきたことによるものであった。かつてのモンロー主義を捨てて、世界の警察を自負してきた合衆国は、ドル経済がグローバルなレベルで優位を維持していくためには、安全保障の側面でも、優位にあることを維持することが重要であると認識してきた。第二次世界大戦後に新たに駐留するようになった、「日本国、韓国、（西）ドイツ、イタリアの場合では、戦勝国であった優位性を最大限に利用して、最も効果のある場所に基地を設け、その基地の運用に関しては、原則、主権国はオフリミットとしてきた。とくに、日本に、しかも、沖縄に集約されているのは、その後の朝鮮半島、台湾海峡、インドシナ半島に対抗する上で有効であった。沖縄における今日のアメリカ軍の施設が異常な形で突出しているのは、東南アジアの全体像を、海と空から地政学的に掌握するためにも重要な場所であると認識されてきたからである。しかし、それ以上に、問題にしなければならないのは、歴代の日本政府によるアメリカ軍に対する異常に寛大な態度であった。国土面積に占める割合が0・6％の沖縄に、アメリカ軍の専用施設が70％も集中する理由を明らかにしておかなければならない。沖縄にあるアメリカ軍の基地は、沖縄の中央部に集中しており、住民はこの基地を避けるようにして生活している。

基地問題に対して外交的に強く対抗することのできなかった歴代の政府は、自国の防衛体制として、憲法はそのままで自衛隊をむりやり誕生させておきながら、日米安全保障体制はほぼそのまま手つかずとした。そのことからして、在日米軍は、財政的にも異常な優遇を受け、基地の在り方を決める「地位協定」も、徹底的にアメリカ軍に有利なまま維持されてきた。この点のドイツとの違いは明瞭であり、現行で日本は74％もの財政的な負担をしているのに対して、ドイツは32％に留まっている。しかも、「おもいやり予算」と言われる「在日米軍駐留経費負担」は、防衛費予算のなかから支出されており、大事なゲスト扱いされてきた。16〜20年度で、９４６５億円の負担額であった。こうした財政的な負担を、最近の一部の報道に依れば、さらに、現大統領は大幅に増加しようとしている。何も言えない政府は、地位協定を理由にして、米兵の犯罪行為に対処せず、空域の占有に関しても甘受してきた。まるで、明治時代の不平等条約の再現が、１９６０年「日米地位協定」３条にあった。そこでは「合衆国は、施設及び区域において、それらの設定、運営、警固及び管理のため必要なすべての処置を採ることができる」とあり、あたかも植民地状態が、基地周辺で継続していることを知ることになる。この文中における「すべて」の文言の重みは、有刺鉄線に象徴される基地の存在の重さであろう。

同様の協定は、ドイツにもイタリアにもあった。しかし、これらは93年と95年に改定されており、それぞれの国家の主権の下にあるアメリカ軍という位置付けがなされている。ドイツやイタリアの軍は正規に憲法上で位置付けられ、海外にも出動することのできる軍隊であるので、日本の自衛隊と同視することは不可能である。しかし、日本側の弱い外交姿勢は、協定の改定を試みてきたドイツ・イタリア政府の外交力と比較するといかにも弱腰であった。例えば、ドイツのボン補足協定では、「軍隊又は軍属機関は、排他的使用に供される施設区域内において、防衛の任務を十分に遂行するために必要とされる措置を執ることができる。当該施設区域においてはドイツの法令が適用される。」（53条）とある。例外的に適用されない場合もあるが、原則はドイツの主権が及ぶアメリカ軍基地ということになる。日本の外務省は、駐留を認められた軍隊は、国際法の原則によるものであり、国内法の問題ではないことを根拠にして、日米地位協定が、日本の国会で審議・決定できることではないとしている。ここでは外交の立憲主義的統制を否定するもので、この点は憲法からしても問題がある。外交権を日本国憲法65条の「執行権」の一部と解しても、これを議会からの統制や司法権の判断に馴染まない行為であると判断することは、できないはずである。何よりも、国会は国権の最高機関であり（41条）、議会による統制は、73条2・3号の全体が国会に係ること、そして64条にある「国会への報告」義務を総合的に理解して、議会の内閣に対する民主的な監督・統制権限を導出することが可能と考えられる。

アメリカ側は、意図的かどうかはともかく、この島を「Ｒｙｕｋｙｕ」と呼んできた。「琉球」は、元々中国側で用いられてきた呼称であり、この時期は中国の歴代の王朝は「冊封」（サッポウ）体制を維持してきた。他方で、明治政府は、１８７９（明治12）年に「琉球処分」を行い、琉球王朝を解体して「沖縄県」に置き換えた。薩摩（鹿児島）の思惑と、明治政府の対外政策が一体となって琉球処分は行われたが、ここで意図的に「沖縄」の用法が使われるようになった。「沖縄」という用法は、「ウチナー」という沖縄に住む人を指す言葉として使われてきたが、新井白石が「南島志」で用いて一般化したとされている。琉球が中国との関係で用いられてきたことに反発する意味でも、明治政府は「沖縄」に拘った可能性がある。それを嫌ってか、アメリカ側が信託統治をおこなってきた１９５１年から１９７２年までの21年間は、琉球人という表記が意図的に用いられた。この期間は、「日本国憲法」がこの地で適用されず、その結果、そこに住む人々は移動の自由もなく、「琉球人」であり「日本国民」ではなかった。確かに、琉球処分によって一方的に「沖縄県」と「沖縄人」にされるよりも、「琉球人」の方に自分たちの愛着をもっていたかもしれない。しかし、アメリカ占領体制が用いた英語表記の「Ｒｙｕｋｙｕ」は、日本の本土と分離された特殊な空間として置かれた土地という意味になり下がり、彼等には開発可能な土地は少なく、残された荒れ地を開拓しなければならなかった。インフラ整備も十分でなく、経済的な意味での本土との格差は、大きくなっていった。沖縄で使用される通貨は、復帰までに4回変わっている。この結果、沖縄経済の基地依存体制が作られてしまった。占領体制は、沖縄という場所にそのまま軍事基地をつくり維持することが選択されたのであり、琉球諸島を本土から分離することが意図された。沖縄を中心に描く半円のなかに、中国がすっぽり収まることから、より強大な絶対権限をもってアメリカ軍は居座ったことになる。

## 2. 地政学的に見た沖縄

戦後、アメリカ軍は沖縄を支配することができた。その状況は、日米安保体制に組み込まれることによって、占領状態が今日まで継続している。この沖縄に基地が集中していることは、占領期にアメリカ側が地政学的に有利な地であることを見出したことで、基地の恣意的な拡張が展開されたことによる。植民地の開放と同時に、旧宗主国は何らかの軍事施設を残すことはよくあることであり、とくに、地理的な必要性がある場合は格別である。キプロスが1960年にイギリスから独立したとき、イギリスは空軍と陸軍のための基地を2か所残すことを求めさせた。キプロスは地中海に浮かぶ島国であり、中東とアフリカに睨みを利かす意味では格好の場所であることは間違いがない。

海外での覇権を堂々と正当化する学問であった関係で、「地政学」(geopolitics)は一時タブー視されてきたが、国際政治学では現役の学問分野である。この地政学が、イギリス、アメリカ、そしてドイツではそれぞれ実利的な学問としても利用されてきたのであり、とくに、日米安全保障体制は、オランダ系アメリカ人のスパイクマンの理論が影響していると言われてきた。それは空を支配することの時代を予見したからであった。イギリス人のH・マッキンダー(1861~1947)は、ユーラシア大陸の中央部を支配することの重要性を説き、当時のドイツ・ソ連の軍事的な対応を牽制した。heartland(中軸地帯)を支配することを重視し、そのためには陸軍の強化が提唱されることになる。第一次大戦まではこの論理で世界地理は理解できたであろうが、圧倒的な空域戦となった今日にあって、スパイクマンが重視するrimland（沿岸部）が見直されることになる。他方で、ドイツの生活圏（Lebens-raum）を提唱した、ラッツエルやハウスホファー等は、特殊な人種論をもった世界の分割論を、地政学の応用で展開しており、日本の戦間期には重視された理論であった。いずれにしても、地政学には、明確な戦略が潜んでおり、地の利をいかなる目的に利するかによって、軍事基地の位置は変更しなければならないとする。安全保障の観点からは、自国を防衛するだけでなく、自国の国家利益を展開する上で、有利な地理上の国家と連携することは必要なのであり、これが安全保障条約の眼目となることは明確であった。

アメリカは、ソ連との間での長期に及ぶ冷戦期を、まず朝鮮戦争をもって認識することになり、占領した沖縄が前線の基地となった。１９５０年に勃発した朝鮮戦争に伴い、沖縄では新たな基地が国連軍用として新設された。アメリカ政府は、沖縄の土地をまず押収し、後に地主と賃借契約とする「契約権」なる府令を公布し（１９５２年）、一方的に取り上げた土地の使用を正当化した。これは憲法の適用のなかった時代の、違法な行為の典型例であったことになる。ドミノ理論がこうした戦闘の正当性として使用されたが、アメリカの東南アジアでの前線基地は、スパイクマンの言う沿岸部に設けることが重要であり、沖縄は、違法な行為を繰り返してでも維持したい場所となった。沖縄を中心にした図面を描くとすれば、その円環に中国、シベリア、インドシナ半島、朝鮮半島、台湾が収まることになる。

今やミサイルを使用しての宇宙空間が問題となり、沖縄の位置づけは変わることにもなるが、空の支配の重要性は変わらずに存在する。空母の台数は有限であり、航空機と大型ヘリコプターを備える海兵隊基地の存続は、見直し論の外にあり続けてきた。必要な費用のほとんどを日本国が負担してくれる沖縄の基地は、手放したくない場所であったことは明瞭であった。アメリカ軍の基地の存在は、基地の財政的な負担とともに、彼等の日常生活の保障に繋がる。同時に、基地は日本の安全保障にとっても、メリット・デメリットをもたらす。メリットは他国への抑止力であり、日本政府の喧伝の大半はこの点にあった。他方で、基地の存在による治安の悪化は、放擲され続けてきた。しかし、外国の軍隊の存在は攻撃目標のリスクを示すものであり、日本の国益に反する敵国を創り出し、その敵からの思わぬ攻撃を受けるリスクを常に抱えることになる。問題は現在の国際情勢の中で、これまで同様の軍による安全保障体制を維持すべきかどうかにかかってくるであろう。

### 3. 普天間から辺野古へ

沖縄には、嘉手納基地と普天間基地（飛行場）とこれを支える広大なキャンプと付属施設がある。極東一とされる3700ｍの滑走路2本をもつ嘉手納基地は、日本軍がもっていたものを拡張して完成したもので、現在は空軍が管理するが陸軍も使用する。1965年に北ベトナムに飛んで、補給基地から出撃基地となった。嘉手納の南部にあるのが「普天間飛行場」であり、海兵隊用の飛行場となっている。2700ｍの滑走路をもつが、人口密接地にあるために、「世界一危険な飛行場」と言われてきた。戦後、この土地は平地の少ない那覇市のベットタウン化の様相を帯び、基地の周辺にまで住宅が増えたこともあるが、基地に沿って幹線道路が走っていることは、自然に住居が増えることになった。嘉手納に加えて辺野古にも広大な飛行場が必要であったのは、海兵隊という第4軍の存在であり、この海兵隊をアメリカ軍がこれまで重用してきたからであった。

海兵隊は、陸・海・空軍とは別個にして、すべての機能をもって前線で働く戦闘部隊であり、人数的にも最大級であった。第二次世界大戦でも機能し、その後のアメリカが関わってきた主たる戦闘で陸に上陸する上で先陣をきってきた部隊であった。その関係で沖縄に駐留する第三師団も、広大な訓練地を必要とし、北部の訓練地は偽装されたベトナムのジャングルであった。「切り込み部隊」として重要視されてきた海兵隊であったが故に、空軍とは別個の基地をもっていたのであるが、現時点で海兵隊は軍の全体構造で見直しがされてきている。海兵隊の見直しは、ベトナム戦争からの教訓であり、戦闘スタイルの変更にあった。新たな戦闘方式はできるだけの犠牲を産まない方式を求めてのことで、それは「戦闘前の情報集約、ミサイルによる主要施設の無人兵器による破壊、有人飛行機による空爆、その後に海兵隊の上陸」という方式への変更である。敵国民間人への被害はともかくとして、自軍の戦闘による被害を最小にして、最大の効果をもたらそうとするものであり、勇敢な命を惜しまない海兵隊の活動はもはや重視されなくなった。アメリカ軍も海兵隊の縮小策をとってきており、沖縄に駐留する第三海兵遠征軍の31師団は、陰では「幽霊師団」と言われてさえいる。人数も実体数が把握されていないが、8000から9000人のグアムへの移動が言われており、前時点では12000～13000人規模の海兵隊員が沖縄に駐留していることになっており、家族を含めればかなりな数になる。

90年代のドイツ統一やソ連邦の崩壊等の国際情勢の変化は、アメリカ軍の再編を促してきた。95年のアメリカによる少女暴行事件を契機に、沖縄市民は基地問題への抵抗を示し、これを背景にして、太田元知事による代理署名拒否事件が生じ、最高裁判断まで引き出した。この渦中で、96年、日米政府による普天間飛行場の移設が合意されるに至った。2004年には、宮古島の離島である、下地島が候補地として浮上する。民間機の訓練用飛行場があるからであるが、これもあやふやな内に消えて、移転先として噂のあった、名護市辺野古の海上基地が候補に浮上した。普天間の返還と新基地が取引材料として使われたが、とにかく、普天間の閉鎖のみが当初大きく取り上げられて、新基地はあとからでてきた話であった。この橋本・モンデール会議はたった5か月で結論をだしたが、この辺野古の名が突然出てきたことが不可思議とされた。多くの人間がこの疑問を解明するために資料を探し回った末に、宮城悦二郎元琉球大学教授がこれに関する重要な資料を、沖縄県公文書館で見つけた。それは「大浦湾プロジェクト」と言われるものであって、沖縄返還の直前であった1970年1月に作られた計画である。それは海兵隊側が65年のベトナム戦争渦中から新飛行場を模索してきたものであり、大浦湾辺野古の埋立計画が示されていた。この案は、アメリカ側の財政負担が大きいことで挫折していた。この案を、日本側の負担で実行できることで、アメリカ側は食いついてきたと考えられる。この案のメリットは、キャンプ・シュワブ・弾薬庫の先の場所に、岸壁付きの飛行場の新規作成であり、海兵隊が隊員の輸送に必要な艦船を沖縄に着けることができ、現在の佐世保に代わって、辺野古が軍船の停泊地となることができる。辺野古は、V字型の2本の滑走路を持ち、しかも、港をもつという海兵隊にとって理想的な基地となるはずであった。一旦はお蔵入りした案が、普天間問題を片づけるという美名の下で、実は、アメリカ軍の理想形の基地の無料の提供という美味しい話となった。防衛省側は、辺野古移設がうまく進展できない理由を、沖縄側の対応にあるとしているが、基地を押し付けられ続けている沖縄人の立場を理解できない政府側の態度は透けてみえている。

民主党政権下では徳之島案に見られた1年間の迷走の後に、辺野古へ戻っていった後、鳩山は無責任にも辞任している。辺野古を巡る議論は、真相が不明のままで政治的には今日まで至っている。後継の管元首相も辺野古案に固執するに至って、辺野古移設は既定案になるが、これの諸問題が浮き上がるに伴い反対運動が強くなってきたことは周知のとおりである。

アメリカ側は海兵隊の見直しを考えているようであり、もはや海兵隊が地政学的にも沖縄に留まる必要はないようでもある。同時に、日本側にとっても海兵隊が日本に留まることの意味は、もはや強くはない。それでもアメリカが沖縄を選択するのは、優遇されているからであり、これほど安全で居心地のよい場所に留まれるならば、という本音が見えてくる。トランプ大統領がいう「もっと財政的に負担せよ」とは、絞れるだけ絞りたいということであろう。自衛隊の辺野古利用も将来はありうる話であり、そうであるが故に、完成の前に計画を断念させる必要があろう。しかし、現時点での埋め立てに関わる困難は、時間の経過と金額の無駄を生み、早期の計画破棄が望まれる。

## 4. まとめ――立憲主義が欠落している沖縄

辺野古移設案から20年を過ぎた今、数々の問題を残して工事が進行しているが、この先、工事がどのような展開をみせるのかは不透明なままである。辺野古問題は、改めて言うまでもないことであるが、法規的にも違法状態を重ねることで生じたことである。沖縄に例外的に立憲主義が及んでこなかった点については、これまでに多くが指摘してきたことであった。ここで使用する「立憲主義」とは、憲法という最高規範をもって権力を制限することであり、その結果、人は基本権を享受し、権力も相互に監視・抑制することが求められてくる。アメリカの信託統治にあった時代の27年間は、日本国憲法が適用されなかっただけでなく、立憲主義が欠落した法状態であった。アメリカ法が重視する「法の支配」が欠落し、アメリカ軍の統治が為されるという信託統治形式が貫徹された。具体的には、「琉球列島米国民政府」(USCAR)が最高位にあり、この下に琉球政府が設立され、知事は米国民政府の任命によるものであった。行政の長である主席の公選が実現するのは、日本復帰を直前にした1968年になる。この間の沖縄国民の公選を求める運動は無視されたことになり、本土との格差は、憲法を持つかもたないかで大きな違いをもって展開した。日本復帰がなされた限りで、日本国憲法の適用は当然認められ、公選が実現することになるが、その憲法の運用においても著しい憲法違反の現象が続いた。残りの紙面で、これの典型例についてのみ言及することにしたい。

最大の問題は、「平和」に対する別扱いにあった。日本国憲法では憲法9条と前文をもって「平和的生存権」の主張が提起され、裁判のなかでも使用されてきた。この憲法体制にあって、自衛権の存在を前提にして警察予備隊、保安隊、そして自衛隊が誕生してきたが、9条は一定の規範力をもって自衛隊の職務の範囲を制約してきた。これと対比的に、沖縄に駐留してきたアメリカ軍は、アメリカの判断する「正義のための」軍事活動を繰り返してきた。核使用まではいたらないまでも、違法ぎりぎりの生物兵器の使用をもって人の生命をもてあそんできたことになる。アメリカ軍の存在は、日本の了解を無視した形で展開されたのであるから、憲法の適用はここでは無視され続けている。基地が存在することでも、騒音被害を含む環境破壊、米兵による犯罪行為とそれの逮捕・裁判へ人権の無適用は、不可思議な結果をもたらしたが、これも不平等な地位協定の押しつけに起因したことであった。基地の存在は、偏狭な土地利用をますます狭めることになり、憲法・民法の財産権は、基地に関しては沖縄には適用されなかったことになる。財産権は公の目的のためだけに制約可能であるが、基地の存在は沖縄の市民が選択したことではなく、それはアメリカ軍の力で作り出されたものであり、法が介在する場面ではなかった。後付けで出された行政命令で窃取され、最低限の補償がなされたにすぎない。

以上の問題を総括する上で、最後に最高裁で扱った2つの重要判例について指摘しておきたい。その1は、沖縄の返還に伴う、「外務省沖縄密約電文遺漏事件」（最決1978・5・31）である、その2は「沖縄代理署名事件」（裁大判1996・8・28）である。両事件とも、沖縄が正面から問題にされており、重大な国策の遂行の正統化が求められた裁判であるが故に、最高裁はできるだけ消極的な姿勢に留まることに終始した。判決までの法廷内外での議論とは別個にして、沖縄にはかなり冷淡な判決を認めている。沖縄の困苦を本土の人々にも思い出させたにも拘わらず、判決は合憲の結論を前提として、違法の部分を浮かび上がらせることで、事件の本質を別のところに追いやってしまった。代理署名事件は沖縄の本土復帰後にあっても、基地という存在は司法で扱うことには限界があり、地方自治体の知事が判断することには限界があるという、国策優位の結論を描いている。駐留軍用地特別法の違憲性が直接には問われることになったが、「総合的考慮論」が用いられており、「政治的、外交的な判断」を要するから、内閣総理大臣が最終的に判断することであり、司法の判断は及ばないということになる。同時に、「沖縄に基地が集中していること」も、同様であるとして、政府の判断を後押しすることを行っている。問題は「一見極めて違憲違法でないかぎり」という決まり文句が繰り返されることになるが、沖縄の基地負担が、程度次元でも、実態としても「一見して」違法・違憲であることは、この判断でも示されることはなかった。司法部にまでも流れている、憲法価値の無視は、沖縄の現況への洞察を拒否しているとしか判断できない。今、辺野古問題で対決している弁護団は、司法部が沖縄の人々との苦渋が分かるまで戦う姿勢を示しており、そこには憲法の重みを感じる。

沖縄の居住する人々の投票行動には、日本国憲法にも底流している近代立憲主義の理念への強い渇望があった。その憲法を自民党は改正しようと試みているのであり、これに対しても警戒の念をこめて反対運動を進めていかなければならないであろう。

【参考文献】


・新崎盛輝『戦後沖縄史』日本評論社、1976年
・石村修「外交権の立憲主義的統制」専修ロージャーナル10号、2014年
・川端俊一『沖縄　憲法の及ばぬ島で』高文研、2016年
・古関彰一・豊下楢彦『沖縄　憲法なき戦後』みすず書房、2018年
・小林武『平和的生存権の弁証』日本評論社、2006年
・N・スパイクマン、奥山真司訳『平和の地政学』芙蓉書房出版、2017年
・藤原書店編集部『「沖縄問題」とはなにか』藤原書店、2011年
・西山太吉『沖縄密約』岩波新書、2007年
・H・マッキンダー、曾村保信訳『マッキンダーの地政学』原書房、2008年
・守屋武昌『普天間交渉秘録』新潮社、2010年

# 第2章　安倍非立憲政権を沖縄は許さない

小林　武

【要旨】

安倍晋三氏を首班とする政権は、2012年12月に成立の第2次政権だけでも、4次にわたる改造を経て、7年に及ぼうとしている。今後任期中在職を続けるとすれば、第1次政権を合わせた年数は憲政史上最長となるそうである。このことが私たち――日本社会で真っ当に生きようとしている人々――にとって意味するものは、それが戦後最悪の政権であって、1日でも早く舞台から退くことが人々の幸せになるという不幸な真実である。

安倍政権は数々の悪政を繰り出してきたが、それは、憲法違反であるというにとどまらず、立憲主義を破壊するものであることを最大の特徴とする。それゆえに、この悪政は、政治道徳をも荒廃させ、それが社会のありようにも及んでいる。沖縄に対する威圧的政策も、こうした政権ゆえにこそ遂行できるものである。沖縄問題の詳細は後に述べるが、第2次政権誕生の翌年に仲井眞弘多知事を懐柔・屈服させ、沖縄県民への公約を裏切る辺野古公有水面埋立てを承認させたのが、現在の建設強行をもたらしたことは、その見易い例であり、沖縄は、この政権を決して許すことはないであろう。

本稿は、このような観点をもって安倍非立憲政治を沖縄から総括しようとして書かれたものである。

## Ⅰ・まえおき

本論に入るに先立って一言、個人的事柄にわたる前置きをしておくことをお許しいただきたい。――沖縄から考える論稿を、本土出身で沖縄とは地縁・血縁ともになく、大学の転勤などの「職縁」もない私が担当するのは、2011年の本土の大学を定年退職したと同時に自ら移沖して8年有半になること以外にはない。その基は、1959年、米軍爆撃機墜落が18名の子どもの命を奪った宮森小学校事件を京都でラジオで聴いて、沖縄には憲法も、したがって人権の保障もない不条理を他人ごとにするわけにはいかないという、稚い感情を昂らせたことに因る。半世紀余が経っての移住となったが、米軍基地より一寸でも長生きして、基地を一掃した沖縄を埋骨の地にしたいと思っている。そのような位置にいる者として、安倍政治を沖縄から――精々沖縄の人々の眼で――診て、その非立憲病の重篤ぶりをつかむことにしよう。

## Ⅱ・安倍非立憲政治の特質

### 1．根底をなすものとしての歴史修正主義

安倍非立憲政治の土台にある根本的イデオロギーは、歴史修正主義であるといえよう。安倍氏は、1930年代初頭から第2次大戦終結までの時期に日本帝国主義が犯した残虐行為を、南京大虐殺であれ、従軍慰安婦であれ、また集団自決であれ、これを抹消しようとする。それによって、1945年の敗戦による歴史の深い断絶を過小評価し、敗戦後の民主主義改革の時期の頁の削除、いわゆる「戦後レジームからの脱却」につとめる。そうすることにより、「悠久不滅の日本」を取り戻すことを図る右派勢力と一体となり、またその政治的代弁者となっている。

学校教科書の採択への介入も、そのあらわれである。また、天皇の位置づけについても、2012

年の自民党改憲草案において、日本を天皇を「戴く」国とし、その元首を天皇であるとしている。2019年の天皇の代替りについても、改元を自らの改憲企図の実現に利用したことを皮切りに、天皇の政治利用を深めており、今秋の大嘗祭等の諸儀式をめぐっても、安倍政権の天皇観を露骨に示すにちがいない。

## 2．反立憲主義と安保「国体」観

この政権が、立憲主義を正面から破壊する姿勢をあらわにしたのは、集団的自衛権行使容認の閣議決定（2014年）と、それにもとづく安全保障関連法の強行成立（2015年）であった。「最高責任者である私」の判断で、60年にわたって確立していた政府解釈を転換させたのである。同法にもとづいて、南スーダンPKOの派遣、また自衛隊による米軍機の防護、両者の共同訓練などを相次いでおこない、集団的自衛権行使が着々と具体化されている。

反立憲主義が、手法においてもっとも危険な形で示されているのが安倍9条改憲（「自衛隊明記」論である。それは、2017年5月3日の、日本会議系市民集会へのビデオメッセージと産経新聞紙上でのインタビューにおいて登場したものであるが、その発案の出自は日本会議である。「9条を変えずに自衛隊を明記するだけ」というのは、今日では集団的自衛権を付与されて海外展開をする自衛隊と安保法制を、憲法でコントロールするのではなく、憲法の一部に格上げするもので、9条は死文化する。それを、首相の憲法尊重擁護義務（99条）また改憲過程に関与できない立場（96条）を意に介することなく、自衛隊への訓示（2018年10月14日）として、あまつさえ国会の壇上から所信表明（同月24日）として主唱し、国民への押付けを図った。そして、参議院において3分の2の改憲議席の占有をはかった2019年7月の参院選でそれを果たせなかったにもかかわらず、改憲に固執し、9月の内閣改造でそのための布陣を敷いた。これは、内容のみならず手法においても立憲主義を覆すクーデタというべきものである。

安倍政権の反立憲主義はまた、日米安保の絶対視を特徴とする。安保体制を、いわば「国体」にまで高めて、安保・地位協定を不可触の存在であるかのごとくに扱い、憲法をそれに拝跪させようとする点で際立っている。沖縄の基地問題に顕著にあらわれているように、憲法上の民主主義原則を一顧だにせず、民意無視の姿勢に徹しているのである。

### 3．政治道徳の退廃と品格の欠如

さらに、立憲主義破壊が、政治道徳にかんしても底なしの退廃を招いているとしても何ら不思議なことではない。森友・加計問題をはじめとする目を覆うばかりの国政私物化、官僚の文書隠蔽・改竄等々が跡を絶たない。加えて、憲法の根本的原理である個人主義を根底から否定する言説は、枚挙にいとまがない。この政権が「法の支配」を口にするとき、国民に対しては、現存の法令への無批判の遵守を説く一方で、自らを律すべき場面では、「法」を形骸だけのものにして恣意的な解釈を繰り出し、あまつさえ間に合わせの法令制定までおこなう。人権保障のためにこそある「法の支配」の真髄は彼方に押しやられている。

安倍内閣について、世論調査において目立つのは、不支持の理由の第1位がしばしば「首相が信頼できないから」にあることである。2018年9月の総裁選で問われたのが、驚くべきことに「正直・誠実、謙虚・丁寧」であったことが、この政権の道義のなさを実に鮮やかに物語っていた。こうした無理無体な政治であるにもかかわらずそれを止めようとしないのは、また自らが辞めようとしないのは、己を知らない無知による無恥のしからしめるところである。

──以上、7年近くの安倍政権による立憲主義破壊の政治の主要な特質と思われるものを、要点のみ摘記した。総括の作業としてはまったく不十分なものであるが、ともあれこれをふまえつつ、次に、この非立憲政治が沖縄に何をもたらしているかについて考えることにしよう。

## Ⅲ・安倍非立憲政治と沖縄の苦悩

### 1．「日米同盟」堅持と米軍基地の押しつけ

沖縄と憲法を考える前提として、沖縄には27年間にわたって憲法の適用がなかったことを、あらためて確認しておきたい。１９４５年4月1日の沖縄戦開始時の「ニミッツ布告」が帝国憲法の沖縄への適用を遮断し、それは戦争の終結によっても回復されず、また47年の日本国憲法も沖縄には施行されず、52年の講和条約は、かえって、沖縄に対する米国の軍事統治に法的根拠を与えた。72年5月15日の施政権返還まで、県民は憲法を奪われていたのである。人々の願いは憲法のもとへの復帰であった。しかしそれは、沖縄が安保体制の重圧の下に置かれることを意味した。

日米安保体制を絶対視し、地位協定の従属的構造を積極的に受容する姿勢は、わが国戦後歴代政権に一貫するものであり、それがとりわけ沖縄をこの構造に強くしばりつけてきた。安倍政権の沖縄政策は、歴代政権の中でもその点でいっそう顕著であり、米軍の凶悪犯罪を含む事件・事故を事実上放任してしまう現行地位協定に抜本改定のメスを入れる意思も能力も持ち合わせていない。今日の焦点は辺野古新基地建設であるが、普天間基地の閉鎖に名を借りて、米軍の巨大かつ永久的な基地を新たにつくろうとするところに問題の本質がある。政府は、県民が幾度拒否の意思を表明しても、辺野古建設を強行しつづける。他方、普天間についていては、２０１９年2月に運用を停止するとの約束を反故にし、むしろ機能を強化している。そのため、普天間基地は、一段と危険なものになっており、とりわけ、２０１７年12月の宜野湾の緑ヶ丘保育園と普天間第二小学校への米軍機の部品・窓の落下事故は、軍用機の恐怖からいかにして生命を守るかを待ったなしの課題としている。

くわえて、現在、米軍基地に起因する水質汚染が問題になっている。2019年4月、大学医学部による調査で、嘉手納や普天間の米軍基地を発生源とする、有害物質である有機フッ素化合物のPFOS、PFOA（ピーフォス、ピーフォア）について、基地周辺住民の血中濃度が全国平均の53倍にもあたるという結果が出た。この、泡消火剤などに使われていた残留性の汚染物質は、国内では使用が禁止されているが、米軍は県の立ち入り調査を拒否しているために使用実態は明らかにされていない。しかし、汚染水を飲み続けると、体内に蓄積されてガンや胎児・乳児の発育障害の原因となるものであり、人々の心配が広がっている。

県などは基地への立入り調査を求めているのであるが、米軍は、日米地位協定を盾にしてこれを拒否している。地位協定は、このように、人々の生命・健康を守ろうとする努力についてまでその障害となっている。その抜本的改定の不可欠さが改めて明らかになったわけであるが、現行地位協定の下でも、政府は、こうした人の生命にかかわる問題については、国内法の実質的適用を早急に実現するために行動する義務がある。しかし、現政権がそれさえできないのであれば、政権自体を一刻も早く変えなければならないというべきであろう。

## 2. 現段階の形成――翁長知事の命を賭した仕事とその継承

2018年8月に逝去した翁長雄志知事は、「沖縄の」自民党政治家として「誇りある」日米対等の同盟を主張した。職責への徹底した誠実さをもって県民を絶対に裏切らず、政府と対峙して1ミリも退かなかった。同年9月30日実施の知事選は、この翁長県政の継承をかけて争われ、そして、後継の玉城デニー氏が圧勝した。相手候補と8万票の差、前回翁長氏に4万上回る過去最高の得票であった。安倍政権はその代理人を務める前宜野湾市長佐喜眞淳氏を立てて権力・金力を総動員し、「勝利の方程式」の絶対勝利体制で臨んだが、県民は屈せず、諦めなかった。

「勝利の方程式」とは、①徹底した争点隠しと公開討論拒否。それをふまえて大規模なデマ宣伝、②自・公・維連携のもとに政権が直接選挙に介入、③政権の忠実な代理人になれる人物であることを第一条件として候補者を選定、④地元企業を締め付け「期日前制度」を悪用して従業員を投票に動員する、という要素からなる「ステルス作戦」である。2018年4月4日の名護市長戦では奏功したが、知事選では機能しなかった。これは、県民が、引き続き辺野古新基地阻止を選択したことを明瞭に示すものである。

このような県民の意思を受けて、翁長知事は生前に、公有水面埋立承認を撤回する意思を明示し、それは没後実施された。これに対して、安倍政権は、行政不服審査法を濫用して、撤回を執行停止させることにより建設工事を再開し、土砂を一部投入するに至っている。こうして、政権による手段を選ばない辺野古建設の強行で、県民はこれからもイバラの道を歩むことになるのは免れない。しかし、これほどの不条理は破綻することが避けられず、2019年2月24日に実施された県民投票でも、県民はまたもや辺野古ノーを、70％を超える圧倒的な数で突きつけた。この県民投票については、若干の市の市長と議会与党とが県民投票自体を実施しないという前代未聞の民主主義破壊の暴挙に出て妨害を試みたのであるが、人々は、この理不尽に負けなかった。

### 3．参院選後の新しい情勢

2019年7月21日実施の参院選は、日本の進路についての民意がよく示されたものとなった。安倍氏は、自民党が「勝利を収めた」と語ったが、改選議席から9減らし、単独過半数123議席を下回り、得票数は240万減、絶対得票数は安倍政権時で最低の16・7％にとどまった。これらは、敗北を示す数字ばかりである。また、安倍氏は、改憲促進で「国民の審判が下った」と強弁するが、改憲勢力である自公と維新合わせて160議席で、3分の2（164議席）を割り込んだ。国民は、安倍政権下での改憲を望んではおらず、選挙直後の世論調査でも反対が46%で、賛成の31%を明確に上回り、また、力を入れてほしい政策としては、「改憲」は最下位で、3%に過ぎない。安倍政治と国民の矛盾は深刻であるといえる。

沖縄県選挙区の結果は、革新と沖縄保守が団結する「オール沖縄」の推薦候補が自民公認・公維推薦の候補者に、29万対23万で勝利した。「オール沖縄」の勝利は、2012年12月の安倍政権成立以降(13年1月の『建白書』提出を基準としても同様であるが)、国政選挙6回、知事選挙2回さらに県民投票1回のすべてにおいて勝利している(17年総選挙の4区の敗北を例外として)。この『建白書』とは、沖縄の全自治体と主要な団体の代表者が名を連ね、共同要求として、オスプレイ配備拒否・米軍普天間基地の閉鎖撤去・県内移設の断念の3項目の実現を政府に迫ったものである。これが「オール沖縄」運動の共通綱領となっている。つまり、県民の意思は、岩盤のように揺るぎないものとして示されつづけているのである。

しかし、安倍政権は、選挙結果のいかんにかかわらず建設を強行している。自民党には、実は、辺野古政策で打つ手がない。すなわち、同党は、仲井眞知事の2期目の時期には(同知事が翻意するまでは)、新基地の建設地は辺野古ではなく県外であるべしとする「県外」論であった。それが、辺野古容認に転じたのであるが、2014年の知事選で仲井眞氏が翁長氏に敗れるや、辺野古を争点から外して語らない「緘黙」の戦術に出た。これは、名護、宜野湾などの自治体首長選挙での勝利を呼び込む一因となったが、先に述べた2018年9月の知事選で、決定的な敗北を被った。そこで、衆院補選では、再び推進を明言する方針に帰戻したが奏功せず、今回の参院選では、曖昧な態度に終始した。この経過が明らかにしているのは、辺野古を断念しない限り、県民の支持は得られないという事実である。

それにもかかわらず、安倍政権は、住民の意思を弊履のごとくに扱う。選挙の前から、選挙結果のいかんにかかわらず基地建設を続けると明言してはばからない。また、地方の民主主義より国の民主主義が優越し、政権はそれによって支えられている、との論理をとる。ここにおいて、打開の道は、民主主義を解さない、この非立憲の現政権を、立憲主義に誠実な政権に取り換えることのみである、と言える。

## 4．沖縄における平和的生存権と抵抗権の本来的機能発揮への期待

このような沖縄の状況について、憲法上の人権でとくに重視したいのは、平和的生存権と抵抗権である。すなわち、日本国憲法の仕組みでは、各人の平和に生きる権利が侵害されるとき、それを惹き起こしている9条違反の国家行為を、裁判をとおしてとめることができる。この平和的生存権侵害、つまりは人間の尊厳と生命への蹂躙が、沖縄では恒常的かつ日常的に生じているのである。また、国家権力が、人権保障のために憲法がつくっている秩序を侵害してやまないとき、国民は、この立憲主義的な憲法秩序を守るために実力をもって抵抗し、それでも侵害をやめない政府ならそれをとりかえることができる。こうした行為を合法的なものとして承認するのが抵抗権である。沖縄の基地闘争では、とりわけて、この抵抗権の本来の機能の発揮が期待されていると考える。

敷衍しておくならば、抵抗権は、国家権力が立憲主義的憲法秩序・人権保障構造を不法に侵害し、またしようとしたとき、国民が実力をもってこれに抗い、憲法秩序と人権体系の擁護・回復を図ることのできる実定法上の権利である。ただ、これまで、この権利については、違憲の具体的な国家行為に対する反対運動をおこなう人に制裁が加えられようとしているとき、その違法性を阻却する手段としてはたらくところに固有の意味を見出そうとするのが一般的である。しかしながら、抵抗権は、具体的な国家行為を違憲と断定することを避けることなく、要件が整っている場合には、これに踏み込むことを要請するものであって、それこそが抵抗権の本来的機能にほかならない、と考える。

その要件とは、何よりも、国家権力による憲法秩序の蹂躙の程度と態様であろう。そして、沖縄の場合、国家権力による憲法秩序破壊は、その程度において深く、態様において長期かつ広範に及び、県民の人間の尊厳と生きる権利を侵害してやまず、耐えがたい苦痛を与え続けているのである。それは、まさに憲法秩序の破壊そのもの、つまり違憲の事態以外の何物でもない。もっとも、それは、客観的な秩序の侵害であって、人は、とりわけ主観訴訟の法構造においては、それ自体を裁判上争うことはできないであろう。しかし、こうした憲法秩序の破壊は、同時に、抵抗権侵害を惹起している。そこで、人は、自己の主観的権利としての抵抗権を通路として、憲法秩序の回復を裁判所に訴求することができるのである。そして、このような法構造は、平和的生存権の場合とパラレルであろうと考えられるのである。

## Ⅳ・今後の展望のための課題――むすびにかえて

これまでの叙述をふまえて一、二の課題を示したうえで、むすびとしたい。

まず、沖縄の2018年の知事選は（同年2月の名護市長選でも同様であったが、地元の保革の争いを超えて）、安倍政権が、要となる自治体の首長に政権の代理人を据えようとした選挙であった。これは、実質上、自治体首長の中央政府による任命を復活させることを意味する。この問題は、全国に共通するものであり、憲法の地方自治擁護の観点から、理論と実践の双方において重大視しなければなるまい。その際、自治体議会のもつ重要性を再認識することが不可欠であると思われる。

また、日米地位協定は、米軍への日本法の適用を排除して、米国に排他的管理権を認めたものとなっており、各国が米国と結んでいる同種の協定と比較しても、格段に従属的な内容である。その下で、とりわけて辺野古問題などでは属国日本の醜い姿が日々曝されている。地位協定の抜本改定は焦眉の課題であるが、日本政府は寸分も米国と向き合おうとしない。そうである以上、地方政府である自治体が米軍を規制して住民を保護する方策を編み出すこと、とくに条例を用いて地位協定に対峙していくことが求められる。そして、それは可能であり、こうした条例の制定を市町村議会に求める請願運動の動きもある（第Ⅱ部第4章の拙稿でこれを紹介する）。

そして、とくに最近、本土のいくつかの自治体で、米軍基地の沖縄への集中を疑問視し、本土に移転させることの意味を真剣に論じようとする動きが出ている。これは、「日米同盟」＝安保体制を不動の前提にした問題提起ではない。むしろ、安保体制それ自体の是非を問う契機を孕むものである。安保条約の終了の展望は問題を真に解決するものであって、けっして現実性を欠いたものではない。

――このようにして、沖縄に現われた安倍非立憲政治のひずみは大きい。しかし、沖縄の人々は、《勝つためにはあきらめないこと》を掲げて、けっして基地を許さず、非暴力の不服従抵抗を続ける。今の不条理きわまった政治にとどめを刺し、憲法を守り抜く役割を沖縄が果たすかもしれない。沖縄県民が日本全体を救うのではないか、そう思えるのである。

# 第3章　沖縄をめぐる主権と人権
## ——辺野古基地問題を考えるために

笹沼弘志

【要旨】

日本国憲法は「わが国全土にわたつて自由のもたらす恵沢を確保」することを目的として掲げ、自由な幸福追求の権利を無差別平等に保障している。しかしながら、日本政府は国土面積のわずか0・6%の沖縄に米軍専用施設面積の70%を集中させており、しかも県民の総意を無視して新たに辺野古での新基地建設を強行している。これはもはや日米安全保障条約や地位協定の是非の問題ではなく、日本政府が敢えて沖縄を差別的に扱い、権利を持つ権利さえ奪うことが許されるのかという憲法上の権利保障における平等の問題である。しかしこの問題は、人権論の側面からではなく、主権論の側面から捉えねば解明し得ないものである。問題の鍵は、沖縄が戦後米軍支配下におかれ、そして平和条約3条によって日本から切り離され米国の行政、立法及び司法の三権の下におかれたことを法的にいかに捉えるのかということの中にある。沖縄は「わが国全土」から切り離されたのか、はたして日本の主権が及ぶのか、日本国憲法が適用され得たのか、平和条約3条下における沖縄に対する日本の主権をめぐって展開された残存主権、潜在主権論から読み解き、現在の状況を突破する方向性を探りたい。

### 1．日本国憲法と沖縄

沖縄の米軍基地問題、とりわけ日米両政府の普天間飛行場移設合意を契機として惹起した辺野古新

定、駐留軍用地特別措置法があるからだが、しかし、沖縄にのみ米軍施設の専用面積の70％以上が集中し、普天間飛行場移転を口実になお新たに辺野古に基地を建設するというのは、日米安保条約や地位協定の存在のみを理由として理解することはできない。沖縄にのみ米軍基地を押しつける不平等な適用があるのではないか。日米安保条約や地位協定の、日本国内における不平等な運用が行われており、それが必ずしも日米安保条約及び地位協定の運用上必然的なものではないとするならば、これは沖縄に対する差別的な取扱いであり、憲法14条に違反するというべきである。

そもそも日本国憲法の目的、すなわち日本国創設の目的とはなんであったか。

日本国憲法前文は次のように明記している。

「日本国民は、正当に選挙された国会における代表者を通じて行動し、われらとわれらの子孫のために、諸国民との協和による成果と、わが国全土にわたつて自由のもたらす恵沢を確保し、政府の行為によつて再び戦争の惨禍が起ることのないやうにすることを決意し、ここに主権が国民に存することを宣言し、この憲法を確定する。」

憲法の目的とは「わが国全土にわたつて自由のもたらす恵沢を確保」することである。そのために、われわれは日本国を創設し、国会における代表者を通じて行動することとしたのである。われわれ国民の自由を確保すると保障対象を限定せず、わが国全土に居住する者の自由を保障することを目的として掲げたことが決定的に重要である。

沖縄は日本国憲法制定当時はわが国全土の一部を構成していたのは間違いない。その後、米軍による支配を経て現在に至るまで、わが国の一部から切り離されたことがあったのか。逆に、本土復帰後、沖縄は日本国の一部として自由のもたらす恵沢を保障されるべき地域であったといえるのか。

沖縄が日本国の一部であれば、本土と平等に自由のもたらす恵沢を保障されるべきである。ところが現実はそれとはほど遠い。これは明らかに沖縄の人々の人権が平等に保障されていないということである。であれば重大な憲法問題だ。なぜこのような事態が生じたのか。また、なぜこのような重大な問題が放置され続けているのか。人権論のレベルだけで解明できるか。主権の次元からも考える必要があろう。

## ２．「わが国全土」と沖縄——沖縄は憲法番外地だったのか

### 敗戦と沖縄の軍事的分離

日本国憲法を公布した１９４６年11月３日、施行した１９４７年５月３日には、沖縄は間違いなく「わが国全土」に含まれていたはずである。

しかし、日本の敗戦後、米軍の日本占領政策により、沖縄は事実上日本から切り離されることとなった。連合国最高司令官指令「若干の外かく地域の日本からの政治上及び行政上の分離に関する総司令部覚書」ＳＣＡＰＩＮ—６７７（１９４６・１・29）は、北緯30度以南の琉球諸島を日本国の主権の範囲から除かれるものとした（中野好夫編『戦後資料　沖縄』（日本評論社、１９６９年）３—４頁、古関彰一・豊下楢彦『沖縄　憲法なき戦後』（みすず書房、２０１８年、12頁））。

それに先立ち、１９４５年４月５日、米軍の沖縄上陸直後に出されたニミッツ布告「米軍占領下の南西諸島及びその近海住民に次ぐ」により、日本帝国政府の全ての行政権行使が停止され、米国海軍元帥監督下の軍政府に全ての政治及び管轄権、最高行政責任が帰属することが宣言された。その後、サンフランシスコ対日平和条約３条により法的に沖縄が日本政府の統治から切り離され、米国の「行政、立法及び司法上の権力」の下に置かれるまで、沖縄は事実上米軍による軍事的な支配下に置かれることとなった。そして、米軍の軍政府の支配下で９月13日軍政府布令「地方行政緊急措置要綱」が

作られ、９月20日には市会議員選挙、市長選挙が行われた（25歳以上の男女に選挙権）。

ＳＣＡＰＩＮ―６７７の後、沖縄の地位について重要な影響を及ぼしたといわれているのが、１９４７年９月22日の天皇裕仁の米国国務長官宛メッセージである。天皇メッセージは、日本に主権を残したまま25～50年の長期間貸借という擬制の上に、米国による琉球諸島の軍事的占領の継続を希望するというものであった。もはや一切の統治権をもたない日本国と日本国民統合の象徴に過ぎない天皇裕仁がこのようなメッセージを他国政府に送り日本国の統治のあり方に介入したという事実自体が憲法上重大な問題であるが、ここでは天皇の問題自体には立ち入らない。

かくして、敗戦と米軍の軍事的占領という事実によって「わが国全土」から沖縄が切り離されたのだが、こうした事実上の措置が法の世界でいかなる意味を持つのか、どのように法的に解釈されるべきかは別問題である。

**日本との平和条約と沖縄の地位**

戦中から始まった日本からの沖縄の分離に法的な形式を与えたのが、日本との平和条約（１９５１年９月８日署名、11月18日国会承認・内閣批准、１９５２年４月28日公布）３条である。

「日本国は、北緯二十九度以南の南西諸島（琉球諸島及び大東諸島を含む。）、孀婦岩（そうふいわ）の南の南方諸島（小笠原群島、西之島及び火山列島を含む。）並びに沖の鳥島及び南鳥島を合衆国を唯一の施政権者とする信託統治制度の下におくこととする国際連合に対する合衆国のいかなる提案にも同意する。このような提案が行われ且つ可決されるまで、合衆国は、領水を含むこれらの諸島の領域及び住民に対して、行政、立法及び司法上の権力の全部及び一部を行使する権利を有するものとする。」

同条の意味するところは複雑な経緯を捨象してまとめれば以下の通りである。

2条では朝鮮等の領域に対する日本国のすべての権利、権原及び請求権を放棄すると規定されているのに対して、3条ではそのような規定はなく、沖縄の領域への日本国の主権を残したものである。国連に対して合衆国を唯一の施政権者とする信託統治制度の下におくとの提案はなされず、沖縄に対する米国の支配は、「領水を含むこれらの諸島の領域及び住民に対して、行政、立法及び司法上の権力の全部及び一部を行使する権利」によるものとされた。従って米国が沖縄に対して有していた権限は国連憲章12章の信託統治制度上の施政権 the administration ではない。「全部及び一部」については「全部かつあらゆる」と訳すべきだとの説があるが、この権利の性質を考える際には決定的な意義をもたない。米国が沖縄の領域及び住民に対して有する「行政、立法及び司法上の権力の全部及び一部を行使する権利」（以下、星野安三郎にならって「三権」と呼ぶ）とは何か。条約はその内容や性格について定義しておらず、また国際法上も同様な「三権」について知られておらず、同条の解釈による以外にない。その参考となるのが条約制定の経緯において知られる事実である。しかしそこで問題となるのは米国の「三権」それ自体ではなく、反対に日本国に留保されている権限が何かという問題である。それを最初に説明したのが3条起草に決定的な影響を及ぼした米国国務長官顧問のジョン・フォスター・ダレスである。ダレスはサンフランシスコ平和会議において平和条約3条に関して「最善の方法は、合衆国を施政権者とする合衆国信託統治制度の下にこれらの諸島を置くことを可能にし、日本に残存主権 residual sovereignty を許すことである」と述べた。

残存主権 residual sovereignty とは何か。ダレスがこの用語をいかなる理由で、いかなる背景の下に使用したのかははっきりしない。まずは、日本政府がどのようにこれを理解し、用いてきたのかを概観した上で、改めて米国における「残存主権 residual sovereignty」概念を含め検討したい。

日本政府は、ダレスの残存主権 residual sovereignty を、潜在的主権と呼び変えて用いている。この言い換えは実は大きな意味を持つものである。残存主権と言えば、一部の主権を行使することが許されているとの意味が前面に出るのに対して、潜在主権と言えば、主権がそもそも顕在化し得ない状況にあること、行使し得ないという否定的な意義が強調されるからである。

## 3．日本の主権と米国の三権——残存主権又は潜在主権論をめぐって

### 日本政府の潜在主権論

ダレスの残存主権を日本政府は潜在的主権と受け止め議論してきた。

日本政府の潜在主権論について外務省条約局長西村熊雄は次のように説明している。

「潜在的主権という言葉は、最近私どもが耳にするようになつた言葉のように存じますが、実はそうでございませんので、私は大正九年に東大に入学いたしましたが、その当時の憲法の講義におきまして、すでに美濃部達吉先生から、潜在的主権ということを教えられてございます。いわゆる一国の領土に対する国家の主権がありますと、その主権を持つている当然の結果といたしまして、その地域及び住民に対しまして、立法、司法、行政その他の諸権力を行使することができることになるわけであります。わかりやすく申し上げますと、あるものに対して所有権を持つておりますと、その結果専有、使用、処分の権限が生れて来る、こういうような関係になります。でありますから、第三條の意味は、これらの島や住民に対して行政を行う諸権限の根本となる日本の主権というものは、一指も触れないで日本にそのまま残しておいてやることとし、それから生れて来る諸種の権限のうち、原則としてアメリカとしては全部行使しようとすれば行使できるという考え方でございます。」（第12回国会衆議院平和条約及び日米安全保委員会、１９５１年10月20日）

西村の答弁によれば、米国が沖縄の領域及び領民に対して有する権限は、主権から派生する立法、司法、行政その他の諸権力であり、日本の主権そのものは一指も触れずに日本に残されているという

ことである。しかし、日本の主権から「生れて来る諸種の権限のうち、原則としてアメリカとしては全部行使しようとすれば行使できる」こととされている。

## 日本政府の沖縄に関する法律問題の公式見解

潜在主権論と沖縄への憲法適用について日本政府が公式見解をとりまとめたのが、1965年9月7日の第2回沖縄問題閣僚協議会である。

1965年1月13日・14日と第1次佐藤・ジョンソン会談が実施され、13日に日米共同声明が発表され日米両政府が「沖縄および小笠原における米国の軍事施設が極東の安全のため重要であることを認めた」が、施政権返還については曖昧なままとされた（『戦後資料　沖縄』521頁）。そして、同年8月に佐藤が戦後初めて首相として沖縄を訪問。その後、沖縄問題閣僚協議会を設置。その第2回で「沖縄に関する法律問題の公式見解」をまとめた。公式見解の内容を見てみよう。

1.「潜在主権」の観念

わが国は、サンフランシスコ平和条約3条により、沖縄等の領土主権を放棄したものではなく、これに対し「潜在主権」有することは、合衆国も認めているところである。「潜在主権」という言葉には、特別の定義はないが、立法、司法、行政の3権の行使を米国に認めてもなお日本に残っている領土主権の根源的なものというほどの意味である。

（略）

2.日本国憲法の沖縄における適用

沖縄地域についてわが国は、潜在主権を有しているので、日本国憲法は、観念的には、同地域にも施行されていると解される。しかし、現実的には、同地域の施政権は、平和条約により米国が行使

しているので、憲法の具体的適用はない。(『戦後資料　沖縄』561頁)

首相が「沖縄同胞」と呼び、「沖縄の祖国復帰が実現しない限り、わが国にとって『戦後』が終わっていない」との「名言」を吐き、「沖縄住民の民生安定と福祉向上のため日米相協力する」と言い、「沖縄の現実の姿を、直接この目で確かめ、耳で聞き」、沖縄の皆さんの期待にこたえると大見得を切った(佐藤首相ステートメント1965年8月19日『戦後資料　沖縄』551頁)直後に、沖縄には憲法の具体的適用はないと沖縄の人々の人権保障要求を切って捨てたのである。

しかし、留意すべきは、「沖縄地域についてわが国は、潜在主権を有しているので、日本国憲法は、観念的には、同地域にも施行されていると解される。」との見解である。観念的に憲法が施行されているというのはいったいどういうことか。また、事実としては、沖縄の施政権を米国が行使しているから憲法の具体的適用はない、ということはいかなることか。観念的には憲法が施行されているが、事実上は適用されないというのは、規範論の問題なのか、単なる事実上の困難を述べているのに過ぎないのか。事実上の困難であれば、その困難を取り除くことによって、憲法の具体的適用にも途が開けるはずである。他方、米国の施政権の内容として、米国憲法はじめ米国の法令の適用も含まれているのか、肝腎な点には全く触れていない。こうした点を一切深めて追究しようとしないのが日本政府の基本姿勢であったといえよう。

## 軍事的な二枚舌

日本政府は、沖縄の人々の人権保障については、沖縄には憲法は適用されないとし、米国の施政権には沖縄の人々の人権保障に関する事項も含まれており、日本国としては口出しすることはできないという見解をとった。しかし他方で、1965年2月ベトナム戦争においていわゆる「北爆」が開始される状況下で、日本政府、佐藤首相は「沖縄が攻撃された場合に、それじゃこれをわれわれは見過ごしているかというと、沖縄に対する潜在主権もあるし、沖縄住民はわれわれの同胞だ、こういう立場でございますから、それは私どももただ腕をこまねいて見ておる、経済協力ばかりだと、こういうようなまやさしいものじゃないと私は思います。だから、そういう意味で、これに対して第一義的にアメリカがこれを守るにいたしましても、私どもも沖縄同胞のために、日本人らしくその一体としての防衛の任に当たる、こういうことは考えられるだろう。」と主張した（参議院予算委員会1966年3月10日）。

沖縄同胞の人権保障については一切責任を負わずアメリカ、米軍の恣意的支配に委ね、軍事的な問題となるや、一転して、沖縄同胞のために馳せ参じるというのであるから、恣意的な二重基準、日本政府の二枚舌には呆れるばかりである。米国の軍事的占領という事実だけでなく、日本政府の二枚舌の法解釈こそが、日本国、米国何れの憲法も沖縄に適用されないような事態を招いて沖縄の地位を法的に不安定にし、沖縄の人々の人権蹂躙を放任したのである。沖縄の人々の「権利を持つ権利」剥奪ともいうべき状況を作りだしたのは日本政府の責任である。

日本が沖縄に対して留保している主権が、後に見るような、美濃部のいう潜在的効力を有するが、効力を停止されている潜在主権だとすれば、沖縄の住民には米国憲法が適用されるべきものとなる。それに対して、その一定の部分がなお効力を有している残存主権だとすれば、米国憲法は適用されず日本国憲法が適用されるべきものとなる。

日本政府の潜在主権論は、米国における残存主権概念とも、美濃部の租貸国の主権の潜在的効力論とも異なり、沖縄住民をいずれの国の憲法的保護からもはずすきわめて過酷かつ非人道的なものであった。これはあくまでも日本政府の解釈であり、平和条約3条から導きだされる唯一の解釈ではなかったことに留意すべきである。

## 潜在主権論をめぐる学説

日本政府の潜在主権論について、学説はいかに解釈したのか。潜在主権に関しては宮里政玄の『日米関係と沖縄』（岩波書店、２０００年）や河野康子の一連の研究（『沖縄返還をめぐる政治と外交』（東京大学出版会、１９９４年）など）、そしてアメリカのミクロネシア支配や南アフリカによる南西アフリカ併合要求なども視野に入れた古関彰一・豊下楢彦『沖縄　憲法なき戦後』（みすず書房、２０１８年）など日米や国際的な政治情勢を踏まえた優れた研究の蓄積があるが、憲法解釈学的研究は吉田善明・影山日出弥・大須賀明『憲法と沖縄』（敬文堂、１９７１年）、小林武の研究などごく限られている（日弁連の「沖縄報告書」１９６８年1月（法律時報40巻4号、１９６８年）も重要である）。ここでは沖縄占領下の議論を参照しよう。

入江啓四郎は平和条約3条が沖縄に対してアメリカの施政権を認めたものと解釈し、イギリスのキプロスにおける統治権等との比較を行っているが、平和条約3条の米国の権限は国際的に例を見ない独特なものであり、比較法的な考察がどれほど有効か疑問が残る。入江の結論としては日本国に留保されている権限としては、沖縄本籍民の国籍付与権限があげられている。その前提として沖縄に対しては日本の領土主権があるとしているが、この領土主権の内容や限界について明確に論じてはいない。沖縄住民に対して日本法が適用されるか否かという問題については理論的結論は出さず、一定の制約があるとして事例を紹介するに止まっている（入江啓四郎「沖縄住民と日本法の適用」法律時報40巻1号、１９６８年）。

米国の沖縄支配期に米国の権限と日本の主権について最も立ち入った考察を加えたのが星野安三郎である。星野は、平和条約3条により米国が沖縄に対して有している「行政、立法及び司法上の権力の全部及び一部を行使する権利」を「三権」と呼んでいる。米国の「三権」は日本国の有している「三権」を日本国憲法の手続に従って、合衆国に委任したと解すべきだとする。そして日本国の「三権」は絶対無制限ではないから、国民の生殺与奪の権限、基本的人権の処分権を無制限に認められたものではないという。

それに対して、日本が有する残存主権とは何か。星野は最高裁の判例で「高い段階の行政権」、「政治的行為」、「高度に政治的な問題」「統治行為」などと呼ばれるものに相当するという。星野は、内閣に属する行政権を低い段階の行政権とし、司法審査の対象とならないとされる「高い段階の行政権」は、内閣以外のものに属すと考える。これは立法・行政・司法三権を調整し、基本的人権保障を可能とするものであり「憲法保障権」ともいえるという。その憲法保障権が何によって行使されうるのかという点についてまでは具体的に論じていないが、「合衆国の三権の行使によって、基本的人権が侵害されている場合は『残存主権』の発動として、日本国政府は基本的人権を回復するか、それも不可能な場合には『三権』の委任を解除すべき」であると主張している。この日本国政府というのが内閣という機関なのか否かは不明だが、いったいいかなる機関が残存主権を発動しうるのだろうか。

それを考える前に、日本政府の潜在主権論の基礎とされた美濃部達吉説を再検討し、改めてダレスのいう残存主権とはいったい何なのか、アメリカ合衆国憲法から捉え返した上で両者を比較してみたい。

## 日本政府の潜在主権論の起源としての美濃部説

先にみた西村条約局長が平和条約3条により日本国に認められている潜在的主権の概念に関して援用していた美濃部説を参照してみよう。

その美濃部説とは、日本帝国の租借地に関するものである（美濃部達吉『憲法撮要〔改訂第5版〕』有斐閣、1999年復刻版、133頁〜138頁）。

美濃部は「帝国領土の外、帝国は関東州租借地につき領土におけると同一なる統治権を有す」とした上で、「租借地に関して帝国の有する権利はその性質において領土権に類し、帝国は完全なる領土におけると同様に、租借地においても総ての人及び物を支配する権利を有す。即ち領土の租借はその実質的の効果においては殆ど領土の割譲を受けたるに異なることな」いが、「法律上の観察においては租借をもって全然割譲と同一なりとするは条約の正文を無視するの非難を免れず」という。

第1に租借は一定期限を有しており期限終了後は租貸国に返還することを要する。第2に領土の割譲が領土権の全部を移転するのに対して、租借の場合は租貸国の領土権は全然失われず、なお潜在的効力を有し、ただ租借権のためにその効果を停止されるだけであって、もし租借権が消滅するときは完全にその効力を回復し得る状態にある。第3に領土割譲の場合はその住民は一定条件下で国籍を変更し受譲国の国籍を有することになるが、租借地の住民が租借国の支配に服するのは専ら土地租借権の効果によるものであって、対人高権の効果によるものではない。

しかし、美濃部は、租借地は法律上も領土と異なることなく、積極的にはその土地及び地上地下における総ての人及び物は租借国の支配に服し、消極的には総ての第三国はもちろん租貸国自身もまたその地域内の統治に干渉することができず、また統治を行ない得ないという拘束を受けるのだという。

そして「要するに租借権とは他国の領土の一部につき一定の期間その領土権の効果を停止せしめ、その間国法及び国際法の制限内においてその土地及び地上地下における一切の人及び物を支配し得る絶対権なり」という。これは民法上の借地権とは異なり、土地の利用を内容とするものではなく、領土権と同じく主として人民を支配することを内容とするものであるが、領土権と租借権とは民法上の所有権と地上権との関係に類似している。地上権の設定によって所有権の効果が停止され、地上権者が専らその土地を利用する独占権を有するのと同様、租借権の設定により領土権の効果は停止され租借国がその地域における統治の独占権を有するというのである。

この美濃部説の帰結はいかなるものか。刮目すべきは租借地における租借国の法の効力である。租借地は国法上租借国の領土と全く其の地位を同じくする。従って法令または条約の適用に関しては租借地は日本の領土として取り扱われ、租貸国の領土とみなされるべきではない。なぜなら租貸国の領土権はその効力を停止されているからである。帝国憲法は朝鮮や台湾に効力を有するのと同一の限度においてという留保付きではあるが、租借地たる関東州においても効力を有する。「従来政府の公の解釈としては、憲法は我が領土内においてのみ行わるるものにして、関東州は我が領土に非ざるが故に憲法はその効力を有せずとなせるが如しと雖も、この如き解釈は絶対にこれを支持することを得ず」。美濃部の「潜在的効力論」からすれば、沖縄においては米国の憲法や法律が適用されるべきであり、日本国憲法が適用されるのではないということになる。

さて、それではダレスの残存主権論はいかなるものだったのか、その起源から考えてみよう。

**ダレスの残存主権 residual sovereignty 論の背景**

ダレスが residual sovereignty という概念を用いたのはなぜなのか。米国内の事情や国際政治情勢などこの概念を用いた動機ではなく、この言葉自体をどこから引き出してきたのか、という点については立ち入った研究は見られない。ダレスがこの言葉を思いついた背景に関する情報もないので間接的な事実から推測する以外にない。

ダレスが法律家としての法学教育を受けていたという事実から推測すれば、国際法的知識だけでなく、当然ながらアメリカ合衆国憲法の知識、とりわけ連邦と州の権限をめぐる議論に精通していたであろうことは間違いない。合衆国の形成過程、連邦制定会議において連邦政府の権限を強化しようとする連邦主義と州の権限を保持しようとする反連邦主義との対立があったことは周知のことである。合衆国最初の憲法とも称される連合規約（Articles of Confederation）2条は各 states（州）が主権を保持することを明記していた（五十嵐武士『アメリカの建国』東大出版会、１９８４年１０４頁参照）。しかし、合衆国憲法においては連邦政府の権限が強化され州の権限が縮小されたのも周知の通りである。連邦憲法では州の権限はいかに位置づけられていたか。

修正第10条［州と国民に留保された権限］［１７９１年成立］
この憲法が合衆国に委任していない権限または州に対して禁止していない権限は、各々の州または国民に留保される。

修正第11条［州に対する訴訟と連邦司法権］［１７９５年成立］
合衆国の司法権は、合衆国の一州に対して、他州の市民または外国の市民もしくは臣民が提起したコモン・ロー上またはエクイティ上のいかなる訴訟にも及ぶものと解釈されてはならない。

修正10条については、憲法に限定列挙されているもののみが連邦政府の権限であり、それ以外の権限は州に帰属するものとする趣旨である。これについては、「主権（rights of sovereignty）は合衆国憲法により連邦国家に委任されていないので各州の人民に留保されていることは明らかである」との解釈もある（小倉庫次『アメリカ合衆国州憲法の研究』有斐閣、１９６１年、14頁）。

修正11条は連邦司法権がある州と他州の市民との間の訴訟に及ぶと定めた合衆国憲法3条2節1項が州の主権 sovereignty を侵すとの恐れを回避するため設けられたものであり、州の主権者免責 sovereign immunity の原則を定めたものである（鈴木康彦『註釈アメリカ合衆国憲法』国際書院、２０００年、２２６頁）。

これら修正10条及び修正11条の州の権限を、残存的州主権 the residual state sovereignty と呼ぶものもいる（Calvin R. Massey, State Sovereignty and the Tenth and Eleventh Amendments. 56 U. Chi. L. Rev.

61 (1989) p.66)。アメリカ憲法史、学説史、判例における residual state sovereignty 概念の研究はなお他日を期す以外にないが、国際法や沖縄に関する議論以外にアメリカ合衆国憲法にも残存主権論の起源があったということは極めて重要な意味を持っているといえよう。

残存主権の意義は、それに実質的な法的効力が存在することを前提としているということである。つまり、残存主権論からすれば、平和条約3条により日本国になお留保されているとみなされた残存主権に一定の実質的な効力を認める余地があったということである。

まさにこの日本の沖縄に対する残存主権論について、合衆国の地方裁判所が、一定の効力を認めた事例もある。城間牛事件でハワイ地方裁判所判決は、沖縄に対しては、日本が法律上の主権 de jure sovereignty を有しており、米国は事実上の主権 de facto sovereignty を有しているだけであって、沖縄人である城間牛は日本国籍を保持していると判断した（United States v. Ushi Shiroma. United States District Court for the District of Hawaii August 12, 1954. Cr. No. 10841　この判決については入江啓四郎、前掲論文12—13頁参照）。

残存主権が実定法において法定な法力を有するのであれば、日本国憲法及び日本国の法令が沖縄に適用される余地はあったのである。実際に、沖縄でも戦後の援護立法による給付が行われていたし、また義務教育費国庫負担制度も適用されていた（河野康子前掲書、２１３頁以下）。これらを残存主権の効力として論じることは困難ではない。

**残存主権論に関する基本的問題点**

平和条約３条が定める米国の沖縄の領域及び住民に対する行政、立法及び司法上の権力の全部及び一部を行使する権利が、日本政府から委譲されたものだとすれば、この日本政府は日本国憲法で創設され授権されたものであるから、憲法が定める以上の権限を行使することはできない。条約の締結は憲法73条3号によって授権された内閣の権限であり、国会による承認が必要とされている。憲法98条は憲法の条規に反する法律、命令、詔勅及び国務に関するその他の行為の全部又は一部は、その効力を有しない、と定めているから、憲法に反する内容の条約を締結する内閣及び国会の行為は憲法に違反し無効であるのは明らかである。

では、平和条約3条による沖縄の領域及び住民に対する行政、立法及び司法上の権力の全部及び一部を行使する権利の委譲は日本国憲法に適合するのか、憲法上いかに解釈されるべきか。これこそが、憲法解釈論として議論されねばならなかったものである。

日本政府の潜在主権論においても、沖縄は日本の領土であるとされ、沖縄の住民の国籍は日本国だとされていた。領土の処分権は日本国に留保されているというのが残存主権論の大前提である。土地の利用については、国有地、公有地等についてはその利用を国会の意思決定によって委譲可能であろう。沖縄の住民の所有権、占有権等の権利がある場合、それを制限しうるのか。

そもそもの大前提として、日本国の内閣及び国会が米国に委譲しうる沖縄の領域及び住民に対する「行政、立法及び司法上の権力の全部及び一部を行使する権利」は憲法上内閣、国会及び裁判所が有している権限の範囲内でなければならない。日本国憲法によって授権された統治機構が、授権された範囲を超える権限を委譲することは不可能である。日本国の内閣、国会及び裁判所は憲法によって授権された範囲内でのみ、憲法に適合する行為のみをなすことが許されている。

沖縄の住民が国籍保持者として有すべき権利義務を内閣、国会の意思決定によって委譲できるか。国籍要件については法律で定めるものとしているが、国籍に伴う権利義務を沖縄住民についてのみ制限し得るのか。そもそも日本国憲法が日本国民に、いや日本国民にも保障している権利とは何か。それは生来かつ不可譲の基本的人権である。従って沖縄の人々の人権を「三権」を有する米国に譲り渡すことはできない。また、日本国籍保持者の中で、沖縄の人々にのみ人権を制限することは憲法14条平等原則に違反するといわざるを得ない。

いずれにせよ日本政府においても、米国においても、平和条約3条により日本国が米国に委譲したのは、主権そのもののではなく、主権から派生する権限のみが委譲されたのだと理解されてきた。主権から派生する権限というものであれば、それは主権によって限定された権限のみを意味する。また、日本国の主権は、対内主権であれ対外主権であれ、日本国憲法の目的としての自由、人権理念によって制限されている。つまり、人権によって制限された主権から派生する一部の権限のみが米国に委譲されたというだけなのである。米国が沖縄の領土と住民に対して有していた権利は、日本国憲法によって限定されたものに過ぎなかったというべきである。これは沖縄違憲訴訟の原告の主張そのものであり、星野安三郎の解釈でもある。（沖縄違憲訴訟はきわめて重要だが、その検討は他日を期したい。（法律時報40巻1号、日本評論社、1968年、44頁以下））。

ただし、それにしても問題は沖縄の領域及び住民に対する「行政、立法及び司法上の権力の全部及び一部を行使する権利」を米国が有しており、日本国の内閣、行政及び裁判所がこれらの権限を行使することが条約上できないのだとすれば（もちろん憲法解釈上の疑義は残るがこれらの問題点は置いておくとしよう）、日本国の内閣、行政及び裁判所は沖縄の領域や住民に対して「行政、立法及び司法上の権力」を行使できないことになる。

では、米国の権限を制約する日本国憲法の効力は、何によって担保されうるのか、実効力を持ちうるとしたら、何がどのような手段によって力を及ぼしうるのか。

平和条約それ自体を破毀することは戦争状態をもたらすだけであるから不可能である。しかし、条約を変更せず、米国の「行政、立法及び司法上の権力の全部及び一部を行使する権利」の行使のあり方を変えるのは不可能ではない。実際、平和条約をまったく改正せずに米国が有する沖縄の領域及び住民に対する「行政、立法及び司法上の権力の全部及び一部を行使する権利」が日本国に返還された

（小林武「日本国憲法制定期における沖縄の位置」愛知大学法学部法経論集200号、2014年、20頁。本論文を初めとする小林武の一連の「沖縄憲法史研究」からは多大な示唆を得た）。

### 4．沖縄をめぐる主権と人権の現在

最後に、辺野古新基地建設をめぐる訴訟について簡単に触れ、今後の沖縄基地問題をどう考えるか見通しを立てたい。

国が沖縄県を訴えた埋立承認取消処分を取り消さない不作為違法確認訴訟（地方自治法251条の7）の福岡高裁那覇支部判決2016年9月16日だけ見てみよう。

福岡高裁那覇支部判決は「普天間飛行場の返還を実現するためには日米合意に基づきその前提条件である代替施設を建設する必要があること、代替施設の建設地としては辺野古沿岸域がいまや現実的な実現可能性のある唯一の選択肢である」という国の主張を何の検証もすることなく鵜呑みにし、不合理な点はないと断定した。

翁長知事の不作為の違法性が訴訟物であるはずなのに、どういうわけか仲井眞前沖縄県知事の埋立承認の違法性を審査した点など、不可解な点は多々あるが、特に問題なのは、公有水面埋立法4条の要件を恣意的に判断した点である。

国が埋立を行う場合には、知事の承認が必要であり（42条）、その際、法4条1項の規定が準用され、6つの号全てに適合しなければならない。辺野古埋め立て承認のためには、国土利用上適正かつ合理的で、埋め立てが環境保全及び災害防止に十分配慮しているといった条件を全て満たす必要があり、外交・防衛上の利益、普天間基地の危険性の除去という埋め立て目的の適正さや合理性のみでは要件を満たすとは言えない。

そもそも、普天間基地の危険性除去目的というのは合理的なのか。

国土面積の0・6%に過ぎない沖縄県以外の任意の箇所に移転先を確保することは十分可能である。地元自治体や住民が同意しないということが確保困難な理由として挙げられるとしたらそれは沖縄県とて同じである。基地があるがゆえの危険性という点では辺野古新基地建設により、周辺地域の住民だけでなく沖縄県民に対して新たな脅威を与える点がまったく考慮されていない。新基地は弾薬庫、強襲揚陸艦が接岸可能な岸壁と2本の滑走路を備えた陸海空の全機能を備えた最新鋭基地であり、一層攻撃の対象とされるだろうから危険性が高まるのは明白であり、合理的とは言えない。

同判決の不合理さが際立つのは、埋立目的の必要性に関する判断の前提である。

判決は、埋立目的に関して「国の説明する国防・外交上の必要性について、具体的な点において不合理であると認められない限りは、そのような必要性があることを前提として判断すべきである」との判断枠組みを設定した上で、次の様な極論を前提とした。

「地域特有の利害ではない米軍基地の必要性が乏しい、また住民の総意であるとして40都道府県全ての知事が埋立承認を拒否した場合、国防・外交に本来的権限と責任を負うべき立場にある国の不合理とは言えない判断が覆されてしまい、国の本来的事務について地方公共団体の判断が国の判断に優越する」

全自治体の首長が米軍基地の建設を承認しないというような事態は、全国民がその総意において米軍基地を日本国内に建設することを拒否するということであって、にもかかわらず政府が米軍基地を日本国内に建設しようとすること自体が主権者国民の意思に反しており、違法だということの証左にほかならない。全自治体の首長が米軍基地の建設を承認していないという事実を顕在化させるためにも、普天間基地代替施設の候補地を辺野古や沖縄県内に限定せずに全国民の問題として議論することが必要であろう。

日本政府には沖縄の人々の人権を守る意思も能力もないことがこの間の出来事の中で益々はっきり

してきたように思われる。

沖縄が正攻法の主張をして訴訟をしても、裁判所が恣意的な判決を下して沖縄を敗訴させるような事態が続いているようでは、裁判も無力なものに思われよう。これも、米国の圧倒的な軍事力とそれへの日本政府の拝跪の結果といえよう。それでは法理論はどうあるべきなのか。米国の軍事力という圧倒的事実の前で法理論が萎縮しがちなのは理解し得ないことではないが、仕方のないことではない。事実に抗して規範を論じるのが法理論である。規範を支える事実の次元における実効性を完全に欠いている状況では確かに規範を論じることは無意味かも知れない。しかし、規範として存在し、実効性を獲得しうるものに対して敢えて実効性を与えない実践が行われているときに、それに抗して規範の実効性を確保する道筋を指し示すことは法理論に課せられた責任である。

**残存主権論と現在**

さて、残存主権論をめぐる議論から最後に一定の方向性を示しておきたい。

日本国に残存主権があったのだとしたら、それはどのように行使されるべきだったのか。主権から派生する立法・司法・行政すべての権力、三権を米国に移譲しているとすれば、憲法が定める国会、内閣、裁判所が沖縄県民の人権保障の機能を果たすことはできない。

では、何が残存主権を行使し得たのか。それは主権者たる国民以外にない。あるいは、他にあり得るとしたら主権者国民の代表として憲法を制定した憲法制定議会である。日本には憲法制定議会はないが、それに相当する機関はある。日本国憲法上の規定からすれば、国会の各議院の総議員の3分の2以上での賛成による発議と国民投票の組合せで、主権を行使し得たはずである。国民投票の過半数の意思によって、米国の三権に優位する法的な主権を発動できたはずである。その可能性を追求せず、米国の圧倒的な軍事力の前に跪き主権を行使せず、沖縄の人々を日本国憲法の保護からも、合衆国憲法の保護からも排除させたのがわれわれ日本国民である。「わが国全土にわたって自由のもたらす恵沢を確保すること」を宣言した主権者としての責任を果たさなかったことをわれわれ日本国民は改めて反省すべきである。

また、今現在、主権者として約束したわが国の目的「わが国全土にわたって自由のもたらす恵沢を確保すること」を、沖縄においても果たせているのか、改めて考え直すことから問題解決の糸口を見出していくべきである。

【主な参考文献】


・中野好夫編『戦後資料　沖縄』日本評論社、１９６９年
・古関彰一・豊下楢彦『沖縄　憲法なき戦後』みすず書房、２０１８年
・河野康子『沖縄返還をめぐる政治と外交』東京大学出版会、１９９４年
・宮里政玄『日米関係と沖縄』岩波書店、２０００年
・新しい提案実行委員会編『沖縄発新しい提案——辺野古新基地を止める民主主義の実践』ボーダーインク、２０１８年

# 第４章　「平和な空を守る条例」を求める請願
## ――米軍と対峙する住民の努力

小林　武

【要旨】

沖縄に居住する人は、基地と市民生活との共存がありえないことを、常々、米軍基地を発生源とする凶悪事件を含む事件・事故の事実でもって思い知らされている。これに対して、日本政府は、国民の生命・安全の確保に仕える役割を、米国の利益を害さない程度にしか果たそうとしない。この対米従僕の政府は取り替えられるべきことが必至であるが、それまでは、沖縄自身で県民を米軍の不法な行為から守る手だてを講じるほかない。

そして、今、米軍基地に起因する重大事故のうち、とくに米軍機の墜落、またその部品の落下が頻発する異常事態となっている。ここにおいて、日本政府（中央政府）が日米地位協定において米軍への適用を放擲した法律にかえて、自治体（地方政府）の自主法・基軸法である条例に光を当て、米軍を適切に規制して住民を保護する条例を制定するという王道が考えられるに至った。

それは、一自治体（宜野湾市）で「平和な空を守る条例」の制定を求める請願運動として始められた。この運動は、市議会（の与党各会派）によって明確な理由が示されないまま不採択とされたが、そのもつ意義は何人も否定できず、市民は運動の再起を図っている。――本稿は、その経過と問題の本質を明らかにしようとするものである。

## Ⅰ．復帰後半世紀近くの沖縄の空

### 1．変わらない米軍による沖縄住民への脅威

1972年5月15日、沖縄県民の永年にわたる苦難の努力の結果、祖国復帰が実現した。復帰は、県民にとっては平和と人権の日本国憲法の下へ帰還することを意味した。しかしながら、その願望は、沖縄が日米安保条約の体制に組み込まれたという現実によって打ち砕かれた。米軍基地の重圧はいまなお全島を覆い、平和であるべき沖縄の空は、米軍機の墜落、物品の落下によってますますじゅうりんされている。とくに、米軍普天間基地が市域の主要部分を占め、米軍機が昼夜を分かたず市民の頭上を飛び交う宜野湾市では、この事態の深刻さはなおさらである。

「平和な空」とは、《輝く太陽に青い空、そして雨以外に何も落ちてこない空》、《住民の心を照らす陽の光と大地に恵みをもたらす慈雨のほかは何も落ちてこない空》をいう。それは、空の本来の姿であり、これを享受することは、すべての人の基本的権利に属する。今日米軍が惹き起している異常事態は断じて許されず、これを糾し、住民の生命を保護することが喫緊の課題となっている。宜野湾市民は、そのための一考案として、「平和な空を守る条例」を住民の手で、請願の方法でつくることを提案したのである。

### 2．自治体による米軍規制と住民保護の課題

「平和な空を守る条例」の発想は、住民保護条例制定の提唱に遡る。

米軍が存在するがゆえの住民被害で、とりわけて2016年4月の米軍元海兵隊員によるうるま市の女性に対する暴行致死遺棄事件は、全島を震撼させた。にもかかわらず、日本政府は、これほどの問題に直面してさえ、「再発防止」の弁明に終始し、地位協定の改定など抜本解決に乗り出そうとはせ

ず、米側に立ち向かって県民を保護しようとする意思も能力もないことを露呈した。この経過は、沖縄県民の生命は沖縄で守るほかないことを改めて自覚させ、沖縄の自治体が米軍を統制し住民を保護する措置、とりわけて条例の制定に乗り出すことが不可欠の課題として浮上するに至った。

これまでも、米軍人・軍属とその家族の基地外での行動に対して、自治体が市民に対すると同様の負担を課し、規制をおこなう必要性は痛感されており、その可能性が追求されてきた。ただ、日本法令の適用を基本的に排除する日米地位協定が絶対的障壁であると考えられて、県・市町村のいずれの自治体でも米軍規制を内容とする条例の制定までには至っていなかった。しかし、憲法の原点に立ち還るとき、自治体がその存在根拠とする住民の人権・福祉確保のために、それに資する施策を自ら講じるとともに、またそれに反する国の施策に対して抵抗することは当然で、それこそが本来の使命であるといわなければならない。自治体には、米軍を規制して住民を保護する条例の制定が強く望まれるのである。――こうした趣旨の「住民保護条例」の提唱に対して、安保・地位協定に地方自治体の条例で対抗しようという発想は斬新で正道であるが、その実現はとてつもなく困難なのではないか等の意見も出された。ただ、そうであっても、この難題に立ち向かって住民保護条例をぜひ実現させたいとする点で、反響は共通していた。

それを受けて、筆者の住む宜野湾市などでは、市民と市議有志による学習が進められた。そうしたところ、とくに2017年以降、米軍機の墜落・部品の落下という事故が多発する異常事態が生じた。そのため、米軍機の横暴を規制し、住民の生命をいかにして保護するかが喫緊の要請となり、住民保護条例の具体化の第一課題として、「平和な空を守る条例」の制定に取り組むに至ったのである。

## 3．平和な空を守る条例制定の緊要性

普天間基地所属のものに限っても、米軍機は、本土復帰から2018年2月末までに135回の事

故を起こしており、年平均にすれば2・9回に及ぶ（数字は、宜野湾市基地政策部２０１８年3月刊行の広報冊子による）。とくに、２０１６年12月13日、ＭＶ22オスプレイが名護市安部集落の海岸に墜落・大破した事故以降、18年2月末までに実に16件を数える。まさに異常事態である。

その中で、２０１７年10月11日に、東村高江の民間牧草地でＣＨ53Ｅ大型輸送ヘリが緊急着陸・炎上したが、同型機が、同年12月7日、宜野湾市野嵩の緑ヶ丘保育園に部品（円筒）を、つづけて同月13日、同市新城の普天間第二小学校グラウンドに窓（約１ｍ四方、７・７kg）を落下させた。普二小の場合、窓の落下地点から10ｍのところで体育の授業がおこなわれており、あわや大惨事となるところであった。市長・市議会は強く抗議をしたが、米軍は、その後も同校上空の飛行をやめない。学校は、１か月余にわたって児童の運動場使用を禁止し、沖縄防衛局から常時派遣の監視員7名が米軍機接近時に児童を退避させるなどという、戦時下のような措置がとられた。子どもたちの生き生きと学び、遊ぶ権利が実現されるはずの、楽しかるべき学び舎が奪われた非常事態だというほかない。そして、それはとりもなおさず、すべての市民の生命と人間の尊厳が侵害されていることを意味する。

そうであるとすれば、今、米軍が惹き起している侵害に抗して、平和な空を取り戻し、市民を保護するために、有効な、実効力ある措置を速やかに講じなければならない。そして、自治体の条例制定こそ、この実効的な措置の有力な一選択肢であろう。

なお、ここでは、宜野湾市という特定の自治体に即して論じているが、もとより、平和な空の下で生きる権利はあらゆる自治体の住民が有しており、平和な空が普遍的なものであることはいうまでもない。自治体条例であるから、形式上その適用対象はその自治体の上空となるという事情があるにすぎない。いずれの自治体であれ、条件の整ったところが率先して実現に向かい、ひきつづきそれが拡大して全空域に普遍化することが待たれるのである。

## Ⅱ・「条例」で平和な空を守る

### 1．条例は憲法で保障された自治体の「基軸法」

米軍が危害をもたらした場合、沖縄の住民また首長と議会は、これまでも抗議し、要請や嘆願をしてきた。そこに条例をつくるというのは、屋上屋を重ねることとなる、という批判もある。それでもなお、なぜ条例の制定に意義を見出そうとするのか、考えてみたい。

日本国憲法は、明治憲法の中央集権＝官治行政を排して「地方自治」を憲法上の原則にした（第8章）。地域ごとに、住民を主権者とする地方自治体がつくられ、自治体は地方における政府として、中央の政府から自立して立法・行政・財政などに及ぶ統治権能をもつ。そこでは、首長・議会議員ともに住民から直接に公選され（二元代表制）、とくに合議制の議会は、「議事機関」と明記されて（94条）、格別の地位を与えられている。条例は、そのような議会の作品であるところから、国民代表議会としての国会の作品である法律に匹敵する民主主義的価値をもつ。それで、議会のつくる条例こそ、自治体のもつさまざまな形式の法の中で基軸をなす、おそらくは最強の法規範だと言って差し支えない。

とくに、地方自治法の1999年大改正（「新地方自治法」とまで称される）によって国と地方のあり方が、上下・主従から対等・協力の関係に改められていることは重要である。従来、条例は、機関委任事務については制定できなかったが、その廃止で設けられた法定受託事務について可能となった。すなわち、条例の対象は、「地域における事務及びその他の事務で法律又はこれに基づく政令により処理することとされるもの」（同法2条2項）すべてに及ぶこととなったのである。こうしてみれば、今日、自治体が住民の権利保護のための条例を制定することは、法令との関係では、何ら本質的な障碍はないといえよう。

それだけに、条例は、自治体としての統一的で揺るぎのない規範的意思を表明することができる。

条例の定めに自治体の首長・議会は拘束され、導かれて行動する。米軍や日本政府に対して抗議・要請しても相手が応じないとき、首長・議会は、この条例にもとづいて繰り返して抗議等をおこない、また、新規の有効な行動を工夫することになろう。一方、住民は、この条例をひとつの行動指針として、首長・議会の呼びかけに応えて立ち上がる。このようにして首長・議会、住民が一丸となった行動が展開されることが見込まれる。これは、条例ならばこそ発揮しうる効能である。

付言するなら、横暴きわまる米軍も、近代法の普遍的原理としての法の支配には従うはずであるから、沖縄の自治体が、基軸法である条例をもちだして、住民と議会・首長がこぞって無法な飛行への抗議の意思表明を始めたとき、それには襟を正さざるをえまい。もしそうでなければ、米軍、ひいては米国は近代国際社会の一員たる資格を失うことになろう。

## 2．平和な空を求める住民・自治体の努力を条例で支える

沖縄の住民と自治体は、復帰の後も、米軍基地に起因する事件・事故、環境破壊から生命を守りと人間の尊厳を確保するために守るために絶え間のない努力を重ねてきた。それで、このたびの米軍の不法行為による空の平和のじゅうりんに対しても、黙過することなくただちに動いた。

宜野湾市の場合、緑ヶ丘保育園の父母・教職員をはじめとする広範な市民による署名にもとづく熱心な「嘆願」行動が開始され、賛同署名は現在13万筆余にも達している。市の側では、事故のあった2017年12月に、市長による「抗議・要請」(8日、15日)、市内9団体の「抗議・要請書」(28日) が出され、また、市議会は「抗議決議」と「意見書」を全会一致で決議している (15日)。この抗議や要請において、市長、市議会とも共通して、普天間基地の閉鎖返還・5年以内の運用停止、原因究明とそれまでの飛行停止という本質的問題を提示し、さらに市議会は、地位協定の抜本改定を主張している。

しかし、米軍はこれらを一顧だにせず無法な飛行を続けており、日本政府も沖縄側に立った対応を

しないまま、「再発防止につとめる」などの、県民は「何百回聞かされたか知れない」空言を繰り返すのみである。ここにおいて、どうしても、憲法にもとづいた実効力のある手段を繰り出し、これまで積み重ねられてきた市民と市の努力を実らせなければならないことが明瞭となっているのである。条例の制定は、その工夫のひとつである。

### 3. 条例で自治体全体を結束させるための議会の役割

先行の嘆願や抗議・要請などの努力を大切にしつつ、それを実らせるためになされる「平和な空を守る条例」の制定の主体は、自治体議会である。条例制定の請願運動には、議会が本来の役割を果たすことへの期待が込められている。

すなわち、本来、自治体議会は住民を代表する立法機関として、条例については、住民の要求を待たなくとも自発的に制定しようとするのでなければならない。しかし、現実には、一般的に見られる通弊であるが、自治体議会はこの点で積極性に欠けているといわざるをえない。つまり、条例は議会の作品であるにもかかわらず、首長の提案によるものがほとんどであり、議会が発案し立法過程のすべてを担ったものは、議会基本条例の他には見当たらないという事実もある。そうしたことから、住民がこの条例の制定を求めることは、議会に、本来の役割の再認識を促し、その活性化に資するきっかけともなりえよう。

同時に、沖縄の自治体と住民が平和のとりくみで結束することが可能であるのは、歴史を背景にしていることを重視したい。米軍占領下、そして復帰後も引き続く軍事的重圧に抗して、自治体は平和と住民の生命を守る努力を重ねてきた。もとより、とくに首長の場合、基地に対する姿勢は自治体ごとに大きく異なっているが、それでも自治体が抱える米軍基地の返還を求めるという方針をとる点では共通している。たとえば、首長が辺野古新基地建設への賛否を明らかにしないまま政府と歩調を合わせている宜野湾市の場合でも、市民へのつぎのような市長の公約がみられる。すなわち、2018年版の広報冊子（宜野湾市基地政策部、2018年3月刊行）の序文において、「あらゆる方策を講じ、宜野湾市民が強く望む普天間飛行場の一日も早い返還と、5年以内の運用停止（2019年2月まで）をはじめとする返還までの間の危険性除去及び基地負担軽減の確実な実現を求めてまいります。」と述べられている。市民の民意の強さが市長にこのように言わせているのであり、ここに、市長・市議会、市民を挙げて米軍の横暴に対して結束する条例の制定に向かう条件があると思う。

## Ⅲ・「請願」で条例制定を求める

### 1．憲法上の基本権としての「請願権」

「請願」は、国または地方自治体のすべての機関に対して、その職務にかんする事項について、希望・苦情・要請等を申し出ることを指し、憲法上の権利として保障されている（憲法16条は、「何人も、損害の救済、公務員の罷免、法律、命令又は規則の制定、廃止または改正その他の事項に関し、平穏に請願する権利を有し、何人も、かかる請願をしたためにいかなる差別待遇も受けない。」と定める）。その下で、請願法が請願権行使の手続きを定め、また国会法（79―82条）、衆議院規則（171―180条）、参議院規則（162―172条）が請願の受理や処理の手続についてよりくわしい規定を置き、そして自治体にかんしては地方自治法（124―125条）に定めがある。今回の条例制定の運動は、この請願権を行使するものである。

請願は、国民が政治参加を保障されていなかった専制の時代には、民意を君主に伝えるためのほとんど唯一の権利として重要な意味をもっていた。現代においても、請願権は、国政に国民の意思を反映させ、代表民主制を国民のために働かせるという参政権的機能をもつと評価することができる。とくに近時、この権利は、国民・住民の側から法律や条例の制定を求めてなされる立法運動にとって、重要な役割を果たしている。

戦前、天皇主権の明治憲法でも、「臣民ノ権利」のひとつとして「請願ヲ為スコト」が認められていたが（30条）、「相当ノ敬礼ヲ守リ」といった条件が付され、「別ニ定ムル所ノ規程ニ従ヒ」と、法律以下の形式の法規範に詳細をゆだねていた。憲法条文自体が請願の古典的性格を反映した規定の仕方であり、とくにわが国の場合、その本質は、天皇が君主としての仁愛の心をもって臣民の考えを知り、民情に通じようとするための制度であったといえる。実際にも、請願をきびしく制限する運用がなされていた。

これと異なり、日本国憲法では、「平穏に請願する権利」を無条件で保障し、請願をしたために差別待遇を受けることはないと定めて、憲法上の権利としての位置づけを明確にしている。請願の対象も、損害の救済、公務員の罷免、法律・命令・規則など条例を含む法の制定、廃止または改正その他の事項とされ、誰もが、広く国や自治体の諸機関に対して、その職務権限に属するあらゆる事項について意見や要求を出すことができる。「請願」という表現でありながらも、政治に参加する国民・住民の権利としての性格は明確である。

こうして、今日の請願権は、重要な憲法上の法的権利であり、それにふさわしい取り扱いを受ける。手続上、請願は文書で提出することが求められるが、適法な請願を受けた官公署は、それを「受理し、誠実に処理しなければならない」（請願法5条）。もっとも、この誠実処理義務の内容は一義的には明確でなく、請願を受理した官庁の判断に任せられていることも少なくない。しかしながら、請願権が憲法上の基本権であることを重視して、受理官庁には内容のともなった審査をおこない、その結果を報告することが義務付けられると解すべきである。

今般の条例制定請願の名宛人は宜野湾市議会であるが、市の定める手続でも、「請願」を、官公署側が何らの法的義務を負わない「陳情」等と明確に区別している。とくに、請願については、市議会が審査に入るに際して、公聴会を開く慣例が確立しており、それは、「誠実に処理」するひとつの形態であるといえる。このような手続をとおして請願に込められた民意が尊重され、実現することが望まれるのである。

## 2. 沖縄史における請願権行使の先行例――宮古島人頭税廃止運動

民衆による請願権の行使とその見事な成就の先行例が、明治憲法制定直後の時期に、宮古島においてみられた。

1879年の廃琉置権後も、明治政府は、沖縄に対しては旧慣温存策を採り、とくに、宮古・八重山については琉球王朝以来の収奪税制である人頭税が存続し、民衆は困窮を強いられ続けた。宮古の農民はその廃止を求めて起ち上がり、島役所への「懇願」、沖縄県庁への「哀願」を重ねたが斥けられ、遂に1893年、帝国議会への「請願」に及び、苦心惨憺の努力の末、それが実って、1903年に人頭税は廃止されるに至った。1889年制定の明治憲法も、遅れたものでありながら請願権を保障しており、人々はそれに依拠したのである。

もっとも、宮古島の人々の中にこうした請願権への認識がどのようにして育ったのかは、筆者には遺憾ながら不明であるが、当時、明治憲法上の請願制度を具体化する規程は制定されておらず、宮古島民の請願は、憲法と同時に制定されていた議院法にもとづいて、帝国議会への請願となった。いずれにせよ、島の人々が請願を成功させた史実は、今日の私たちを大きく励ますものである。

## 3. 市民による請願運動

請願書を提出するには、手続上、①「請願者」(市民)と②「紹介議員」(市議会議員)とを、それぞれ1名以上準備すれば足る。が、それを成就するには、③市内外からできるだけ多数の賛同者・協力団体を募ることが重要であり、さらに、④市長の賛同が事実上不可欠である。

請願者となる市民は、署名によって募るが、人口10万に近い宜野湾市の場合、それに見合う数が望まれよう。そして、市会議員の全員が紹介議員となることが目指される。そのことはまた、市長の賛同を得ることにもつながる。このように議員全員と首長の賛同を求める市民の努力は、市が将来にわたって、一体となって米軍の不法行為から市民を守る姿勢をとるよう促すことになる。

この請願運動は、市民、つまり素人による不慣れな・手弁当の運動である。また、運動の参加者個々人は、もとよりそれぞれの思想信条をもつが、運動としては、政治的に無色である。運動の時期に、図らずも市議選が重なったが、今般の請願運動とはまったく無縁である。

なお、市民が条例制定を求める法的な方法には、請願のほかに、条例制定の直接請求（地方自治法12条、74条）がある。制定を望む条例案を先につくり、それを有権者の50分の1以上の署名で議会に請求する。直接民主主義の原理にもとづく重要な制度であり、請願と両立しうるものであるが、今般は、もっぱら宜野湾の政治状況を考慮して、市民の請願で条例制定を市議会に促す方法が、より適切であると判断し、それを選択した。

## Ⅳ・条例制定請願の基本方針、盛るべき内容、成就への課題

### 1．請願にあたっての基本的な考え方

請願にあたってとくに心がけたのは、次の諸点である。

まず、必ず請願が採択され、条例制定が成就するよう全力を尽くすことを第一義とすることである。すなわち、平和な空を守るための条例の制定運動は、どのような結果をもたらすにしても、自治

体の将来に対して責任を負っている。このことをたえず自覚していなければならないと考える。

ついで、条例の内容は、市議会と市長双方が賛同できるようなものにすることである。条例制定は議会の権限であるが、実情においては、市長が大きな役割を果たしている。議会としての一体化、そして議会と市長の結束が不可欠である。それを可能とする内容にしなければならない。

また、市議会・市長と市民の協力関係をつくること、ただし、その際、市民の自由な判断を必ず保障することである。条例が制定されれば市当局（市長、市議会）は、それに拘束され、条例に従って一致した行動をとらなければならない。市民は、市から行動を呼びかけられた場合、それにどう応えるかは、あくまで個々の市民の自由な判断による。条例はそれを拘束することはできない。条例という法規をつくるにあたっての重要点であると考える。

さらに、条例の内容は謙抑的なものとすることにつとめ、現行法令の範囲内で可能な行動を盛り込むこと。「腹6分目」（翁長前知事の言を借用）の、つまり実効力のある条例を目指していくべきである。抗議書や要請書、あるいは宣言文であれば、基地閉鎖や地位協定抜本改定、さらには軍事訓練の禁止などの要求をストレートに掲げることが適切であろうが、法規である条例には、これらの要求を尊重しつつ、それを下支えするため、自治体として実行可能なものを盛らなければならない。要求が高ければ高いほど実効性は低下する。この両者の調和点をどこに見出すかが、この請願運動の一課題である。提示した条例案は、そのひとつの試案にすぎない。今後とも知恵を集めて探求を重ねなければならないと思う。

そして、条例は、制定後の状況の変化に機敏に対応して適時に改正できるよう、開かれたものとすること。空の危険をもたらす米軍基地情勢は、刻々変化する。それに対応する方策を速やかに講じることができる仕組みを条例の中に準備しておく必要があると考える。

## 2．条例に盛られるべき内容

いうまでもなく、条例制定の主体は議会であり、請願を受けてどのような条例を制定するかは議会の判断に委ねられる。その点からすれば、請願者（市民）は、請願の趣旨のみを届ければよい。しかし、議会審議の参考に供するため、請願の趣旨だけでなく、それを条文の形に具体化し、できるだけ整った条例案をつくって請願の際に提出することは有益である。

そこで、今般の宜野湾市の場合は、《謙抑的で実効力のある条例の制定を求める》という基本方針の下、現行法令の枠内で、かつ空の平和を蹂躙する米軍の無法な行為への対応に限って、請願者たちの試案としての条例案では次の項目を提示した。

① 市長・市議会は、米軍当局に、米軍機が学校、病院を含む人口稠密地域上空を例外なしに飛行しないこと、および、市域の全上空を夜間10時から6時までの間飛行しないことを申し入れること。

② 市長・市議会は、米軍当局に、米軍機事故の原因究明と説明責任が十分に果たされるまで、すべての所属機の飛行を停止するよう申し入れること。

③ 市長・市議会は、市の施設の屋上等に、米軍機に対して、危険な飛行行為をしないよう求めることを表現した掲揚物・掲示物等を置くことにより警告の意思表示をおこない、かつ、市民が自発的に同様の意思表示をするよう呼びかけること。

④ 市は、市または市民が米軍により損害を蒙った場合、自ら、または市民に代位して損害賠償等を請求すること。

⑤ その他、宜野湾市の平和な空を守るために、米軍機が市民生活に危害を及ぼさないようにするのに有効な措置を適時に講じること。

――こうした条例案に盛られたものは、即効薬ではない。いわば遅効的な、しかし、確実に米軍機の不法行為を規制する漢方薬のような効能をもつ。基地をなくすための多くの人々の努力と結びあえるなら、重要なひとつの役割を果たすことができるに違いないと信じる。

### 3．条例実現のためにとりくむべき課題

条例の制定を請願する市民の運動は、それを立ち上げ進行させるための様々な課題に直面する。請願運動を準備し組織する人々の間で絶え間のない学習を続けることを土台にして、この運動に加わる人々を増やさなければならない。広報活動と講演会などを重ねた上で、市民の署名を集める活動に入ることになる。それらのための会場費、ポスターやチラシ、署名用紙の印刷費など、財政的基盤を整えることが、当然ながら必須である。

とりわけ、今般の宜野湾市における「平和な空を守る条例」を成立させるについては、過半の市議の賛成を得ることが不可欠であり、望むらくは全議員の理解を得たい。それを可能にするのは、市民から圧倒的な数の署名が集められ、また協力団体が多数に及ぶことである、と考えている。またそうすることで、市長の賛同も得られるにちがいない。要するに、今目指している条例は、自治体の一致協力した力で米軍の横暴を抑えて平和な空を守ろうとするものであり、それにふさわしい請願運動を進めることが成功のための第一課題であろう。

そして、この条例が実現するなら、平和な空を取り戻し、その下に生きる人々を守ることに貢献し、さらに加えて、住民による自治という地方自治の根幹を強く豊かにするものであるにちがいない。

## むすびにかえて――市議会による請願不採択と今後の展望

しかし、この宜野湾市における、市民による、米軍機事故から平和な空を守る条例制定の請願は、

ひとまずは、市議会の多数派によって無残な形で一蹴された。2019年3月6日、市議会総務常任委員会はこれを不採択とし(6対2)、同月26日の本会議でも多数により斥けられた。そこには、市民の請願を誠実に処理しようとする姿勢が全く見られなかった。問題は、ひとり宜野湾にとどまるものでない。

沖縄県民は、米軍によって空から生命を日常的に脅かされている。県や市町村が抗議・要請を重ねても、無視されて事故は増大し、とくに2017年末には、子どもの学ぶ緑ヶ丘保育園・普天間第二小学校で大惨事寸前の事態が生じた。ここに至って、筆者たちは、市民を保護する実効的な法的措置は何かを思案し、平和な空条例の制定を市議会に求める請願をすることにしたのであった。

条例案には、市長と市議会が一体となって、米側に、学校・病院など人口稠密地域での飛行や夜間早朝の飛行をやめるよう申し入れ、合意を取付けるために最大限の努力をするなどの条文を盛った。日米安保・地位協定などの対立点は持ち込まず、「腹6分目」の、誰もが賛同できる条例を目指したのである。

そのため、2018年9月、8800余名の署名をもって請願書を提出することができた。請願は、憲法上の権利(16条)であり、請願法、地方自治法で具体化されている。受理した官公署は誠実に処理する義務を負う。宜野湾市でも議会基本条例が、請願を市民による政策提起と位置づけている(10条)。

それにもかかわらず、市議会総務委員会は、会派ごとの意見集約という仕方で、請願を不採択とした。もとより、市議会には請願どおりに条例をつくる義務はないが、請願者たちがもっとも遺憾とするのは、不採択のまともな理由が全く示されなかったことである。「会派として採択できない」(絆輝クラブ〔自民系〕・共生の会〔維新系〕・公明党)としたほか、「安保・地位協定は日米政府間の問題で地方自治体が容喙するのは違法だ」(絆輝クラブ)、というのがすべてであった。

安保・地位協定の問題については、自治体が住民の福祉増進のためにこれに関係する国の政策に対して発言することは、違法どころか自治体本来の責務である。しかも、請願者が参考のために提示していた条例案は、先に挙げたように、この抵触など生じようもない謙抑的な提案である。与党会派は、具体的にどの個所がどのように抵触しているのか、何も指摘できない。これらの会派（共生の会を除く）は、２０１９年2月の県民投票でも、不実施の挙に出て、宜野湾市民の投票権が奪われかねない事態を惹き起こした。猛省こそが望まれる。

議会が請願を誠実に処理しなければならない法的義務には、請願者に、議会としての見解を、理由を付して文書で回答することが含まれている。これまでの経過に照らすなら、議会与党はこの義務に背き、市民の憲法上の請願権を違法にじゅうりんしたのである。

以上のようにして、市議会与党は、市民の請願にかかる平和な空を守る条例の制定を斥けたが、それが、平和な空の実現に逆行し、空の危険行為をいっそう増長させる愚行であることはいうをまたない。市民のこの要求を沈黙させることはできない。請願運動を進めてきた市民団体は、不採択を受けてすぐさま声明を発表し、再び請願を目指すと言明した。「次回、請願提出が実現した後の議会の対応が注目される」と地元紙も書いている（沖縄タイムス２０１９年4月18日付）。

――まことに、沖縄は、今も、事実において憲法を奪われたままである。しかし、県民はたえず憲法を選びなおし、守り抜く努力を続けてやまない。平和な空を求める条例づくりの努力も、小さいがその一端を担うものである。それらが孜々として重ねられ、その先に、必ずや沖縄に憲法が実現される日が到来することになるにちがいない。

# 第5章　南西諸島への自衛隊配備と「憲法上の権利・自由」

飯島　滋明

【要約】

沖縄の基地問題というと「辺野古新基地建設」の問題が最初に浮かぶと思われる。ただ、沖縄の基地問題と言えば「辺野古新基地建設」だけではない。メディアではほとんど取り上げられていないが、与那国島、石垣島、宮古島、奄美大島への自衛隊配備も「基本的人権の尊重」「地方自治」「民主主義」「平和主義」という視点からも極めて重大な問題を抱えている。本稿では「憲法上の権利」の視点から自衛隊配備の問題を考察するが、たとえば宮古島では自衛隊が住民を監視していたり、奄美大島や与那国島には市民監視を任務とする「情報保全隊」が存在する。今後、宮古島や石垣島にも「情報保全隊」が配備される可能性がある。自衛隊の住民監視は憲法13条に違反する。また、爆発すれば大惨事となる「弾薬庫」や、人体への悪影響が懸念される強い電磁波を出すレーダーが集落付近に設置されたり、日本の法令や市民の安全を顧みないアメリカ軍の訓練、そして米兵犯罪も懸念される。なにより有事の際には最初に攻撃対象となるなど、自衛隊の配備によりこれらの島々の住民の「平和的生存権」も侵害される。尖閣諸島の防衛が自衛隊配備の名目とされるが、実際にはアメリカの対中国封じ込め作戦をアメリカ軍の代わりに自衛隊が遂行するためである。

## 1．はじめに――報道されない「南西諸島への自衛隊配備」問題

第2次世界大戦（1939〜1945年）70年目の年にあたる2009年9月1日前後、私はオシフィエンチム（ドイツ語ではアウシュビッツ）にいた。そこで聞いた日本のニュースは、長きにわた

り与党の座にあった自民党が衆議院選挙で負け、民主党が勝利したことによる鳩山由紀夫首相の誕生であった。現地の新聞で「中道左派」と紹介されていた鳩山氏の首相就任はそれなりに報道されていた。ところがその鳩山政権が1年程度で政権を投げ出すことを余儀なくされた要因は何か。それは普天間基地と辺野古新基地建設をめぐる鳩山首相の対応にあった。こうして沖縄の基地問題は時の首相すら辞職に追い込む、大きな問題を抱えている。現在も沖縄県と政府との間では訴訟も含め、激しい対立が存在する。

ただ、沖縄の基地問題と言えば「普天間基地」「辺野古新基地建設」の問題だけではない。「騒音」という点では「嘉手納基地」の騒音は極めてすさまじく、3次にわたり爆音訴訟が起こされてきた。最近でも、アメリカ軍嘉手納基地周辺の住民約2万2千人が夜間や早朝のアメリカ軍の飛行の差止を求めた第3次嘉手納爆音訴訟控訴審が結審し、9月11日に判決が言い渡された。2万2000人というのは全国で起こされた米軍基地訴訟でも最大規模のものになる。この訴訟で2016年2月、松井利仁北海道大学工学研究所教授が「嘉手納基地周辺では騒音に起因した心疾患や脳卒中で毎年4人死亡」と証言した（『沖縄タイムス』2016年8月25日付）。『沖縄タイムス』2016年8月22日付では、嘉手納基地周辺では約1万人が高度の睡眠妨害、約1000人が高血圧症と推計され、約30人が心臓血管系疾患を患い、4人が死亡している状況を紹介している。こうして嘉手納基地周辺の住民の「幸福追求権」（憲法13条）、「環境権」（憲法13条、25条）、「平和的生存権」（憲法前文）が侵害されている。

また、「高江」には「未亡人製造機」「空飛ぶ棺桶」とも言われるほど「墜落事故」が多い「オスプレイ」の離発着が可能な「オスプレイパッド」が、豊かな自然を破壊する形で強行的に建設されてきた。「オスプレイパッド」建設に反対する市民に対しては全国から派遣された警察が目を疑うような暴力を繰り返している。こうした警察派遣に対しては沖縄、東京、福岡、愛知でその違法性を問う「住民訴訟」が起こされている。

そして「沖縄の基地」と言えば「アメリカ軍」だけが問題ではない。与那国島、石垣島、宮古島、奄美大島への自衛隊配備も、重大な憲法問題を抱えている。これらの島々への自衛隊配備問題は島民に深刻な状況をもたらしながらも、一部のメディアを除きほとんどメディアで取り上げられることがないため、多くの人々にその深刻さが伝わっていない。ただ、「基本的人権」「平和主義」「民主主義」を擁護する「憲法学」からすれば、個人の権利・自由、平和主義、民主主義などが侵害される国策が遂行されようとしている際、そうした「国策」について座視すべきではない。本稿では南西諸島への自衛隊配備問題を「憲法上の権利」の視点から論じる。

## 2. 南西諸島への自衛隊配備の現状と背景

（1）南西諸島への自衛隊配備の現状

まずは自衛隊配備の状況について紹介する。2016年3月、与那国島に沿岸監視部隊約160人が配備された。2019年3月、宮古島に警備部隊約380人、奄美大島では名瀬大熊地区の奄美駐屯地に警備部隊や中距離地対空誘導弾ミサイル部隊（中SAM）部隊、西部情報保全隊など約350人、瀬戸内分屯地に警備部隊と地対艦誘導ミサイル（SSM）など約210名、合計約560人が配備された。そして今後、宮古島にはミサイル部隊（すでに配備されている警備部隊と合わせて約700～800人）、石垣島には警備部隊とミサイル部隊約500～600人が配備される計画となっている。

（2）南西諸島への自衛隊配備の背景

南西諸島では与那国島、石垣島、宮古島、奄美大島で自衛隊が強化されてきたし、今後も強化されようとしている。この自衛隊強化は日本防衛を名目に実施されている。しかし実際には、南西諸島への自衛隊配備は「日本防衛」のためではなく、アメリカの軍事戦略「エアシーバトル構想」の一環であり、「対中国封じ込め作戦」の一端をアメリカ軍の代わりに自衛隊が対応するものである。アメリカの戦争でアメリカ兵の代わりに日本の自衛隊が戦争することになる。このことを、海自の幹部自衛官を中心とした研究誌である『海幹校戦略研究』２０１１年12月（1―2）のある論文（木内啓人「統合エア・シー・バトル構想の背景と目的――今、なぜ統合エア・シー・バトル構想なのか」）を手がかりに紹介する。

米国防総省は２０１０年2月1日にＱＤＲ２０１０を議会に提出したが、そこでは「統合エア・シー・バトル構想」（Joint AirSea Battle Concept：ＪＡＳＢＣ）が展開されていた。ＪＡＳＢＣは、「米国のみを対象とした構想ではなく、同盟国である我が国に対して責任と任務分担の覚悟を求める米国からのメッセージでもある。中国を主たる対象としたＪＡＳＢＣにおいては、我が国が果たすべき役割は非常に大きい」とする（同論文１４０頁）。そして「米国のＪＡＳＢＣは、日米同盟を基盤とする我が国の安全保障にとって大きな影響を与える。我が国としては、当面、昨年12月に閣議決定された防衛計画の大綱に示されている「動的防衛力」を構築するに当たっては、ＪＡＳＢＣの開発動向を踏まえつつ、新たな戦略環境に適した組織・編成及び装備体系への転換を図るとともに、同盟国との関係を一層緊密化することによって実効的な抑止及び対処に資する防衛体制を構築していく必要があろう」と締めくくられている（同論文１６２頁）。

「取扱厳重注意」と記されている、２０１2年に統合幕僚幹部が作成した文書「日本の「動的防衛協力」について」内の、「我が国を取り巻く安全保障環境」の個所では、「中国の軍事戦略」について「Ａ2／ＡＤによる米国のパワープロジェクションの阻止」と分析されている。こうして中国の戦略を「Ａ2／ＡＤによる米国のパワープロジェクションの阻止」と分析したうえで、「対中防衛の考え方」の個所では、平時でも「中国のＡ2／ＡＤ能力に対抗し、抑止及び作戦能力向上のため、グアムを含めた西太平洋での日米の活動を活発化」するとされている。そして「日米の「動的防衛協力」の取組」

の個所では、「初動対処部隊の新編事業着手（先島諸島）」とされている。このように、防衛省は中国の戦略を「A2／ADによる米国のパワープロジェクションの阻止」としており、「日本侵略」などとは分析していない。そして「A2／ADによる米国のパワープロジェクションの阻止」のため、「初動対処部隊の新編事業着手（先島諸島）」が謳われている。こうして先島への自衛隊配備は中国による米軍への軍事活動を阻止するためであることが防衛省の文書自体で示されている。アメリカの軍事戦略の一環としての「対中国封じ込め作戦」、中国の太平洋進出を阻止するための役割をアメリカ軍に代わって実施するのが、先島や奄美大島に配備される自衛隊である。

（3）米軍の軍事利用

先島諸島の軍事的価値を重視しているのは日本だけではない。というよりも、むしろアメリカである。そのことを、南西諸島への自衛隊配備に大きな影響を及ぼし、2006年から2009年まで沖縄総領事の地位にあり、「ゆすり発言」報道で解任されたケビン・メアの発言（ケビン・メア『決断できない日本』（文藝春秋、2011年））から紹介する。

まず、アメリカにとっての日本の軍事的重要性について、ケビン・メアは「最新鋭の原子力空母「ジョージ・ワシントン」は横須賀が母港です。米海軍が海外に空母の母港を置いているのは日本だけであり、こうしたことからも、日本列島がいかにアメリカにとって死活的な空間であるかが分かります」（傍線は飯島による強調）と述べている（127頁）。たとえば朝鮮半島の関係では、「米軍は戦闘遂行のため、日本の港湾と空港を使用することができなければなりません。たとえば、朝鮮半島で有事が起きたとします。出動する在日米軍は日本の港湾や空港を使う必要があり、その使用は日米地位協定第5条で保証されている」（157頁）という。こうして日本全土がアメリカの軍事戦略にとって重要であることを指摘している。

中国との関係では、「日本最南端の与那国島から台北までは110キロにすぎず、台湾海峡有事の際は戦略拠点の一つとなるでしょう」と述べる（126頁）。そして「与那国島には翌07年6月、米海軍佐世保基地所属の掃海艇2隻が寄港し、09年4月には石垣島に同じ2隻の掃海艦が初めて寄港・接岸しました。与那国、石垣両島への米艦寄港は有事を想定して、八重山諸島の港湾施設の状況を把握するために事前の調査が必要との判断から実施したものです」と発言している（163頁）。このようにアメリカは中国への軍事戦略として与那国島や石垣島を使用しようとしている。

### 3．南西諸島への自衛隊配備と「憲法上の権利」

（1）宮古島での住民監視

憲法13条では「すべて国民は、個人として尊重される。生命、自由及び幸福追求に対する国民の権利については、公共の福祉に反しない限り、立法その他の国政の上で、最大の尊重を必要とする」と明記されている。そして憲法13条に関しては、「何人も、その承諾なしに、みだりにその容貌・姿態を撮影されない自由を有する……少なくとも、警察官が、正当な理由もないのに、個人の容貌等を撮影することは、憲法13条の趣旨に反し、許されない」と最高裁判所は判示している（「京都府学連事件」最大判昭和44年12月24日刑集23巻12号1625頁）。この判決では「警察官」だが、市民監視は「自衛官」であっても当然、許されない。

ところが下記の写真を見てほしい。宮古駐屯地にある、政府や防衛省が「保管庫」と言い続けてきたが、実際には弾薬も保管していたことで2019年4月に岩谷防衛大臣が謝罪に追い込まれた「弾薬庫」である。その上に黒いテントがある。実はこのテントで自衛隊は近隣住民の監視をしてきた。2019年3月26日、宮古島の警備隊開設式で、市民は「自衛隊配備」だけではなく、「住民監視をやめろ」との抗議もしていた。そうした抗議に対応した自衛官が「顔が映っていたら問題だが、そのようなことはしていない」と発言していたのを私も直接聞いた。まず、「顔」が映っていないという発言を信用できるだろうか？　さらには、かりに「顔」が映っていないとの発言が本当だとしても、服装や体格などでだれがどのような活動をしているのかを認識することは可能であろう。自衛隊によるこうした市民監視は憲法13条からは決して許されない、憲法違反の監視活動である。

（2）情報保全隊の配備

『南海日日新聞』２０１9年4月1日付。奄美大島の自衛隊駐屯地の一部が公開されたことを受けて、陸自の2施設が紹介された。その自衛隊の部隊には「西部情報保全隊」という部隊の存在が紹介されている。与那国島には１６０人の自衛官が駐留しているが、その部隊にも少数の「情報保全隊」が存在する（小西誠後掲文献21頁）。「情報保全隊」の任務は「国民監視」！である。医療費負担増や年金改革に反対する市民を監視したり、22人の集会に参加して個々の参加者の発言を記録するような監視活動をするなど、陸上自衛隊の情報保全隊は国民監視活動をおこなっていた。こうした監視活動をおこな

防衛省などが「保管庫」と称する高台の上にテントを立てて近隣住民を監視する、宮古島に配備された自衛隊。2019年 3 月26日、飯島撮影。

っている「情報保全隊」が、与那国島や奄美大島の自衛隊にはすでに配備されている。与那国島の自衛隊配備については、「集落に溶け込んでいる」、「祭りなどに積極的に参加し、活気づいた」との宣伝が政府宣伝機関紙からなされている（『産経新聞』２０１7年7月3日付〔電子版〕など）。しかし、情報保全隊の隊員が「良き隣人」を装いつつも密かに市民監視をしないと断言できるか。２００7年6月6日、情報保全隊による国民監視活動が明らかになったとき、メディアの多くは情報保全隊の国民監視活動を批判した。ところが当時の安倍自公政権は情報保全隊を擁護した。２０１9年3月に警備隊３８０名が配備された宮古島にはすでに「情報保全隊」が配備されているかもしれないし、いまは配備されていないとしても今後、宮古島や石垣島にも「情報保全隊」が配備されるかもしれない。そうなれば「情報保全隊」は市民、とりわけ自衛隊配備に反対する市民を監視することになる可能性が高い。自衛隊による住民監視は憲法13条に照らし、決して許されない。

（3）辺野古での監視カメラの設置

なお、本稿の主題から外れるが、「住民監視」という視点から、「辺野古」での住民監視にも言及する。次頁の写真は辺野古の地図であり、○で囲っている部分が監視カメラが設置してある場所である。辺野古のバス停にも、バスに乗車・下車する市民が分かるように監視カメラが設置してある。「米軍人への対策」が監視カメラ設置の理由とされている。確かに米軍人の凶悪犯罪は後を絶たない。そこで米兵による凶悪犯罪への対策も含めて基地への対応が講じられる必要がある。しかし、辺野古区が設置したこうした監視カメラは反対派住民を監視するものとなっている。こうした監視は憲法13条からは正当化できない行為である。

## 4.「平和的生存権」を脅かす自衛隊基地の建設

平和的生存権に関しては、憲法学界でさまざまな研究の蓄積があり、定義や内容も極めて詳細にわたる。ここでは「戦争や軍隊によって自己の生命を奪われない権利あるいは生命の危険にさらされない権利」（山内敏弘・古川純『憲法の現状と展望』（北樹出版、２００２年、61頁）という定義を紹介する。こうした平和的生存権を前提とすると、与那国島、石垣島、宮古島、奄美大島では以下のような問題がある。

（1）弾薬庫の設置

宮古島で弾薬庫の建設が予定されている「保良（ぼら）」は、１７８世帯３０８人が住む保良集落に隣接している。最も近い民家は弾薬庫から徒歩2分、約１７０ｍしか離れていない。石垣島には５００～６００人のミサイル部隊が配備される計画があり、駐屯地内に誘導弾の弾薬庫が設置される予定となっている。そして駐屯地の近くには開南集落がある。防衛省は宮古市の説明会で「貯蔵量は機密事項で答えられない」と回答している。２０１８年、保良住民や七又部落会などが防衛省に対して「宮古島への陸自ミサイル弾薬庫等設置断念の申し入れ・交渉」をおこなった際、防衛省は「弾薬庫で爆発

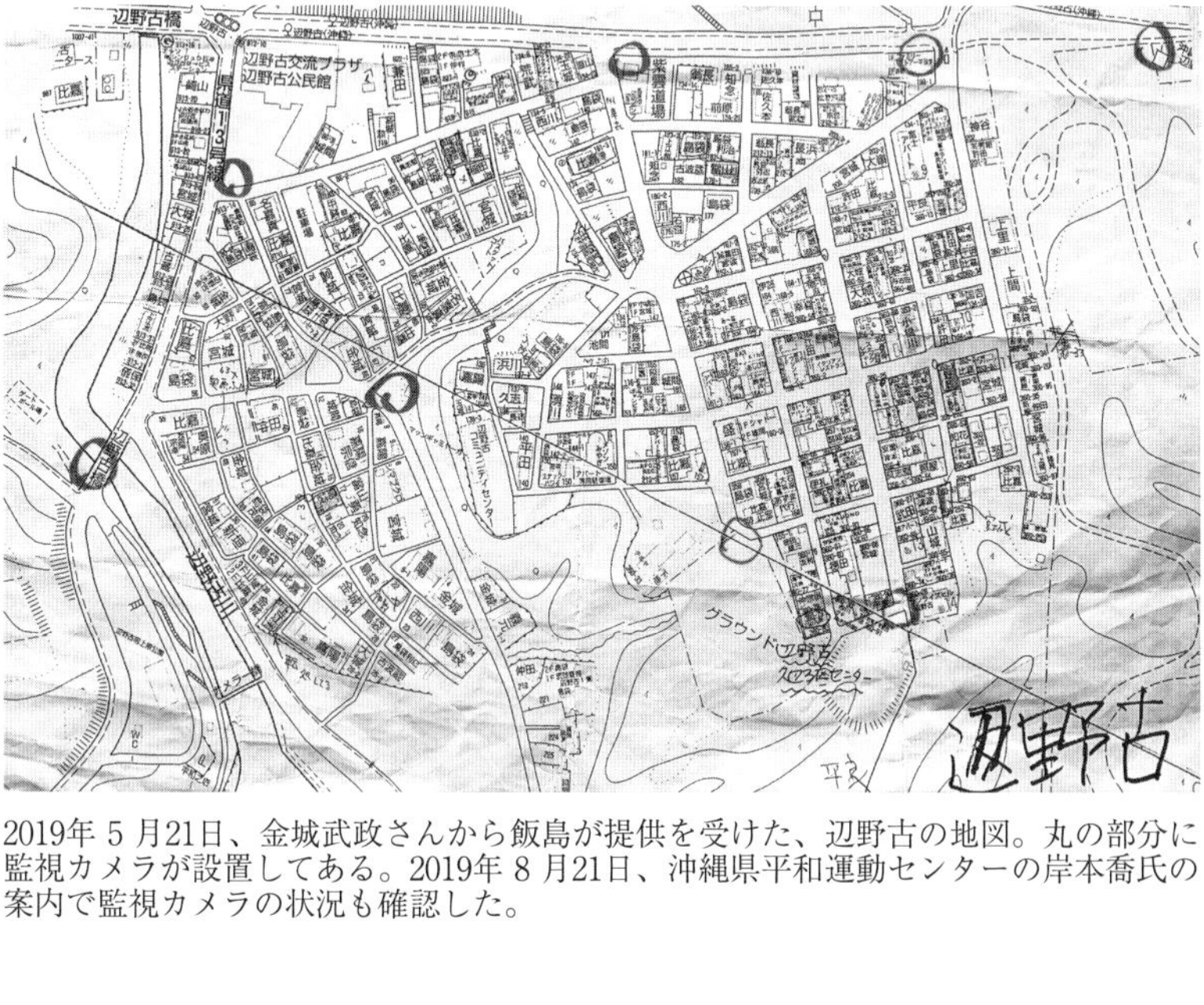


2019年５月21日、金城武政さんから飯島が提供を受けた、辺野古の地図。丸の部分に監視カメラが設置してある。2019年８月21日、沖縄県平和運動センターの岸本喬氏の案内で監視カメラの状況も確認した。

が起きるという仮定の質問には答えは差し控える」と回答している。ところが陸上自衛隊の教科書（教範）には、地対艦誘導弾（ミサイル）が火災に巻き込まれた際に爆発するまでの時間は約2分間とし、その際は1キロ以上離れるか、物陰に隠れるなどの対応を示している。小西誠氏は宮古島市や石垣市へのミサイル配備と関連させて「有事の際はもちろん、平時でも火災の可能性は避けられない。住民は約2分で1キロも遠くへどのように逃げるのか」と疑問視したうえで、「生活圏の近くにその弾薬庫を置くこと自体がおかしい」と指摘する（『琉球新報』２０１９年6月4日付）。そして、たとえば宮古島で弾薬庫の設置が予定されている保良では「地域には高齢者が多く、声を上げられない人が多い。弱い地域を狙い打ちして大量の弾薬の配備を推し進めようとしている。あまりにひどい」との声が上がっている（『東京新聞』２０１９年4月3日付）。こうして自衛隊の弾薬配備により、近隣住民は危険にさらされ、「戦争や軍隊によって自己の生命を奪われない権利あるいは生命の危険にさらされない権利」という「平和的生存権」が脅かされる。

（2）レーダーの人体への影響

元航空自衛官であり、レーダーサイト勤務の経験のある小西誠氏は「電波の発射正面には絶対に立たないように教えられてきた」という。ところが宮古島に配備されており、FPS7などが設置してあるレーダー基地と住宅地の距離は数十メートルのところに設置されている。小西氏が専門家の協力を得て電磁波測定をおこなったところ、電磁波測定器の針が振り切れるほどの電波が発射されていたという（小西後掲文献43―44頁）。与那国島でも、強い電磁波を出すレーダーが標高56メートルという場所に設置され、目の前には久部良集落の小中学校や幼稚園がある。自衛隊のレーダーの設置により、近隣住民の健康被害も懸念され、「平和的生存権」が脅かされる。

（3）「水」の問題

宮古島や石垣島での自衛隊駐屯地の建設により、「生命の糧」である水源が汚染される危険性もある。とりわけ宮古島では飲料水、農業用水、工業用水をすべて地下水に頼っている。自衛隊駐屯地の建設により地下水が汚染されれば、宮古島は壊滅的な状況になる。にもかかわらず、防衛省は地域住民の危惧を払しょくするような対応、たとえば十分な環境調査をしたうえで基地建設を進めたり、丁寧な説明をすることをせず、基地建設に前のめりになっている。ほんらい住民の生活を守ることが最重要な役割であるはずの市長だが、自民党と公明党の推薦を受けて当選した保守的立場の石垣市長や宮古島市長は住民の生命や健康を守るための対応をせず、自衛隊駐屯地の建設を推進している。自衛隊基地の建設は「生命の糧」となる「水」を汚染する危険性があり、「平和的生存権」が脅かされる。

### （4）米軍利用の可能性

与那国島町長は、自衛隊配備には賛成だが、アメリカ軍の訓練は拒否するという。しかし、与那国町長が「ＮＯ！」といえば、在日アメリカ軍は与那国島での軍事訓練を断念するだろうか？　辺野古の新基地建設に関しては沖縄の民意が知事選挙や県民投票で何度も示されているが、安倍自公政権やアメリカ政府は沖縄の民意を受け入れているのだろうか？

先に与那国島、石垣島、宮古島、奄美大島への自衛隊配備の状況を紹介したが、自衛隊基地がある場所には米軍が共同で利用する可能性も認識する必要がある。先に言及した「日本の「動的防衛協力」について」内の、「南西地域における新たな陸上部隊の配備の考え方」の個所では「自衛隊配備の空白地帯となっている南西地域において、必要な部隊配備等により、この地域の防衛体制を強化するとともに、平素からの米軍との連携により、戦略的プレゼンスを発揮し、抑止力を強化」と記されている（傍線は飯島強調）。２０１９年3月26日に発足した、奄美大島の奄美駐屯地や宮古島駐屯地には、Ｆ35Ｂやオスプレイが離発着できるヘリパッドやグランドが整備されている。防衛省はＦ35Ｂを与那国島、石垣島、宮古島で使用することを想定している（『琉球新報』２０１７年12月25日付）。与那国島や宮古島のヘリパッドやグランドはオスプレイやＦ35Ｂの訓練、有事の際の出撃拠点などに利用される可能性がある。

そして米軍の訓練は軍事的合理性を優先して市民生活が犠牲にされる可能性があることも認識する必要がある。沖縄本土での、住民の生活や安全を無視した米軍の訓練についてはここで説明の必要もないだろう。最近、佐世保の米海軍は、近隣自治体の意向を無視し、夜間のＬＣＡＣ訓練を実施している（『長崎新聞』２０１８年2月2日付）。この記事では、地元漁協組合長による、「組合員の安全に関わる。何度言っても米海軍は聞いてくれない」という発言が紹介されている。米軍オスプレイの訓練に関しては、横田基地に配備されているＣＶ22オスプレイが機体後部のデッキを開けて住宅地へ銃口を向けている様子が何度も確認されている（『東京新聞』２０１９年8月14日付）。

さらにはオスプレイが至る所で墜落事故や緊急着陸を繰り返すなど、墜落事故の危険性も看過できない。最近、奄美大島では米オスプレイが頻繁に飛行している。そして奄美群島では奄美空港に２０１７年6月から２０１８年10月にかけて5回、２０１９年3月27日に沖永良部空港に米オスプレイが緊急着陸している。２０１９年4月2日、オスプレイが伊丹空港に緊急着陸した。こうしてオスプレイは日本の至る所に緊急着陸している。

アメリカ軍といえば、犯罪に対する対策も必要となる。たとえば熊本県の大矢野原演習場や大分県の日出生台演習場でアメリカ海兵隊と自衛隊との共同訓練が行われる際、学校に行く子どもの送迎などには安全面での配慮からタクシーが使われる。こうした現実は、自衛隊が配備される与那国島、石垣島、宮古島、奄美大島の現実となる可能性にも考慮する必要がある。

（5） 攻撃対象となる南西諸島の自衛隊基地

そして自衛隊基地があることで、与那国島、石垣島、宮古島、奄美大島はいざとなれば攻撃対象となるという点でも、これらの島の住民は「平和的生存権」が脅かされ、有事の際には犠牲となる危険性が高くなる。軍事的な常識として、レーダー基地は最初に攻撃対象となる。そうであればレーダー基地が設置してある「与那国島」や「宮古島」は最初に攻撃対象となる。宮古島にはレーダー基地の司令部が置かれることから、最初に攻撃対象となる。固定式のレーダー基地が攻撃対象になることを見越して、与那国島や宮古島には移動式のレーダーも設置されている。そうであれば、戦争となった場合には「レーダー基地」周辺だけではなく、「島全体」が攻撃対象となろう。石垣島や宮古島、奄美大島には移動式の中距離多目的誘導弾が配備される。そうであればなおさら、これらの島は有事の際には島全体が攻撃対象となる危険性が高く、「平和的生存権」が脅かされている。

なお、私は与那国島、石垣島、宮古島、奄美大島の島民についての危険性に言及したが、「殺される危険性」という点で言えば、これらの島の住民だけではない。これらの島に配備された自衛官やその家族も政府や防衛省の「捨て石」にされ、「殺される」危険性がある。

2012年ごろ、防衛省は石垣島が侵攻された場合を想定し、島しょ奪還のための戦い方を分析していた（「機動展開構想概案」）。この「機動展開構想概案」では、3800人の自衛隊員が2901人戦死することを前提にした作戦を立てた。そして「機動展開構想概案」は安倍自公政権が策定した「25大綱」や「26中期防」に反映された。与那国島への武力攻撃がなされる際には、当然、敵側は大規模攻撃を実施する可能性が高い。160人しかいない沿岸監視部隊は当然、壊滅的な状況になろう。家族なども生き残れないだろう。石垣島に配備される予定の550人の自衛官とその家族、700人から800人配備予定の宮古島の自衛隊員とその家族もほとんど殺されることになろう。「平和的生存権」を脅かされるのは与那国島、石垣島、宮古島、奄美大島の住民だけではない。それらの島に政府や防衛省が自衛隊駐屯地を設置することで、駐屯地に配備される自衛隊員とその家族も、生命の危険に晒される。

## 5. おわりに

今まで紹介したように、日本政府や防衛省は尖閣諸島の脅威などを名目にして、与那国島、石垣島、宮古島、奄美大島への自衛隊配備を進めてきた。本稿では言及しなかったが、「南西強化」を名目に、沖縄本島や九州の自衛隊も強化されてきた。しかし、南西諸島への自衛隊配備は日本防衛を名目にしながら、実際にはアメリカの対中国封じ込め作戦をアメリカ軍の代わりに自衛隊が実施するものである。そして与那国島、石垣島、宮古島、奄美大島に自衛隊が配備されることで、これらの島の住民は自衛隊、とりわけ「情報保全隊」に監視される可能性がある。こうした住民監視は「京都府学連事件」最高裁判所の判決に照らしても、当然許されない憲法13条違反の行為である。また、爆発すれば大惨事となる「弾薬庫」や、人体への悪影響が懸念される強い電磁波を出すレーダーが集落付近に設置されることで、近隣住民の生命が危険にさらされている。さらには軍事的合理性を優先して基地周辺の住民の安全や環境に配慮しないアメリカ軍の訓練やアメリカ兵による凶悪犯罪により、やはり近隣住民の「平和的生存権」が脅かされる可能性がある。平時であってもこのように平和的生存権が脅かされる危険性があるが、まして有事ともなれば、これらの島は最初に軍事攻撃の対象になることで、やはり「平和的生存権」が侵害される。「平和的生存権」が侵害されるのは島の住民だけではない。わずか160人しか配備されない与那国島の自衛隊員やその家族、その他の島に配備される自衛隊員も、いざ有事ともなれば多くの隊員やその家族が犠牲になる危険性があるなど、政府や防衛省による「捨て石」作戦の「コマ」にすぎず、平和的生存権が脅かされる。

繰り返しになるが、与那国島、石垣島、宮古島、奄美大島への自衛隊配備は日本防衛のためではなく、アメリカの対中国封じ込め作戦の肩代わりを自衛隊が実施するものである。

たとえば与那国島では自衛隊誘致賛成派の住民と反対派の住民の間にも亀裂が生じ、学校の入学式や卒業式などでも席を別々に座るなどの分断が生じている。自衛隊配備という国策はこうした事態、島の人々の極めて重要な憲法上の権利が侵害される事態をもたらしたが、そうした国策を私たちは認めても良いのか。「他の地域のこと」と無関心になるのではなく、「他の地域で行われていることはいずれ自分たちの住む地域でも行われる可能性がある」とのように自分にも関係する出来事だと認識し、私たちは南西諸島への自衛隊配備問題にも常に関心を持つ必要がある。また、これらの島の住民の中には、自衛隊誘致の経済効果に関心が集中する人もいるかもしれないが、自衛隊配備が本当に子どもや孫などの将来の世代のためになるのか。「将来の世代のため」という視点も考慮に入れ、市長選挙や町長選挙、議会選挙などの場で、自衛隊配備についても意志表示をする必要がある。

**【参考文献】**

・半田滋「「国境の島」沖縄が問う——自衛隊配備を考える」沖縄国際大学沖縄法政研究所編『沖縄法政研究所年報』第25号、２０１６年3月31日
・『「基地の島」沖縄が問う』琉球新報社、２０１６年
・小西誠『自衛隊の南西シフト』社会評論社、２０１８年
・ケビン・メア『決断できない日本』文藝春秋、２０１１年

※この原稿の執筆に際しては仲村未央前沖縄県議、亀濱玲子沖縄県議、次呂久成崇沖縄県議、田里千代基与那国町議員、花谷史郎石垣市議、内原英聡石垣市議、仲里タカ子宮古島市議、沖縄県平和運動センター岸本喬さん、辺野古の金城武政さんには情報や資料の提供などで大変お世話になりました。この場にてお礼をさせて頂きます。なお、文章の内容についての責任は当然、私にあります。

# 第Ⅲ部　安倍壊憲政治を乗り越える！

# 第1章「立憲主義・法の支配」という座標軸から見た「安倍政権による国会の簒奪」

根森　健

【要約】

２０１４年から２０１５年にかけて、それまで、歴代政府が自衛隊の存在の合憲的説明の限界としてきた「集団的自衛権」について、安倍政権は政府の憲法9条解釈を乱暴に変更し、それに基づいて、安保関連法を十分な審議を尽くすことなく可決・成立させた。この一連のプロセスに対しては、「憲法によって権力の濫用を防ぎ、個人の権利・自由を守る」とする「立憲主義」という自由民主主義憲法の根幹に真っ向から反するものだとする厳しい批判が憲法の研究者から寄せられ、「立憲主義」という言葉が広く国民に共有されるに至ったのは記憶に新しい。

本稿では、この「立憲主義」（それと密接な関係にある「法の支配」）を座標軸として、安倍政権下での憲法政治が、この集団的自衛権関連の局面だけでなく、さらに日本国憲法が採用している立憲主義の統治の仕組みを壊すものになっていることを解明している。

日本国憲法は、「権力分立」の統治の仕組みとして、国会を「国憲の最高機関」と位置づけた上で、立法権と行政権の関係について「国会優位型の議院内閣制」を採用している。ところが、安倍政権下の憲法政治においては、行政府たる内閣が「国権の最高機関」と位置づけられた立法府たる国会の地位と権能を「簒奪《さんだつ》」（下位にある者が上位にある者の地位などを奪い取ること）するものになっている。

それは、①前述の安保関連法の成立過程に看取できる立法権の簒奪、②衆議院の解散権濫用による国会の地位の簒奪と国会議員の権利の剥奪、③国会議員による臨時会召集要求の無視という憲法違反、④政府と与党の一体化の中で起こっている衆議院での野党の質問時間配分の減少などによる野党による行政のコントロール権の簒奪などに光が当てられる。

## 1．はじめに――「立憲主義」の危機と安倍壊憲政治：国会の地位・権能の簒奪

上述の「集団的自衛権容認」に関連した安倍憲法政治に対しては、2015年6月4日の衆議院憲法審査会に出席した与党側の参考人を含む3人の憲法学者をはじめとして、実に多くの憲法研究者がこぞって、この一連の憲法政治を日本国憲法の根幹をなす「立憲主義」（「法の支配」）に反するものだと断言した。このような根本的な批判を通して、「立憲主義」「法の支配」という基本理念・基本原理が、広く社会で受容され、きわめて大切なものであることが認知されるようになったのは、日本国憲法から見てその中身にあまりにも問題のありすぎる、自衛隊の憲法9条加憲をはじめとした「安倍4項目改憲案」などから、「憲法」を国民の手に取り戻す上で、重要な道標となるといえよう。

ところで、とくに第2次安倍政権下で、「立憲主義」（「法の支配」）に反するような憲法政治が行われたのは、この集団的自衛権行使容認への憲法解釈変更とそれに基づく安保関連法制の国会成立だけではない。なかでも、野党の弱体化に乗じて、国会（立法府）や立法権を軽視・無視した憲法政治・憲法実践が常態化している点は、極めて深刻である。本稿では、安倍政権の憲法政治が日本国憲法の「立憲主義」を構成する「権力分立（三権分立）」制度である「（最高機関たる）国会優位型の議院内閣制」（＝国会を国権の最高機関と位置づける議院内閣制）を如何に軽視・無視した、内閣による国会の地位・権能の簒奪になっているか、つまり「壊憲」的なものになっているかを、「立憲主義」（「法の支配」）という座標軸から解き明かしていきたい。

## 2．座標軸としての「立憲主義」（「法の支配」）とは何か

（1）「憲法の根幹」としての「立憲主義」

そこで、憲法のお勉強のようになって恐縮だが、まずは、「立憲主義」「法の支配」、それと日本国憲法における「立憲主義」「法の支配」について確認することから始めることにしたい。

欧米で「憲法」を表す言葉は、英語だとconstitutionやドイツ語だとVerfassungという言葉であり、元々は、「構成する」とか「編成する」という動詞に由来する名詞。ここから、「国としての構成・編成、構造、体制」という意味でも用いられるようになった言葉である。この意味では、作家の井上ひさしが喝破したように、憲法とは「（この）国のかたち」ということであり、「日本国憲法」のように憲法という名前の付いた法律（成文の憲法という法典）は、「この（日本という）国のかたちのあり方」を定めた法的な契約文書だといえる。

一般に、近代以降の自由民主主義体制を採る国々では、上記の「国のかたち」を形作る基本的な思想・理念・原理として、18世紀末の近代市民革命の歴史を経て、「憲法に基づいて専断的な権力を制限して広く国民の権利を保障する」という「（近代）立憲主義」を採用している（芦部信喜〔高橋和之補訂〕『憲法〔7版〕』岩波書店、2019年、5頁）。この考え方がよく現れているのが、フランス人権宣言（1789年）16条「権利の保障が確保されず、権力の分立が定められていないすべての社会は、憲法をもたない。」（初宿正典・辻村みよ子編『新解説世界憲法集〔4版〕』三省堂、2017年、281頁）という条文である。

「立憲主義」については、今ひとつ、第2次世界大戦の悲惨な体験を経た、戦後の立憲主義＝「憲法」（「立憲主義」）の再定位、すなわち、立憲主義の復活強化について確認しておきたい。この点につき、佐藤幸治は、過去への深刻な反省を踏まえ、自国の「国のかたち」のあり方を抜本的にどのように再構築するかが重大な課題となった日独伊3国の戦後の憲法に共通する骨格・内容として、次の諸点

を挙げている（佐藤幸治『世界史の中の日本国憲法――立憲主義の史的展開を踏まえて』左右社、2015年、55頁以下）。

（A）国民が憲法制定権力として憲法を制定し、その憲法によって必要な活動力の確保と濫用の防止に十分に配慮した政府〔＝国家：引用者による注記〕の統治権力の仕組・根拠を明確にすること。

（B）人間（個人）の尊厳を基礎とする基本的人権の保障を徹底すること。

（C）そのような内容をもつ憲法の法的規範性を可及的に実現すること（「憲法の優位」とそれを担保する憲法裁判制度の導入）。

（D）戦争が立憲主義にとって最大の〝敵〟であるとの痛切な思いに立って、平和への志向を憲法を通じて明確にすること。

ちなみに、この佐藤幸治の挙げている（A）「国民が憲法制定権力として憲法を制定し、憲法によって必要な活動力の確保と濫用の防止に十分に配慮した政府の統治権力の仕組・根拠を明確にすること」の基礎となるものが「権力分立」である。

（2）集団的自衛権容認をめぐる安倍政治を、なぜ「立憲主義」は許さないのか

佐藤幸治は、このような立憲主義の内容を「憲法の根幹」と呼んでもいる。冒頭で触れた安倍政権によって断行された集団的自衛権の容認への憲法解釈の変更と内閣によるそれに基づく一連の安保関連法案の国会提出のという」状況の中で開催された、市民グループ主催の「立憲主義の危機」という講演会で、佐藤幸治も講演台に立ち、「「憲法の個別的事柄に修正すべきことがあるのは否定しないが、根幹を変えてしまう発想は英米独にはない。日本ではいつまでぐだぐだ（根幹を揺るがすようなことを）言うのか、腹立たしくなる」と激しい口調で憲法をめぐるこのような現状へのいらだちをあらわにした。後日、新聞のインタビューの中で、佐藤は、日本国「憲法が基本とするのは自国を守る個別的自衛権で

す。集団的自衛権の行使を歴代内閣が法制局を通じて『認めない』としてきたのは大きな重みをもちます。それを変えるにはよほどの理由が必要で、国民に十分説明しなければならない。自由社会を維持するには土台となる立憲制へのリスペクト（敬意）が不可欠です。しかし、日本では近年リスペクトが希薄です。立憲主義を掲げる代表的な国々は、その根幹を傷つけないよう努力してきました。昨年の閣議決定に始まる政府の一連のやり方は、日本の立憲主義にとって憂慮すべきものと考え」、「責任ある立場の政治家のリスペクト欠如を思わせる言動に深い悲しみを抱いてきたことが、ついあのような表現になったのだと思います」と述べている（傍線は、引用者。毎日新聞２０１５年8月15日朝刊）。

## 3．安倍政権は、「国権の最高機関：国会」の地位・権能を簒奪している！

（1）日本国憲法の政治の仕組み――「最高機関たる国会優位の議院内閣制」の採用

日本国憲法が採用した「憲法によって必要な活動力の確保と濫用の防止に十分に配慮した政府（国家）の統治権力の仕組・根拠」（以下、「統治の仕組み」と表記）とは、国民主権をベースにした、

①立法府たる国会が、国権の最高機関である（41条）。

②国会は、唯一の立法機関である（同上）。

③国会に対してのみ責任を負う「一元型議院内閣制」（責任内閣制）の採用（66条〜69条）。

④（最高）裁判所への違憲立法審査権の付与（81条、98条）。

このように、日本国憲法の採用した「統治の仕組み」は、裁判所の違憲立法審査権に担保された憲法と法律に基づく統治権の行使という仕組みである。日本国憲法は、まず、「権力分立（三権分立）」原理に依拠して、主権者である国民によって選出された議員から構成される国会に、憲法に基づいて統治を行うための設計図とも言うべき法律を制定する立法権を付与している（41条）。その際に、とくに、この立法府である国会を「国権の最高機関」と位置づけている（同条）。その上で、立法府（国

会）と行政権を行使する行政府（内閣）との関係については、内閣を国会に自らの存立と存続の基礎を置くものとし、そしてその行政権の行使について国会に対して連帯して責任を負うものとする「議院内閣制」（とくに責任内閣制）を採用した（66条3項）。これは、国会の下に内閣を位置づけた上で、国会と内閣との協働による憲法に適った統治の実現を図るものといえる。この意味で、日本国憲法自身は、かなり徹底した「国会優位型の議院内閣制」を規定している。

ところで、各国が採用し運用する議院内閣制についても、大きく分けて、多数決民主主義型の、イギリスに由来する「ウエストミンスター型」議院内閣制とドイツなどのヨーロッパ大陸型の「コンセンサス型」議院内閣制とがあると指摘されることがある。ウエストミンスター型議院内閣制の特性としては、「小選挙区制→二大政党制→単独政権」、より詳細に挙げると、(1) 小選挙区制、(2) 二大政党制、(3) 単独内閣への行政権の集中、(4) 内閣と与党の一体性、(5) 行政府の立法府への優位、(6) 一院制、(7) 強い首相の指導力などが挙げられている。これに対し、コンセンサス型の特徴としては、(1) 比例代表制、(2) 多党制、(3) 連立内閣による行政権の共有、(4) 内閣と与党の二元性、(5) 行政府と立法府の均衡、(6) 二院制、(7) 弱い首相の指導力などが挙げられる。

日本国憲法の「議院内閣制」は、ドイツ等ヨーロッパ大陸諸国に見られる、比例代表制、多党制、内閣と与党の二元性、行政府と立法府の均衡、弱い首相の指導力等を特徴とする、いわゆる「コンセンサス型」議院内閣制だと思われる。

ちなみに、ドイツ連邦共和国基本法の採用する「自由で民主的な基本秩序」の内容として、ドイツ連邦憲法裁判所は初期の判例で、①基本法に具体化された諸人権の尊重、とりわけ、生命と自由な発展を求める各人（Persönlichkeit）の権利の尊重、②国民主権、③権力分立、④内閣（政府）の責任（責任内閣制）、⑤行政の法律適合性、⑥裁判所の独立、⑦複数政党制、⑧野党（反対派 Opposition）を憲法適合的に形成し、影響力を行使する権利を持つ、すべての政党に対する機会均等を挙げている。このうちの、③~⑤、⑦、⑧は日本国憲法の「国会優位型の議院内閣制」にもあてはまるものといえよう。

ところが、日本では、1994年の選挙制度改革による、それまでの衆議院議員選挙での中選挙区制度に代わる小選挙区・比例代表並立制の導入、さらに、2001年実施の中央省庁再編による、内閣総理大臣の法的権限と補佐体制の強化以降、日本では、小選挙区制選挙制、二大政党制、内閣と与党の一体性、行政府の立法府への優位、強い首相の指導力等の特徴をもつ、いわゆるイギリス流のウエストミンスター型議院内閣制的な実務・学説が展開されてきており、安倍憲法政治も、その流れに棹さすものだが、野党の極端な弱体化に支えられて、結果的に「法の支配」「立憲主義」無視の「暴走」に至ったといえよう。だが、そもそもウエストミンスター型議院内閣制は、上で確認した日本国憲法の採用する「立法府を最高機関とする議院内閣制」とは相容れないものである。

（2）安倍政権による、「(最高機関たる）国会の地位・権能の簒奪」とは

導入で言及した、安倍内閣による「集団的自衛権容認への政府解釈の変更」とそれに基づく、国会での数の横暴による「安保関連法案の可決」というプロセスは、国会を「国権の最高機関にして唯一の立法機関」とする、日本国憲法の「権力分立」の観点からも「立憲主義」に反するものであった。日本では、以前ほどではないが、今でも、国会で成立した法案のうち、8割以上が内閣提出法案である（内閣に法案提出権があるのかも憲法上疑義がないわけではない）。憲法解釈の継続性や統一性を図りながら、この内閣提出法案の作成に当たるのが内閣法制局である。国会で成立する法案の8、9割を内閣提出法案が占めるということは、実は、内閣法制局が「立法者」の役割を果たしているともいえる。内閣法制局が時に「代理立法者」といわれる由縁である。歴代内閣法制局の行ってきたこうした「代理立法者」としての緻密な営為を、安倍政権下での集団的自衛権解釈の変更は無視してなされたものであるから、国会の「唯一の立法機関性」との関係でも容認する訳にはいかないものだったのである。

そのことを指摘した上で、本稿では、その他に、紙幅の関係もあるので、以下では、安倍政権下における行政府による「(最高機関たる) 国会の地位・権能の簒奪」について、①衆議院の解散に関する問題での、「内閣総理大臣の専権事項」的曲解に依拠した「大義無き」解散権の濫用の慢性化、②国会の臨時会の召集要求無視という憲法違反の問題、それと③国会運営に関わる各議院の予算委員会の召集の極端な減少、衆議院における野党の質問時間の短縮といった問題を取り上げることにする。この③についても、国会、衆議院自身の責めに帰すべき自業自得の現象というよりは、上述したように、安倍政権が推し進めるウエストミンスター型議院内閣制運用の下で生じている「行政府の立法府に対する優位」、「政府と与党の一体化」の行き着くところとして、安倍政権の問題というべきであろう。

## 4. 解散権の濫用の常態化――いつまで、首相は「私物化」しているんだ!

解散とは、立法機関の議院を構成している議員全員に対して、任期満了前に一斉にその地位・身分を失わせることをいう。日本国憲法では、衆議院についてのみ、この制度を導入している。その7条3号で、内閣の助言と承認により、(国政に関する権能は有しない) 天皇が行う国事行為の一つとして、「衆議院を解散すること」と規定し、69条で、「内閣は、衆議院で不信任の決議案を可決し、又は信任の決議案を否決したときは、10日以内に衆議院が解散されない限り、総辞職をしなければならない。」とする。このうち、7条3号は、あくまで、国政に関する権能を持たない (4条1項) とされる天皇がなす形式的な国事行為としての「衆議院の解散」に関する規定にすぎないから、実質的に「衆議院の解散」に言及する規定は、憲法には69条だけしかない。だから、筆者は、憲法の字義に即した制度理解に立てば、憲法による限り、内閣が有する「衆議院の解散権」は、あくまで、衆議院の行った「内閣不信任の決議案の可決」や「内閣信任案の否決」への対抗措置の選択肢の一つとして、内閣の総辞職と並んで挙げられれているにすぎない、きわめて限定的な権限だという憲法解釈が適切だと考えている。ちなみに、憲法学界での学説としては、明文そのものはないが、69条以外にも、内閣による衆議院の解散権行使の必要な場合（＝主権者の民意を問うための、「大義のある」ないしは「理由のある」解散）があるとして、憲法はそのような場合の解散権行使を容認していると考える立場が多数派である。「大義のある（理由のある）」場合とは、端的に言うなら、任期満了をまたずに解散によって国民の意思・信を直接に問う必要があるような緊張状態が生じた場合であり、そのような限定的・例外的な場合の解散権行使という憲法慣行が確立されるべきだとする。この立場も、後述のような、内閣による「自由な解散権」行使という実務には批判的なのである。

ところが、現在の運用では、上記7条3号の規定をよりどころに、内閣が実質的権限をもつとして、内閣がいつでも衆議院を解散できるとして、解散権の行使を広く認める運用となっている（自由な解散権）。この結果、これまでで、4年の任期満了による衆議院選挙はわずか1回のみで、その他の24回の選挙は、すべて解散権行使による選挙（そのうちの4回が69条の規定する内閣の不信任決議への対抗措置としてにすぎない）であり、その結果、衆議院議員の平均任期は、3年にも満たないものになっている。

では、安倍内閣ではどうなっているのか？　安倍内閣の下では、これまでに2回、解散権が行使されている。その1回目は、第2次安倍内閣下で、２０１4年11月21日に行われたもので、公約に反して消費税を据え置くことの是否等を論点とした、「アベノミクス解散」と呼ばれるもの。その２回目は、第3次安倍内閣の下で、２０１7年9月28日に行われたもので、北朝鮮有事の危機感を「自作自演」した中での「国難突破解散」と呼ばれたりするものであった。

安倍政権が長期化していることを考えれば、2回という数字は特に突出しているわけではないが、「大義ある」解散なのかといえば、いずれについても、国民の意思・信を直接に問う必要があるような緊張状態が生じた場合には到底当てはまるものとはいえないという批判が強いものであった。しかも、「大義無キ」解散であった点を別にしても、さらに2014年の解散の場合、2013年に、衆議院議員定数不均衡訴訟最高裁判決で、依然として衆議院においては「一票の格差」が違憲状態にあるから、引き続き、格差の原因になっている構造的問題の解決に取り組む必要がある、と指摘されていたにもかかわらず、衆議院議員の任期を2年以上も残して、選挙区の区割りを改めるに至らない中で突如として行われたものだから、平等選挙という選挙実施の前提となる大原則に反する違憲の解散権行使だという批判の強いものであった。また、2017年の解散についても、憲法53条による国会議員からの正当な臨時会召集の要求を3か月間も放置したあげく、臨時会召集と同時に衆議院を冒頭解散したものであるから、この点でも違憲の解散権行使だという批判が当てはまるようなものであった（この点については、次の**5**で改めてとりあげることにする）。こう考えてくると、安倍政権下での、衆議院の解散権の行使は、憲法学界の多数派の見解から見ても、到底許されるものではなく、内閣（政府）＝与党の一体化の中での、安倍首相による解散権の「私物化」以外の何ものでもないといわざるをえないものだと思われる。いかも、その後も、2019年夏の参議院選挙の際にも、首相自らによって「解散風」に言及して「風はきまぐれで、誰かがコントロールできるようなものではない」と解散権をもてあそぶような発言がなされたり、菅官房長官による「解散は首相の専権事項」という憲法的には誤った発言が繰り返されるなど、「私物化」を顧みる気配が全くないのは論外である。

しかし、現在の日本の議院内閣制につき、安倍政権などがモデルとしている、上述のウエストミンスター型議院内閣制の母国であったイギリスでも、政府・与党に有利なタイミングでの解散が横行したことの反省もあって、2011年に「議会任期固定法」という法律が制定され、下院（庶民院）で3分の2以上の多数で解散を決議した場合〔自律解散〕か、内閣の不信任決議がなされた場合にしか、首相は解散（請求）権を行使できないとされるに至った（2015年から実施）。このことは示唆的である。日本が近年になって取り込んだ「小選挙区制→二大政党制→単独政権」というウエストミンスター型に近い議院内閣制は、モデル準拠国のイギリスでは、国民・住民の多元化・多様化に伴い、重大な変更が起こっているのである。

元々、内閣（事実上は首相）の衆議院解散権は、立法府の一院についてではあれ、議員全員を任期満了前にクビにするというものであり、日本国憲法が明文で明確に議員に原則4年の任期を定めて付与した、その間の立法権行使にかかわる職務遂行権を妨害するものとして、憲法上決して看過し得ない機能をもつものである。日本でも、議員が任期通りに職務遂行できる権利は、憲法上きわめて重要なものと再確認される必要がある。インターネットなどの情報収集・発信手段の発達した現在、緊急の事態につき民意を直接問う仕組みとしては、もはや学説の多数派のように「衆議院の解散」に頼る必要はないともいえよう。憲法が予定しているように、衆議院議員に、4年間腰を落ち着けて、国民・住民の意思を汲み上げて、それを実現する立法制定や行政の権限行使のチェックを行ってもらうことはきわめて重要なことである。

## 5．憲法違反の「国会の臨時会召集要求の無視」――必要な国会を開かない権限などある筈ない！

歴代の内閣に比べて、その他にも、これまで安倍政権は、国会を一層軽視してきている。そうした例として、「国会の臨時会召集」要求の無視という憲法違反にあたる問題がある。憲法53条は「内閣は、国会の臨時会の召集を決定することができる。いづれかの議院の総議員の4分の1以上の要求があれば、内閣は、その召集を決定しなければならない。」と規定する。ところが、安倍政権の下では、安保関連法制制定後の２０１５年10月21日の国会議員からの要求に対しては、憲法53条を無視して臨時会を召集することがなかった。また、２０１７年には、同様の要求を3か月間放置したあげく、臨時会召集と同時に衆議院を冒頭解散するに及んだ。これは開会要求に応じなかったも同然である。

日本国憲法では、国会の運営方式として、常時開会という方式（常設制）を採らずに、一定の期間に限って開会するという会期制を採っている。旧憲法での議会運営を踏襲したものである。国会の会期には常会（通常国会。52条）、臨時会（臨時国会。53条）、特別会（衆議院解散による総選挙の後に開かれるもの。特別国会ともいわれる。54条1項）がある。常会は、現行国会法では、1月中に召集され、会期は150日と法定されているのに対して、臨時会と特別会は、両議院一致の議決で、これを定めるとされている。常会は1回延長できることになっているにせよ、常会が開かれていない間に重要な法案や案件について審議する必要が生じた場合には臨時会を開く必要は大きい。憲法53条条は、内閣自身による召集の他に、議員の総議員の4分の1以上による要求がある場合には内閣に召集を義務づけているが、いつまでにという召集期限についての明文規定はない。明文の規定が無いからと言って召集をダラダラと引き延ばすことが許されないのは当然なのであり、通常は、召集の準備が整い次第として合理的な期限を想定することができよう。例えば、この点で皮肉をこめて（？）よく引き合いに出される、2012年策定の自民党の日本国憲法改正案の53条では、「要求があったときから20日以内に臨時国会が召集されなければならない」としている。これは、自民党自らが、過去の自分たちの国会運営を反省しての規定なのかもしれない。

過去の事例を見てみると、国会議員からの臨時会召集の要求にもかかわらず召集されなかったケースとしては、安倍政権下での2015年のケースの他に、2003年11月27日、2005年11月1日の要求の例がある。政府見解では、「合理的な期間内に常会が召集される場合には、臨時会を召集しなくても憲法違反にはならない」（2003年12月16日の参議院外交防衛委員会での内閣法制局長官の答弁）としているが、もちろん、憲法には、そのような規定はない。召集要求が無視された上記3例については、03年の要求については翌年1月の常会が53日後に、05年の要求については80日後に、そして安倍政権下での15年の要求については76日後に常会がそれぞれ召集されている。いずれの場合も、合理的期間内とはいえないことは、上記自民党の改憲案に当てはめても明々白々であろう。

首相の外交日程を優先せざるを得ない事情や予算編成を行う必要などが、2か月半にも及ぶ放置の正当な理由になるなどありえないことである。

日本国憲法の採用する「国会優位型の議院内閣制」からはこのような国会議員からの召集要求の無視やネグレクトは到底許されない。

## 6．野党による行政のコントロール機能の妨害――衆議院での野党への質問時間配分の減少

さらに、国会、特に衆議院の運営について起こっていることでも、安倍政権と与党の国会軽視ついて言及しておかなければなるまい。

それは、衆議院における委員会での質問時間の配分における野党への配分の減少という問題である。２０１７年10月に行われた衆議院解散総選挙の結果、第４次安倍内閣が発足したが、その後召集された特別国会において、政権与党側から、これまでの衆議院での与党と野党間での質問時間の配分比率「２対８」を変えて、獲得議席数に応じて与党の質問時間を増やせという要求が生じ、結局、11月に開かれた文部委員会では「１対２」、予算委員会では「５対９」という時間配分で行われた。衆議院での質問時間の配分は、かつて与党対野党「４対６」であったのを、民主党政権時の２００９年当時下野した自民党の要求で、２対８に野党への配分を増やしたという経緯があったものである。この質問時間の配分問題は一見些末な問題に見えるかもしれないが、この質問時間配分の見直しは、日本国憲法の採用する「国会優位型の議院内閣制」の原理に照らしたとき、やはり大きな問題をはらむものである。

「座標軸」について既に概観したように、議院内閣制の場合、政党政治が発達した現代では、国会優位型の議院内閣制といっても、国会は政権政党の多数支配となるため、立法府による行政府のコントロールという役割は、もっぱら野党が担うことになっている。この点につき、２０１８年７月20日の

衆議院本会議で、野党から提出された内閣不信任決議案について、野党を代表して立憲民主党代表の枝野幸男が趣旨弁明を行った中で、次のように触れていた。

「国会が立法府というのは間違っていませんが、国会の役割は法律をつくることだけではありません。国会の我々の役割は、大きく三つあります。確かに、一つは法律をつくることです。二つ目は内閣総理大臣を選挙することです。もう一つは行政を管理することです、監視することです、チェックすることです。まさに議会には行政の監視という大変重要な役割があります。政府、行政がおかしなことをしていたら、それを厳しく指摘をすることにエネルギーを注ぐのは、法律をつくることと同じようにやらなければならない議会の責務であります。

しかも、残念ながらと言うべきか、これは当然のことなんですが、議院内閣制ですから、政府と与党一体ですから、与党の皆さんが政府の問題点を厳しく指摘をするということについては、そもそも制度として予定されていません。だから、与党の皆さんが行政監視の力を十分注げていないのは、制度的な前提として半分やむを得ないところがあります。

だからこそ、野党は、行政監視、行政のおかしなことがあったら厳しく指摘をするということに責任を持って力を注がなければならないのは、議会の役割から当然のことであり、したがって、モリカケ問題について、いつまでやっているんだと与党が野党に対してやじるのは、全く議院内閣制を理解していないことだ」。

特に、日本では、与党は政府法案提出前の段階において内部で十分に吟味・審議できるのに対し、野党はそこに参加することも情報共有もできない。だからこそ、野党による批判的吟味を含む適切なチェックこそ国会論戦の核心ともいえるのであり、そこに時間がしっかりと割かれなければならないのは事理当然といえよう。このように考えるならば、与党側が、党の若手議員の活躍の場を広げるために時間配分を増やせと言うのは筋違いの要求であったというべきであろう。ちなみに、参議院ではこのような時間配分での対立は起こっていない。衆議院の場合には、質問の時間の中には、質問に対する首相ら政府側の答弁の時間も含まれる「往復方式」が採られているのに対し、参議院では議員の質問時間には、政府側答弁時間は含まれない「片道方式」が採用されていると違いも大きく影響している。参議院の場合、質問時間が短くても簡潔に数多く質問すれば多くの答弁を引き出せるのに対し、衆議院の方式では、政府側によって中身のない長答弁や安倍政権の答弁の特徴となった「ご飯論法」という議論における言い逃れや論点のすり替えが横行しては、いくら時間があっても足りないのだから、この質問時間配分の減少は死活にかかわるものといよう。

その他にも、両院での野党からの予算委員会開会要求が委員長によって拒否され開会されない事態が、特に選挙前には長期にわたって起こるという問題もある。森友問題、加計問題、労働問題等々問題山積の安倍政権下でもこうした審議拒否が起こっている。予算委員会では、首相をはじめとする全閣僚が出席対象となるため、行政をチェックし、コントロールする上で、予算委員会での審議の果たす役割が重要であることを考えた時、やはり看過し得ない問題だといえよう。

## 7．安倍首相「私は立法府の長」答弁——「国会の地位・権能の簒奪」の証し？

2018年11月2日の毎日新聞は、「衆院予算委　安倍首相また『私は立法府の長』議場嘆声」という見出しで、安倍首相が予算委員会での答弁の中で、自らを「立法府の長」と言い間違えたことを伝えている。

「安倍晋三首相は2日の衆院予算委員会で、「私が今ここに立っているのは、『立法府の長』として立っているわけだ」と答弁し、直後に「行政府の長」と言い直した。首相が国会で自身を「立法府の長」と言い間違えるのは2007年5月、16年4、5月に続き少なくとも4回目。今回は議場の「あー」という嘆声で気付いてすぐに訂正した。国民民主党の奥野総一郎氏が、消費増税とセットで行うはずの国会議員定数削減が進んでいないと指摘。言い間違えた後、首相は「失礼、すいません、行政府の長として立っており、立法府の議員定数について少ない方がいいと言ってはいけない」と述べた。次に質問した同党の渡辺周氏は「痛いところを突かれ、うろたえたのではないか」と皮肉った。」（毎日新聞デジタル同日版）

ここで、あえて揚げ足とりのためにこの記事を引用したわけではない。この記事にあるように、同じ言い間違いを4回もしていることに注目したいのである。上述してきたように、20世紀の終わりから21世紀にかけての一連の選挙制度改革、「官から政」への行政改革の下で、日本では、「小選挙区↓二大政党制（政権交代）↓単独政権による強い政府の下での安定した政治」を標榜するウエストミンスター型の議院内閣制に近い形で制度整備と運用が行われてきた。民主党政権からの国民離れによる野党の分裂・弱体化と国民の側の保守化に助けられて、「政府と与党の一体化」↓「首相の強い指導力」↓「行政府の立法府に対する圧倒的優位」が一層強い形で現出している。安倍首相の度重なる「私は立法府の長」という言い間違いは、「内閣による国会の地位・権能の簒奪」という歪んだ憲法現実を無意識に証したものといえるように思える。

日本国憲法の構想し構築しようとした「立憲主義」に即した基本的人権の保障を目指す統治の仕組みを実現するには、もう一度、あるいは今度こそ、「国会を国民の手に取り戻す」ことが重要である。

【参考文献】

・石川裕一郎、石埼学、清末愛砂、志田陽子、永山茂樹『国会を取り戻そう！』現代人文社、2018年
・只野雅人『憲法の基本原理から考える』日本評論社、2006年
・杉原泰雄・吉田善明・笹川紀勝編『日本国憲法の力』三省堂、2019年

# 第2章 衆議院の解散は〝総理の専権事項〟ではない
## ――壊憲権力を拘束し得る憲法解釈と法制定を

長峯 信彦

【要約】

衆議院の解散は〝総理の専権事項〟だと、政界はじめ世間では語られてきた。しかし本当にそうなのか？　憲法にはそんなこと一言も書かれてはいない。そもそも衆議院の解散を決定する権限とは、「国権の最高機関」（憲法41条）の構成員たる立法権者の約3分の2を一気に失職させ、500名弱の衆議院議員を即日クビにする重大な権力発動に他ならない。こんな巨大権力を行政権の長たる首相一人が、いつでも無条件に握っているというのは、三権分立の原則から観ても、憲法解釈から考えても、おかしい。日本の議院内閣制では、首相は国会で指名され、その首相が組織する内閣は国会の信任を得てそれを母体として成立し、「国会に対し……責任を負ふ」（憲法66条3項）べき組織だ。いわば内閣（総理大臣）は、「親」（国会）から生まれ、「親」に対し責任を負うべき「子」たる存在だ。しかしその「子」が「親」たる議会に対し、いつでも無条件に解散を命じ得るという。それはあたかも、母体（家庭・親）の信任を得て大学等で勉学に専念するはずの息子・娘が、親への責任を果たすことなく、母体に向かっていつでも無条件に「我が家は解散だ！」と一方的に宣言できる、というようなものではないだろうか。

### 1．本当に〝総理の専権事項〟なのか？――問題提起

多くの人が「衆議院の解散は、総理大臣だけが決定できる専事権項」と思ってきた。しかし一体ど

こにそんなことが書いてあるのだろうか？　日本国憲法の中に「衆議院の解散は〝総理の専権〟」とする明文は一つも存在しない。この事実を知らない人があまりにも多すぎる。

　そもそも衆議院の解散を決定する権限というのは、一体どのような権限なのか。日本には衆参両院を構成する７１０名（現在は衆議院４６５人、参議院２４５人）の国会議員が存在する。国会議員は言うまでもなく、日本という主権国家における「国権の最高機関」（憲法41条）の構成員であり、「立法権」を保有するれっきとした公権力者（立法権者）である。つまり衆議院の解散とは、その立法権者の実に3分の2を一気に失職させる行為であり、５００名近くの衆議院議員全員を即日クビにできる重大な権力発動に他ならない。（現憲法下の１９６７年〜２０１４年の約半世紀、衆議院の定数は４８０〜５１２だった。２０１７年9月末解散以降の現在は定数４６５となったが、半世紀にわたり衆議院定数が５００名前後だった事実を重視し、本稿では「５００名近く」と表現することにする。）

　その昔中世の西欧において議会というものが国王の下に設けられて以来、議会が国王の思いどおりにならない場合に、国王が「制裁」として解散を行なったという歴史的経緯を想起しておきたい。もちろん現代において議会解散の意味は異なるだろう。しかし解散決定権限者による・議会に対する「挑戦・対立」という緊張の要素は、依然として残っているのである。

　さて日本の「衆議院の解散」という重い権力発動について、憲法69条以外、明確な憲法上の定めを欠いていること――「法の沈黙」状態――は、実は大きな問題ではあろう。しかしそれ以上に、「立法権者の約3分の2」をも失職させるそのような大きな権限が、なにゆえ「行政権の長」たる内閣総理大臣一人に〝専権事項〟として独占的に握られてきてしまったのか、は更に大きな問題であろう。三権分立の原則から言っても、憲法条文の解釈から言っても、相当問題がありはしないだろうか。本稿は、この解散決定権限の所在について長く〝総理の専権事項〟と信じられてきてしまったことを、あらためて原点に立ち返って、世に問題提起したいと思う。

そして、今一つきちんと整理・確認しておきたいのは用語である。世間ではすぐに〝解散権〟という語を用いて議論しているが、これだとまるで、閣僚に対する内閣総理大臣の「任命権・罷免権」(憲法68条)の如く、憲法上明確に存在する権限であるかのような誤解を生むおそれがある。したがって〝解散権〟なる語は、本稿では基本的に用いない。(もとよりこの問題は公権力の制度・機構に関わる「権限」の話であって、市民個人が憲法によって保障されている自由権や社会権といった「権利」の話でないことは言うまでもない。)

この問題を論ずる上で、正しく使われるべき用語は、中立的な概念用語としての「解散決定権限」だと私は考えている。なぜなら、仮に何らかの経緯で衆議院が解散された場合であっても(そもそもその経緯自体に相当議論のあるところだが)、最終的には全て、「衆議院を解散すること」自体は、憲法7条3項により天皇の国事行為として行なわれるからである。つまり「解散」それ自体が誰の「権限」行為なのか、という論点は存在しない。存在する重要な論点は、「解散を決定できる権限はどの機関(どの権力者)にあるのか」「どのような場合に解散を決定してよいのか」といったものである。

## 2.「天皇の国事行為」としての解散——〝通説〟的立場

日本国憲法はその第4条第1項において、「天皇は、この憲法の定める国事に関する行為のみを行ひ、国政に関する権能を有しない。」と明記しているように、いかなる意味においても、天皇自身が衆議院の解散そのものを決定することはない。解散決定機関は他にあり、その決定に従って、天皇は憲法上の国事行為として解散手続(天皇自身の署名をし印章を押す)を行なうだけで、あくまでも解散を「宣示する」に過ぎない。この点に関しては異論はなかろう。

さて問題は、解散決定機関(or 解散決定権限者)はどこ(誰)なのか、である。今まで憲法学界の多数説(一応〝通説〟と呼んでおく)は、天皇の国事行為を定めた憲法第7条第3項に基づき、内閣学界をリードした東大の宮沢俊義である。

はいつでも衆議院を解散することが可能であると解釈してきた。その代表格は、その昔、戦後の憲法

宮沢の主張の骨子はこうである。憲法7条は「天皇は、内閣の助言と承認により、国民のために、左の国事行為を行ふ」として、第1項「憲法改正、法律、政令及び条約を公布すること」、第2項「国会を招集すること」などの列挙と並んで、第3項「衆議院を解散すること」と規定する。その際、解散を決定できるのは唯一、天皇の国事行為に「助言と承認」を与える内閣に他ならない。内閣こそが解散決定の実質的権限をいつでも無条件に握っているはずだ、と。

そして宮沢の有名な論文「解散の法理」（1952年）〔宮沢著『憲法と政治制度』所収〕はこう述べる。「第7条〔の解散権〕の行使を制限する規定がないかぎり、そこに定められた解散権には別段の制限が存しない」「天皇（実は、内閣）がこの解散権を行使するにあたって、憲法上なんらかの制限〔する〕規定を見い出すことは難しい。〔これが〕ごく素直な解釈〔であり〕自然」である、と。

この考え方は、現憲法下の初期1952年の第2回衆議院解散という実例と共に確立されていった。その後、小林直樹や芦部信喜といった著名な憲法学者に基本形が継承され（ただし後述するように、その後条件付けなどの修正を受け内容は変化）、今では通説的地位を占めており、一般には「7条説」と呼ばれている。

ちなみにこの7条説は、その後の政界等において〝総理の専権事項〟として解散決定権限が振るわれる根拠になったのだが、読んでおわかりのように、決して〝総理個人の専権事項〟とは言っていない。あくまでも「内閣の権限」という位置づけである。したがって現在のように、総理大臣一人がいつでも無条件に衆議院の解散を決定できるとする〝政界の常識〟は、憲法学界の7条説をも僭脱したものである、と厳しく指摘しておかねばならない。

### 3．7条説（通説）の重大な問題点

この7条説には重大な問題がある。それは、国権の最高機関の3分の2に上る国会議員を一気にクビにできる実質的権力が、なにゆえ天皇の国事行為という形式的かつ非権力的な条項の中に潜んでいるのか、という根本問題に全く答えていないからである。冒頭に述べたように、議会の解散というのは重大な権力発動である。それゆえ、もしそのような実質的権力が、形式的・非権力的な国事行為条項の中にいつでも無条件に読み込めるとなれば、大変な事態になるのではないだろうか。

宮沢流の主張によれば、憲法7条の天皇の国事行為として列挙してある行為を決定できる実質的権限の保有者は、国事行為に「助言と承認」を与え得る内閣に他ならないという。「内閣の助言と承認により」とある以上、内閣こそが決定の権限をいつでも無制約に握っているはずだ、という単線的な論理構造である。

しかし、ことはそう単純ではない。たとえば、天皇の国事行為を定めた憲法7条に列挙されている10項目のうち、第2項「国会を招集すること」を考えてみよう。国会の招集については、憲法7条とは別に、どのような場合に招集されるべきか個別具体的な規定がある。52条の「常会」（＝通常国会）、53条の「臨時会」（＝臨時国会）、54条1項の衆議院総選挙後の特別国会、54条2項の参議院「緊急集会」である。このうち53条の臨時国会については招集決定権者を「内閣」と明記してあるが、同時に53条は、両院とも「総議員の四分の一以上」の議員が招集要求権を持ち得る旨も規定している。

このように、天皇の国事行為に「国会を招集すること」と書いてあるからと言って、「内閣」が実質的な招集決定権者として機能する場合と、「総議員の4分の1以上」の議員が招集要求権に基づき内閣が形式的な招集者でしかない場合の、両方が含まれている。しかも通常国会や特別国会は、内閣の決定によって招集が決まるのではない。招集すること自体が既に憲法上決まっており、内閣の実質的な決定権限（招集するかどうかといった裁量的意思）が入り込む余地は（細かい日程以外）ない。

これらのことは何を意味するだろうか。憲法7条に天皇の国事行為として「国会を招集すること」とあっても、そのことだけを以て、自動的に内閣の実質的な決定権限が発動する（解釈上読み込める）のではないということなのである。あくまでも憲法53条等の「個別具体的な規定の裏付け」があってはじめて、場合によっては、その権限は実質的に発動可能なのである。この点は重要であろう。

憲法7条に関する宮沢流の単線的な論理は、これを見ただけでも通用しないことがわかるだろう。つまり憲法7条3項に「衆議院を解散すること」とあっても、解散決定権限に関して（たとえば69条の）「個別具体的な規定の裏付け」があってはじめて、その権限は（場合によっては）発動可能なものとして実質化する可能性が出てくるのみである。解散決定権限に関しては日本国憲法には69条以外に実質的規定は存在しない以上、まずは憲法69条を基本に考えるべき、というのが素直かつ自然な解釈ではないかと私は考える。

7条説は（既に述べたように）そもそも根本的な問題を抱えている。7条説の説明だと、憲法7条3項の天皇の国事行為としての形式的・非権力的な「衆議院の解散」宣示という条項を、ひとたび「内閣による助言と承認」というスコープで観ると、突然、立法権者500名規模をクビにできる実質的な権力が見えてくる、ということになるらしい。天皇の国事行為という非権力的な条項の中に、別個に明定されてもいない巨大権力が潜んでいるというのだ。これはまるでSFファンタジーもどきの説明ではないか。日本国憲法が「国会中心主義」を採る「議会優位型」（内閣に対し国会が優位すべきとする構造）の憲法であるという本質的性格から観ても（後述**5**）、憲法条文そのものの論理から考えても、あまりにも作為的でアクロバティックな（曲芸の如き）解釈と言わざるを得ない。

憲法とはそもそも国家の権力行使の外枠（外延）を定め、公権力を拘束する規範である。憲法に書かれていないことは率直に「やってはならないこと」と（ひとまず認識し）解釈するのが（まさに宮沢俊義の言葉を借りるならば）「ごく素直な解釈であり自然」な態度であろう。たとえば学校の校則に

「校内で人を殺してはいけません」と書いてないからと言って、人を殺してよいはずがない。「書かれていないならやっていいはずだ」が規範の姿ではないことぐらい、私たちは子どもの頃から経験的に理解してきている。憲法解釈もその基本は全く同じである。憲法に「議会の解散」という重大な権力発動の決定機関（or 決定権限保有者）が明定されていない以上、その権力発動が〝内閣によって〟いつでも無条件に可能になる、などとは決して解釈してはならないのである。

## 4．内閣決定権限69条限定説

解散に関して定められた実質的な条文は唯一、憲法69条である。「内閣は、衆議院で不信任の決議案を可決し、又は信任の決議案を否決したときは、十日以内に衆議院が解散されない限り、総辞職しなければならない。」この69条は内閣不信任案可決または内閣信任案否決の際の選択肢を示したものだが、解散決定の主体が「内閣」とは明記されていないことに、あらためて注意しておきたい。ただ、「総辞職しなければならない」の主語は内閣であり、総辞職そのものは内閣にしかできないから、憲法69条の解散に主として関与し得るのは、まずは「内閣」だろうと、ひとまずは推定できよう。

そして、内閣による解散決定権限を推定し得る実質的な条項はこの69条以外にはなく、その意味で、現憲法下における「内閣による解散決定権限」は基本的に69条の事態に限られる、と考えるのが素直かつ自然である。誤解のないよう結論を先取りして言えば、本稿は、どんなことがあっても内閣が衆議院の解散を決定してはならないと述べるものではない。憲法69条以外の場合に、衆議院の解散は「内閣」の判断で決定するしかないだろう。問題はそれ以外の場合である。憲法69条の場合には、憲法7条3項を根拠に、「内閣の独断で、いつでも無条件に解散を決定できる」と解釈してきた従来の憲法学界の〝通説〟的立場には大きな問題があったのではないか、と疑問を呈するものである。

このような疑問を最初に唱えたのは、1952年の小嶋和司「解散権論議について」という論文であった（『小嶋和司憲法論集Ⅱ』所収）。この説は憲法学界では少数説だが、長く「69条限定説」と呼ばれており、「衆議院の解散そのものが憲法69条の事態にのみ限定されるべきだ」という説と理解されることが多かった。しかしそれは誤りである。小嶋論文をよく読むと、69条以外にも解散があり得る可能性への言及があり（詳細を敷衍していないのが残念だが）、解散自体が69条の状況に限定されるとは述べていないのである。つまり彼は「内閣による解散決定は69条に限定される」とクギを刺しているだけであって、「69条限定説」という呼称は誤解を含むおそれが多分にある。小嶋自身も論文の中でその点を強調している。したがって私は、この説は「内閣決定権限69条限定説」と呼ぶのが正しいと考えている。

衆議院の解散に関しては、この「内閣決定権限69条限定説」を出発点とするのが、最も素直かつ自然なのではないかと私は考える。

## 5．国会に対し責任を負うべき内閣が有する「解散決定権限」⁇
### ――国会と内閣の本来在るべき関係とは

かつて1930年代、あの民主的なワイマール憲法下のドイツにおいて、ナチスのヒトラーは着々と権力を獲得していった。要因はさまざまあるが（ナチスによる蛮行・策謀等はつとに知られるところ）、その過程で「議会の解散」が重要なポイントであったことは間違いない。議会選挙にある程度勝利したナチスは、共産党などの反対勢力に難癖をつけながら追放し、更に議会の解散を要求し、独裁権力をより獲得し自らを正統化していったのである。

第2次大戦後の西欧では、この歴史の教訓から、たとえば1946年のフランス憲法や1949年の西ドイツ憲法（ボン基本法）などに代表されるように、「議会優位型」の憲法が主流となった。具体的には、行政府の手によって立法府（議会）が簡単に解散されないよう、議会解散権限を限定する方向性が共通に確立していったのである。

日本国憲法も同時代の西側先進国の憲法と同様、この世界的傾向を共有し、国会中心主義を採る「議会優位型」（行政権に対し立法権が優位する構造）の憲法となった。だからこそ日本国憲法では国会は「国権の最高機関」（憲法41条）と位置づけられ、議会解散権限については積極的な規定を欠いている。憲法が実質的な解散決定権限に関し、69条以外、「法の沈黙」状態となってしまったのは、このような背景によると考えられる。

では、日本国憲法の下で、「立法権」を有する国会と「行政権」を有する内閣とは、いかなる関係であるべきか。日本の議院内閣制においては、内閣総理大臣は国会で指名され、その首相が組織する内閣は、国会の信任を得てそれを母体として成り立つ組織である。憲法上も明記されているように、「内閣は、国会に対し連帯して責任を負ふ」（憲法66条3項）べき組織である。内閣は、一般行政事務の他に、憲法73条に列挙された職務に誠実に専念する義務がある。この職責に専念する義務を中途で放棄して、その母体たる国会（衆議院）に向かって解散を宣告するとなれば、ただの身勝手な行為か、よほどの重大な事態が生じたと考える以外にないだろう。

これを譬えで云うならば、内閣（総理大臣）は、「親」（国会）に対し責任を負うべき「子」たる存在に近いだろう。だからその「子」たる内閣が、「親」たる国会（衆議院）に対し、いつでも無条件に解散を命じ得るのだとすれば、相当おかしな事態ではなかろうか。しかし逆に、よほどの事態が生じたのかもしれない。

もちろん、ここに云う「子」たる存在とは、幼児や児童を指すのでない。それは、「親」たる存在から独立して思考・判断ができる程度の大人の比喩であり、しかし同時に「親」たる存在から物心両面にわたって支えてもらっている、いわば大学生（大学院生）のようなイメージである。この「子」らがもし家庭（親）の信任を得て大学（大学院）等で勉学（研究）に専念することが許されているのだとするならば、当然、親への責任（勉学・研究への専念）を果たす必要があろう。しかしその「子」らが、その責任を果たすことなく、自らの母体（家庭・親）に向かって、いつでも無条件に「我が家は解散だ！」と一方的に宣言できるとしたら、一体どうなるのだろうか。

もちろん、両親が大喧嘩ばかりで全く家庭の体をなしていないとか、親子の信頼関係に大きくヒビが入っているなど、よほどの事態か重大な理由があれば、息子や娘が「我が家はもう解散（離婚）すべきだ！」とその母体（家庭・親）に向かって叫ぶことはあるかもしれない。

同様に、「衆議院と参議院が衝突を繰り返して全く何も決定できない場合」も、ひょっとしたらあるかもしれない。あるいは、「内閣（行政府）がその母体たる立法府から厳しく不信任を突きつけられた場合」には、内閣もやむなく、民意を問うべく立法府解散に打って出ることも許されてしかるべきだろう。後者は憲法69条の想定する事態である。このように国民多数が納得できる重大な理由があれば、衆議院を解散して議会が再出発することも考えられ得るのである。ただしそれ以外（憲法69条以外）の（たとえば）前者の場合に、行政権（内閣）による解散決定権限が論理必然的に導かれるわけではないことは、あらためてきちんと強調しておかねばなるまい。

## 6．新たな民意を導出するための「議会解散」？
### ――修正・変容する7条説（通説）と、在るべき憲法解釈

宮沢俊義に始まる7条説は、その後主要な論者によって基本形は引き継がれてきたものの、そこにはいくつかの条件が付加され修正され続けてきた。そしてその修正論者の一人は、まさに宮沢俊義その人だったのである。

宮沢の有名な著書で「宮沢コンメンタール」の呼称で広く親しまれた『全訂 日本国憲法』（1978

年）には、解散決定にあたっての条件として次のような列挙がある。①政党の分野の変動や再編成によって、内閣に対する衆議院の多数支持に変更が生じた場合、②新しい重大な政治上の事件について、改めて国民の意見を聞く必要が起こった時、③内閣が基本的な政策変更を行なった時、④衆議院で内閣提出の重要法案・予算案などが否決され、そのかぎりで不信任が突き付けられたのと同様の効果が発生した場合、などの4条件である。

そして、憲法学の詳細な教科書として長く確固たる地位を築いた1981年の小林直樹『憲法講義（新版）』は、「議院内閣制と国会の役割にたちかえって解散制度の意義を考えるならば、新しい民意によって衆議院を再構成する可能性は、余り狭く抑えない方が合目的的（目的にかなっている）であろう」として、解散によって問える「新たな民意」の導出に意義を見い出す。彼は上記の宮沢4条件に、新たに次の一条件を付加した。⑤参議院が衆議院および内閣の重要な政策決定に反対し、しかも衆議院がその反対を排除するため3分の2の多数を獲得しなければならないとき、総選挙に訴える必要があると判断された場合など。

その後、現在に至るまで代表的な憲法学の教科書として定評のある芦部信喜の『憲法』（1992年〔芦部は1999年に他界。現在販売されているのは高橋和之補訂による第7版〕）によって整理された通説的立場は、解散権が行使できる場合を（憲法69条の場合を除けば）次の諸例に限定すべきと説く。①衆議院で内閣の重要案件（法律案、予算等）が否決され、または審議未了となった場合、②政界再編成等により内閣の性格が基本的に変わった場合、③総選挙の争点でなかった新しい重大な政治的課題（立法、条約締結等）に対処する場合、④内閣が基本政策を根本的に変更する場合、⑤議員の任期満了時期が接近している場合、の5条件である。

これらの主張は、通説的立場と言っても、時代状況に応じ、論者によって、多々条件付けがなされてきており、当初の内容からは大きな変化を遂げている。区別のために、当初宮沢が唱えた説を「無条件7条説」とし、その後の修正・変容を経てきた通説的立場を「条件付7条説」という言い方で区別しておこう。これらの条件付加や修正の連続こそは、7条説が野放図な解散決定権限を内閣に付与してしまったことへの反省・悔悟に他ならないと言えるのではないだろうか。

これら通説的立場に共通するのは「解散決定権限の濫用はあってはならない」という実践的意識である。その含意するところは私も了としたい。が、修正を経て条件付になったとは言うものの、「憲法7条3項」を解散決定権限の根拠とすること自体の本質的欠陥は、依然として消すことはできないだろう。

更には、新たな条件付7条説によってそのことを拘束することができるのか、という極めて実践的・現実的な問題も残されていよう。結論から言えば、これら通説的立場では、現実の政治権力に対抗することに全くつながらないのではないか。もちろん憲法理論が常に政治権力に足枷をはめられるわけでないことは、憲法9条の解釈をめぐる歴史を見ても無理からぬところではあろう。しかし、軸足を最初から憲法7条3項に置いて議論を始めてしまっているかぎり、どんな条件付けをしても、自らの立脚点（憲法7条3項）そのものからどんどん水が漏れ、政治権力者たちに悪用されてしまうに違いない（後述**7**）。

他方、7条説の本質的欠陥を正確に認識した上で、しかし議会の解散に「新たな民意」導出という側面を積極的に評価することも可能だとの立場から、今日では「結論としては69条非限定説（いわゆる7条説が中心）が妥当な解釈論」と位置づける樋口陽一『憲法Ⅰ』（1998年）のような主張もある。彼は結論的には通説的立場をとりながら、「選挙民の意思に基づく議会そのもののコントロール」、内閣・議会双方が「選挙民に対する責任」を確保するための解散、というファクターを強調する。これは「新しい民意によって衆議院を再構成する可能性」を重視していた小林直樹（前述）の議論と軌を一にしており、価値論的には共鳴できる部分もある。しかし、解散決定機関を内閣と位置づけてしまい、それが小選挙区中心の選挙制度の下で安倍〝一強〟政治に利用されてしまっている現実の中で、果たしてどれだけ説得力を持ち得るだろうか。

## 7．壊憲政治に対抗し得る憲法解釈と法制定を

2017年6月、通常国会の会期末に所謂「共謀罪」法案を強行採決した与党・安倍政権は、もう事足れりと言わんばかりに、さっさと国会を閉じた。しかし野党（民進・共産・社民・自由）らは「森友・加計」権力濫用疑惑の解明が不十分だとして、憲法53条に基づいて正式に臨時国会を要求した。憲法53条は「いづれかの議院の総議員の4分の1以上の要求があれば、内閣は、その招集を決定しなければならない。」と定めている。しかし安倍内閣は期限が書かれていないことを口実に、その年の9月28日まで臨時国会の招集をせず、しかし、いざ招集をしたらその冒頭で衆議院を解散してしまうという暴挙に出た。少なくとも自民党改憲案では、同条項の臨時国会は「20日以内に招集しなければならない」との制約を付している。現憲法の規範無視だけでも重大問題だが、自ら提唱する規範すら〝遵守〟しないこの身勝手さには唖然とするばかりである。

安倍内閣は憲法53条に基づく正式の要求を放置しただけでなく、衆議院解散によってそれを完全に反故にした。憲法違反そのものだ。このように衆議院の解散が野放図に政治的武器として悪用されてきたことは、周知のとおりである。2013年秘密保護法、2014年憲法解釈の恣意的変更、2015年戦争法制（いわゆる〝安保〟法制）などを立て続けに強行してきた政治権力を少しでも制御し得るためにも、やはり憲法学は7条説を基本とした解釈論を旧態依然と述べていてはいけないのではないか。7条説は何度も修正され、いくつもの条件が付加されてきた。しかしそのことはまさに、古い水道管を修復・継ぎ接ぎを繰り返すが如く、水漏れだらけの説であったことの証しでもあろう。

本稿は宮沢俊義に始まる7条説を批判してきたものの、宮沢がこのような説を唱えた背景には、

世紀前半の日本とは異なり、衆議院の選挙制度が「中選挙区制度」の時代だったということも注記せねばなるまい。彼は別の論文「選挙制度をどう改めるか——一つの提案——」（1965年）〔同『憲法と政治制度』所収〕において、投票は2名連記にすべきとし、与党が強大な時に与党を強めるために衆議院解散が行なわれても意味がないと述べている。昔の中選挙区制下での議論と現在の小選挙区中心の下での議論とは、与党権力に対する警戒感に隔たりがあることは否めないが、彼なりに警戒感は持っていた。

衆議院解散の議論は、本来は、選挙制度の実状も見据えながらするのが望ましいが、紙幅の都合で詳しくできない。現在の衆議院は小選挙区中心の選挙制度（一応、比例代表並立制ではあるが）であり、強大な与党権力は小選挙区制の虚構によって確立しているというのが実態だ。一例を挙げれば、自民党が政権復帰した2012年末衆院選の同党小選挙区の得票率は43・01％だが、議席占有率は79％（237議席）という驚異的レヴェルだ。「4割ちょっとの得票で8割の議席を独占」ということの事実は、いわば「4万円余しか払っていないのに8万円の品物をかすめ取っている」とも揶揄されるであろう。誰が見ても不公平極まりない選挙制度の下で、衆議院解散のフリーハンドを、行政権の長で与党権力の代表一人だけがいつでも無条件に握っているという憲法解釈（現在憲法研究者のほとんどは、無条件7条説の〝政界の常識〟版は採っていないと思われる）は、あらゆる意味において誤りだと断ぜざるを得ない。

今から半世紀以上前、深瀬忠一「衆議院の解散」（1962年）〔宮沢俊義還暦記念『日本国憲法体系（4）』所収〕という長大な論文は、国際的な憲法史を詳細に比較・考察し、解散の在り方を検討した。彼は〔解散決定者を内閣とするものの〕権力濫用者（内閣、国会）には「処罰／国民の制裁」が必要だと力説し、解散が許される以下の5条件を限定列挙し、これを「憲法習律」（高度な政治規範）として確立すべきと説いた。（a）内閣と衆議院の意思が衝突した場合、（b）政権担当者の政治的基本性格が改変された場合、（c）国民の承認を得ていない重大な立法・条約締結その他重要政策を新たに行なう場合、（d）選挙法大改正、（e）任期満了時期の接近、の5条件である。

　これらの方向性は私も共鳴するところだが、これらを実現するには、やはり具体的な成文規範が必須と考えられる。憲法69条以外、解散決定の実質的権限について現憲法がほぼ沈黙状態であることに鑑みれば、解散可能な状況を明確にし、解散決定権限をきちんと制約しておくべきである。その方途としては、①国会決議で確立する、②法制化する（イギリスのように）、③正式に憲法に書き込む、などが考えられよう。イギリスが「議員任期固定法」という法律によって解散権限を制約できたことを観れば、日本も憲法改定に依らず法律で十分可能であろう。

　ただ、そのような法律を制定するとしても、制度設計は慎重にせねばならず、解散決定権限機関を安易に内閣とすべきでないことは言うまでもない。一方、現憲法における「国会中心主義」と国会の「国権の最高機関」性を重視すれば、衆議院自らが全会一致に近い決議で解散を決定する「自律解散」という方法も大いに考慮に入れたい。自律解散制度は、多数派による少数派排除の危険性ゆえに否定されることが多いが、「与党以外の全議員の賛成かつ衆議院総議員の3分の2（又は過半数）以上の賛成」等を条件にすれば、その危険性は除去できるだろう。いずれにせよ、制度設計如何によって、真に民主的な権力分立と議院内閣制は実現できるものと確信してやまない。

# 第3章　「戦争によらざる自衛権」に立脚した非武装による安全保障の方法論
## ――ジーン・シャープ「市民的防衛」

麻生　多聞

【要旨】

日本国憲法9条による戦争放棄規定の原理の中核は、「戦争によらざる自衛権」による安全保障である。制憲過程での『憲法改正草案枢密院審査委員會審査記録』を参照すると、第4回憲法改正草案枢密院審査委員会（1946年5月6日）での入江法制局長官による答弁の中に、「戦争によらざる自衛権」というキーワードがある。この考え方は1946年9月13日の貴族院帝国憲法改正案特別委員会における金森徳次郎による答弁に至るまで、制憲議会での議論を通じて不動のものとして堅持されている。警察力を超える実力の一切を放棄した結果として残される「戦争によらざる自衛権」による安全保障こそが、憲法9条の原理の中核である。それでは、「戦争によらざる自衛権」による安全保障として、具体的にどのような方法があるだろうか。その一例として、本稿では、ジーン・シャープ「市民的防衛論（Civilian-Based Defense）」を紹介する。「市民的防衛論」とは、武装による専守防衛論、無抵抗主義のいずれでもなく、軍隊ではなく一般市民を防衛の主体とし、非暴力手段により市民生活を防衛するという安全保障方法論である。

### 1．戦争によらざる自衛権という日本国憲法9条における原理の中核について

日本国憲法9条による戦争放棄規定の原理の中核は、「戦争によらざる自衛権」による安全保障である。制憲過程での『憲法改正草案枢密院審査委員會審査記録』を参照すると、第4回憲法改正草案枢

密院審査委員会（1946年5月6日）での入江法制局長官による答弁の中に、「戦争によらざる自衛権」というキーワードがある。この考え方は1946年9月13日の貴族院帝国憲法改正案特別委員会における金森徳次郎による答弁に至るまで、制憲議会での議論を通じて不動のものとして堅持されている。警察力を超える実力の一切を放棄した結果として残される「戦争によらざる自衛権」による安全保障こそが、憲法9条の原理の中核である。それでは、「戦争によらざる自衛権」による安全保障として、具体的にどのような方法があるだろうか。その一例として、本稿では、ジーン・シャープ「市民的防衛論（Civilian-Based Defense）」を紹介する。「市民的防衛論」とは、武装による専守防衛論、無抵抗主義のいずれでもなく、軍隊ではなく一般市民を防衛の主体とし、非暴力手段により市民生活を防衛するという安全保障方法論である。

制憲過程での『憲法改正草案枢密院審査委員會審査記録』を参照すると、第4回憲法改正草案枢密院審査委員会（1946年5月6日）での入江法制局長官による答弁の中に、「戦争によらざる自衛権」というキーワードを認めることが出来る。

林頼三郎顧問官　第一点は此の前委員長から御尋ねあつた第九条第一項と第二項との関係である。第一項は此方から働きかける侵略戦争の禁止の規定である様に見えるが、第二項を第一項と別々のものとして見るといかなる場合にも戦争を否定する趣旨の様に見える。自衛戦争は認められないか。この関係如何。第二点は国際連合憲章によると加盟国は一定の場合、兵力保持を必要とする。将来之に加盟する場合武力を絶対に有さぬことになると、加入してもその義務を履行することが出来ぬと云ふ疑がある。この関係如何。

入江俊郎法制局長官　第一項と第二項は別の規定である。第一項に於ては自衛権は観念的に否定してはゐない。但し、戦争による自衛権の行使は第二項で否定される。戦争によらざる自衛権の行使なら出来る。唯武力を有たぬ以上実際には問題にならぬかもしれぬ。国際連合の問題は或ひは憲法改正をしなければ加入できぬとも考へられるが、又不可能を強ひることはできぬとして、加入のみは認める。この場合国際連合憲章を改正するか、又はさう解すると言ふことになるかも知れぬとも考へられる。

林顧問官　さうすると第一項と第二項とは独立のものである様だが、第一項では観念的には自衛権を認める。しかし第二項でそれが実際上出来ぬと云ふことか。

入江法制局長官　第二項の方は自衛権とは関係なく交戦権を認めぬとしてゐるので、観念的には第一項によつて自衛権を認めても、実際的には出来なくなる。例へば竹槍等で邀撃することは出来る。

林顧問官　国際連合に関する二つの道の中、政府は何れをとるつもりか。

松本国務大臣　今の連合規約が何時までこのまま続くかと言ふことも判らぬ。或ひはもつと理想的になれば、制裁の規定は不要になるとも考へられる。そこで連合に日本が今の規約の下に於て入ると云ふときに連合の方でどう見るだらうか、二問題がある。今から当方で態度をきめることは不可能であるし、またその必要がないと思ふ。

林顧問官　大体この憲法は基本的人権の規定が多い。個人について人権を徹底的に保証する。それなら基本的国権をも充分に保証することにしなければ釣合がとれぬと思ふ。自衛権は保証する。個人の場合の正当防衛を認めることは当然であるから、それは国家についても当然でて来ねばならぬ。しかるに国家の場合には不当に侵害を受けても手を供いて防衛出来ぬことになる。不調和である。戦争放棄は結構であるがこの点如何。

入江法制局長官　国家として最小限の自衛権を認めることは当然であるが、それは戦争、武力による解決を今後絶対にやらぬと云ふ捨身の態度をとると云ふことが一つの態度であると思ふ。平和を念願する国際社会に挙げて委ねると云ふ態度をとつたのである。根本観念として国家の自衛権を認めることは御説の通りであるが、この規定の主旨はここにあると思はれ度い。[*1]

1946年5月6日の時点で入江により示された、「戦争によらざる自衛権」のみが認められるという政府の制憲者意思は、1946年9月13日の貴族院帝国憲法改正案特別委員会における金森徳次郎による答弁に至るまで、制憲議会での議論を通じて不動のものとして堅持されている。警察力を超える実力の一切を放棄した結果として残される「戦争によらざる自衛権」による安全保障こそが、憲法9条の原理の中核である。

### 2. ジーン・シャープ「市民的防衛論（Civilian-Based Defense）」

それでは、「戦争によらざる自衛権」による安全保障として、具体的にどのような方法があるだろうか。その一例として、ジーン・シャープ「市民的防衛論（Civilian-Based Defense）」を紹介することとしたい。

「市民的防衛」とは、軍隊ではなく一般市民を防衛の主体とし、非暴力手段により市民生活を防衛するという安全保障方法論である。軍事兵器を用いず社会自体の力を用いて、国内での権力簒奪や外国による侵略を防止し防御するもので、武器として用いられるのは、心理的・社会的・経済的・政治的なものであり、かような武器の使い手は一般市民と社会における多様な組織である。[*2]これは、武装による専守防衛論（“defensive defense”measures）でも無抵抗主義でもない。シャープは、「軍事的な国防により軍事的勝利が保証されるわけではなく、敗北が常に起こり得る」として、武装による専守防衛論を批判する[*3]一方、「侵略に対して無抵抗の白旗論もとり得ない」という立場をとる。

シャープによれば、武装による専守防衛論の問題点は、①戦争が段階的に拡大する可能性、②一般市民の間に膨大な死傷者がほぼ確実に生じること。最終的に勝利したとしても、長期的な社会的・経済的・政治的・心理的な影響が残ることであり、[*4] 武装による防衛と比較して、「市民的防衛の方が、死傷者、破壊の双方において遙かに少ない程度で済む傾向がある」。[*5]

「市民的防衛」には、事前の準備・計画・訓練が必要とされる。非暴力抵抗の基礎的研究、侵攻者の政治組織の詳細な分析、厳しい抑圧に直面した場合にいかにして市民の抵抗力を維持出来るのか、攻撃を受けた場合に最も有効な情報交信網を維持することが出来るか等をめぐる研究に基づき、非暴力の闘争形態を可能な限り有効にするためには何が必要かを理解し、攻撃者の弱点を鋭く衝く方法を洞察することが、市民的防衛成功のための条件とされる。[*6]「市民的防衛」は、政治権力が社会における源泉(sources within each society) に由来するという理論に依拠する。この「権力の源泉」を拒否し分断することを通じて、大衆による支配者の抑制と侵攻者の打破が可能になるとシャープは主張する。[*7]

「非暴力の市民的防衛など非現実的」であり、「市民的防衛」成功のためには「人間の本性」をめぐる根本的な変革が必要ではないかという批判に対し、シャープは、非暴力闘争の事例が人類史を通してきわめて広範に至る場所で生じていること、それも、根本的に変革された高次の本性を持つ人間によってではなく、今日を生きる我々と同様に不完全な人々によって行われるものであることを指摘する。シャープによれば、非暴力抵抗に及ぶことが出来る力は、利他主義、寛容性、愛の信条、もう片方の頬を向けること(マタイ5—39)、「自己犠牲」により悪を除去したいという願望、これらのいずれに基づく必要もない。[*8]

### 3. 侵略に対する非暴力抵抗の事例と「市民的防衛」の前提

侵略に対する非暴力抵抗の事例として、シャープは、フランス・ベルギーによる侵略・占領からルール地方の防衛を図った1923年のドイツの事例、チェコスロヴァキアによるソ連・ワルシャワ条約機構による侵略・占領に対する1968～69年に行われた国防闘争の事例等を挙げる。この2件は、事前の準備・訓練もなく行われたものであり、洗練され、十分な準備と訓練を伴った非暴力闘争であれば、軍事的手段による防衛と比べて遙かに大きな潜在的な力を持つとされる。[*9]

外国による侵略、占領は、傀儡政権や従属的政府の樹立、住民を含めた領土併合、経済的搾取、資源の獲得、住民へのイデオロギー・宗教へのコミットメントの拡大、予想される軍事的脅威の除去、第三国攻撃のための装備・軍隊の輸送等という目的の下行われる。フランス・ベルギーによるルール地方侵略は、賠償金支払確保と、ラインラントのドイツからの分離が目的だった。1968年ソ連には、チェコスロヴァキアでの厳格な共産主義体制復活という目的があり、この目標達成のために、攻撃者は占領した国家を統治する必要があった。経済的搾取、物資輸送、イデオロギーの教化、住民立ち退きといった目的は、占領された国家の人・組織による多大な協力・支援がなければ達成出来ない。ただ国土を支配するだけでは目的達成とはいえない。抵抗者を取り締まるコストは、攻撃を仕掛けようとする潜在的侵攻者に大きく影響する。潜在的侵攻者はコストとベネフィットの計算を行い、成功する機会が小さくコストが高くつくのであれば、侵攻に及ぶことはなくなる。このような形で抑止力が機能するという展望をシャープは示す。[*10]

市民的防衛による抑止力を十分なものとするために、①「住民・組織による準備と訓練」、②「市民的防衛による動員可能で強力な防衛能力があることを、あらゆる潜在的攻撃者に対し正確に認識させる情報伝達プログラム」が必要とされる。[*11]事前の準備に含まれるものは、抑止効果と諫止効果の強化、戦略的な評価および計画、心構えの用意（混乱、恐怖、不安感の解消）、社会の組織・公務員・警察・留守部隊・政府機関による攻撃に備えた非協力と、公然たる拒否を行うための訓練、緊急事態対処の確立、備品・食糧・飲料水・エネルギー源・交信・その他の資源の備蓄、市民的防衛戦略の専門家組織の確立等である。[*12]

防衛戦略は、攻撃者による目的に応じて異なる。攻撃者の目的が経済的搾取であれば、防衛戦略は経済的なものとなり、攻撃者の目的が異なれば、防衛戦略も異なることになる。フランス・ベルギーの目的はルールの備蓄石炭の押収であったため、ドイツ側の防衛努力は、占領者を石炭貯蔵にアクセスさせないことに絞られ、炭鉱労働者のストライキ、鉱山占拠、輸送労働者によるボイコット等が多用された。ソ連のチェコスロヴァキア侵略では、政権のスターリン主義者への交代という政治的で大規模な目的があり、心理的・社会的・政治的圧力をかけて、抵抗運動は強力なスターリン主義者による協力政府の樹立の妨害に範囲が絞られた。[*13]

4．「市民的防衛」の具体的内容

シャープは、過去の歴史的経験から非暴力抵抗の事例として成果を挙げたものを198にわたって抽出している[*14]（198 Methods of Nonviolent Conflict）。

**公式声明**：1　パブリック・スピーチ、2　反対または支持の手紙、3　組織や機関による宣言、4　署名のあるパブリックな声明、5　告発と意図の宣言、6　グループまたは多数による請願、**より広範な聴衆とのコミュニケーション**：7　スローガン、風刺画、シンボル、8　バナー、ポスター、プラカードディスプレイ、9　リーフレット、パンフレット、本、10　新聞、雑誌、11　ラジオ、テレビ、12　空中文字、地上文字、**グループによる表現**：13　代表団の設置、14　模擬的な賞の授与、15　グループでのロビー活動、16　ピケを張る、17　模擬選挙、**象徴的なパブリック行動**：18　旗や象徴的な色のディスプレイ、19　象徴を身に纏う、20　祈りと礼拝、21　象徴的な品の配布、22　脱衣による抗議、23　自分の所有物の破壊、24　象徴的な照明、25　肖像のディスプレイ、26　抗議としての落書き、27　新しい標識や名前の掲示、28　象徴的な音を鳴らす、29　象

― 216

徴的な返還要求行動、30　粗野な身振り、個人に対する圧力：：31　当局担当者への〝付きまとい〟、
視、32　当局担当者をなじる、33　抗議対象者と親交を深めて当方の影響を及ぼすこと、34　終夜監
進：：38　**演劇、音楽**：：35　ユーモラスな寸劇やいたずら、36　演劇や音楽会の上演、37　行進、歌を歌う、
43　政治的な葬送、44　模擬的な葬儀、45　示威的な葬儀、46　埋葬地の参拝、パブリックな集会：：
47　抗議あるいは支援の集会、48　偽装した抗議の会合、49　討論会の実施、50　**討論会の会合、撤**
**退と放棄**：：51　立ち去る、52　沈黙、53　勲章の放棄、54　背を向ける、**社会的非協力の方法・人**
**物の排斥**：：55　社会的なボイコット、56　選択的で社会的なボイコット、57　リシストラータ（女
の平和）的ボイコット、58　破門、59　聖務禁止令、**社会行事、習慣、機関に対する非協力**：：60　社
会的ないしはスポーツ活動の一時停止、61　社会的行事のボイコット、62　学生ストライキ、63　社
会的不服従、64　社会的機関からの脱退、**社会制度からの撤退**：：65　家に閉じこもる、66　完全に
個人的な非協力、67　労働闘争、68　避難所の設置、69　集団失踪、70　抗議の移民（ヒジュラ・
アラビア語で、イスラムの預言者ムハンマドと教友が、迫害を避けるためにメッカからメジナに移
住したことの意）、**経済的な非協力の方法⑴経済的なボイコット・消費者による行動**：：71　消費者
ボイコット、72　ボイコット商品の非消費、73　緊縮家計作戦、74　家賃の不払い、75　賃貸借の
拒絶、76　全国消費者ボイコット、77　海外消費者ボイコット、**労働者・生産者による行動**：：78　労
働者ボイコット、79　生産者ボイコット、仲介業者による行動、80　卸・小売業者ボイコット、**所**
**有者と経営者による行動**：：81　小売業者ボイコット、82　土地賃貸・売却の拒絶、83　ロックアウ
ト、84　産業支援の拒否、85　商人「ゼネスト」、**有産者による行動**：：86　銀行預金の解約、87　料
金、会費や税金の支払拒否、88　負債、利息支払の拒否、89　資金、信託の解除、90　政府に対す
る支払の拒否、91　**政府発効通貨の拒絶、政府による行動**：：92　国内経済封鎖、93　小売業者のブ

ラックリストへの記載、94　輸出業者に対する経済封鎖、95　輸入業者に対する経済封鎖、96　国際貿易の経済封鎖、**経済的非協力の方法⑵ストライキ・象徴的ストライキ**：97　抗議ストライキ、98　急の立ち去り（稲妻スト、一部の組合員が組合指導部の承認を得ず、独自に行うストライキのことで、数時間を超えないもの）、**農業ストライキ**：99　農民ストライキ、100　農場労働者ストライキ、**特定のグループによるストライキ**：101　賦役の拒否、102　受刑者ストライキ、103　職人ストライキ、104　専門職ストライキ、**通常の産業ストライキ**：105　会社ストライキ、106　産業ストライキ、107　同情ストライキ、**部分的なストライキ**：108　一部スト、109　バンパーストライキ、110　減産ストライキ、111　順法ストライキ、112　仮病、113　辞職によるストライキ、114　限定ストライキ、115　選択的ストライキ、**複合的産業ストライキ**：116　一般的ストライキ、117　ゼネラルストライキ、**ストライキと経済閉鎖の組み合わせ**：118　同盟休業、119　経済停止、**政治的非協力の方法・権力の拒絶**：120　権力への忠誠の保留・撤回、121　公的サービス拒否、122　文章やスピーチによる抗議の提唱、**政府に対する市民的非協力**：123　立法府のボイコット、124　選挙のボイコット、125　政府の雇用や就職のボイコット、**市民による服従に替わるもの**：126　政府省庁、諸機関のボイコット、127　政府による教育機関からの退学、128　政府が支援する機構のボイコット、129　警察等への協力の拒否、130　標識・表札の取り外し、131　公務員への指名の受託拒否、132　既存機関の解散の拒否、**従順な市民に替わるもの**：133　消極的で緩慢と従う、134　直接の監督が不在である限りにおいての不服従、135　庶民的不服従、136　フェイント不服従、137　集会または会合の解散の拒否、138　座り込み、139　徴兵、国外追放に対する非協力、140　潜伏、逃亡、偽名の使用、141　「正統性に欠ける」法律に対する市民的不服従、**政府職員による行動**：142　政府による支援に対する選択的な拒否、143　命令や情報系統の遮断、144　遅滞、妨害を起こす、145　一般事務従事者による非協力、146　司法関係者による非協力、147　警察関係者による意図的な非効率化および選択的非協力、148　任務遂行拒否、**政府による国内的行動**：149　準法的な回避、遅延、150　地方政府による非協力、**他国政府による行動**：151　外交等の代表の変更、152　外交行事の遅延やキャンセル、153　外交的な承認の保留、154　外交関係の断絶、155　国際機構からの脱退、156　国際機関に対する参加の拒否、157　国際機関からの除名、**非暴力介入の方法・心理的介入**：158　自己犠牲、159　断食、(a)倫理的圧力を加えるための断食、(b)ハンガー・ストライキ、(c)サティヤーグラハ（非暴力不服従）的断食、160　逆提訴、161　非暴力的なハラスメント、**物理的介入**：162　座り込み、163　立ち尽くし、164　無許可乗車、165　入場禁止の海や池への無許可の侵入、166　歩き回り、167　無許可で祈祷、168　非暴力的な襲撃、169　非暴力的な空襲、170　非暴力的な侵入、171　非暴力的な介入、172　非暴力的な妨害、173　非暴力的な占拠、**社会的介入**：174　新たな社会的行動パターンの確立、175　統治機関への過大な仕事の要求、176　業務停滞、177　集会での介入演説、178　ゲリラ演劇上演、179　代替的な社会機関を立ち上げること、180　代替的な通信システムを立ち上げること、**経済的介入**：181　逆ストライキ、182　居座りストライキ、183　非暴力的な土地占拠、184　封鎖を無視すること、185　政治的動機による偽造、186　妨害的な買占め、187　資産の差し押さえ、188　投げ売り、189　選択的な支援、190　別の市場を立ち上げること、191　代替的な輸送システムの立ち上げ、192　代替的な経済機関の立ち上げ、**政治的介入**：193　行政システムを仕事で過負荷に追い込む、194　秘密警察の身分の暴露、195　投獄を自ら希望する、196　「中立的な」法律に対する市民的不服従、197　非協力的な形での労働従事、198　二重統治と並行政府。

以上の198の方法の中には、特定の文化や宗教に依存したものも含まれており、その全てが日本の安全保障という文脈で有効と考えられるわけではない。しかし、軍事力に依拠しなければ安全保障は不可能という固定観念を打破し、「武装による専守防衛論」でも「白旗論」でもない、「戦争によらざる自衛権に基づく安全保障の方法論」という「第三の道」の可能性を示すものとして、「市民的防衛論」には一定の意義が認められるものと考える。

勿論、市民的防衛者への抑圧は厳しいものとなることが予測される。「市民的防衛」における人的犠牲が過小評価されるべきではないことを、シャープは強調している。*15 浦田一郎が指摘するように、「非武装平和主義は、「一国平和主義」と揶揄されるような気楽なもの」では決してない。*16「しかしそれでも、軍事的紛争と比較すれば、市民的防衛には、死傷者、破壊の双方において遥かに少ない程度で済む傾向がある」*17。

国際社会の第三者に対する体面が損なわれると判断される場合、武力侵攻の継続におけるコストが過剰と判断される場合、現状を踏まえて侵攻者内における意見が分裂し、非暴力抵抗主体側の要求に応じる方が得策と判断される場合、非暴力抵抗主体側の意向を拒絶することから生じる経済的損失を最小限に抑えたいと判断される場合等、リアリズム的な見地からの安全保障が意図されている。

日本国憲法9条をめぐる制憲者意思は、2項前段で警察力を超える実力説的に理解された「戦力」の全面的不保持を採る、「戦争によらざる自衛権」論として把握されるものである。「市民的防衛」は、かような憲法9条に適合的な安全保障方法論として位置づけられるものであり、さらなる参照の対象たるべきことを指摘して擱筆することとしたい。

【注】

（1）『憲法改正草案枢密院審査委員會審査記録』。
（2）Gene Sharp, *Civilian-Based Defense- A Post-Military Weapons System*, Princeton University Press, 1990, at vii
（3）*Ibid.*, at 4.
（4）*Ibid.*, at 5.
（5）*Ibid.*, at 146.

(6) *Ibid.*, at 7.
(7) *Ibid.*, at 7.
(8) *Ibid.*, at 120.
(9) *Ibid.*, at 18.
(10) *Ibid.*, at 85-86.
(11) *Ibid.*, at 87.
(12) *Ibid.*, at 117.
(13) *Ibid.*, at 92-93.
(14) Gene Sharp, *From Dictatorship to Democracy - A Conceptual Framework for Liberation*, Serpent's Tail, 2012, at 124-135.
(15) Sharp, *Supra* note 2, at 95-96.
(16) 浦田一郎『現代の平和主義と立憲主義』（日本評論社、1995年）79頁。
(17) Sharp, *Supra* note 2, at 146.

# 第4章　24条の平和主義と北海道
## ——非軍事・非武装・非暴力のゆくえ

清末　愛砂

【要旨】

家庭生活における個人の尊厳と両性の本質的平等を謳う憲法24条は、憲法学の通説上、男性優位の秩序からなる家制度の廃止をもたらしたという観点から、消極的な意味で自由権と平等権を保障した条文として解釈されてきた。しかし、1980年代後半以降に同条を積極的に再評価する試みがはじまり、家制度廃止以降の家族におけるジェンダー規範に基づく暴力や差別を根絶するための条文として解されるようになった。また、ジェンダー規範によってつくられた〈男らしさ〉としての戦闘性と男性優位の秩序からなる軍事組織の否定等を読み込み、非暴力に基づく社会を構築するための条文として位置づける解釈も生まれた。本稿の前半ではこうした同条の平和主義の意義について解説する。後半では、2018年12月に決定されたあらたな防衛大綱に基づき、これまで以上に自衛隊の演習場として活用されることが想定される北海道(自衛隊関連施設の約半数がおかれている)での自衛隊を中心とするまちづくりの実態を遠軽町や千歳市を例にしながら紹介する。それを通して、そうしたまちづくりが住民の日常生活に及ぼす影響等を社会の軍事化の側面から検討する。最後に、24条の平和思想が社会の軍事化に抗するための重要なツールになることに言及し、そうであるからこそ市民の間でそれを共有する必要があることを示す。

## 1．はじめに――24条改憲論復活のおそれ

２０１９年7月21日に実施された参議院選挙の結果、自民党がめざしている改憲を支持すると思われる議員の数がわずかの差で憲法改正発議に必要とされる3分の2に届かない状況が生まれた。自民党は9議席を減らしたにもかかわらず、また選挙期間中は改憲が大きな焦点にならなかったにもかかわらず、選挙後早々から自民党総裁の安倍晋三首相は、世論は改憲議論にイエスと主張し、改憲議論を進めていく考えを明示した。加えて、２０１８年3月に自民党憲法改正推進本部が作成した改憲4項目たたき台素案に必ずしもこだわるわけではないことも示した（『日本経済新聞』２０１９年7月22日付〔電子版〕等）。

こうした姿勢は、世論がどうであれ首相就任中に改憲実績をどうしてもつくりたい、という安倍氏の改憲に向けた執着をあらわすものであろう。そもそも、改憲の前提には国民の中からそれを強く望む声が出ていることが立法事実として求められるが、かねてより改憲を強く訴えてきた自民党が議席を減らしたという明白な事実は、改憲に対する立法事実が存在しないことを意味している。それを無視する形で、あるいは別の言い方をすれば〈国民は改憲にイエス〉という架空の物語を提示することで、ウソの立法事実をつくりだしているということもできよう。

野党の中には自民党の4項目、とりわけ自衛隊の憲法明記と緊急事態条項（国家緊急権）の導入には賛成できないが、改正が必要な条文があるという立場をとる野党もある。国民民主党の玉木雄一郎代表は、メディアのインタビューの中で4項目の取り下げを求めながらも、衆議院の解散権の制約や同性婚の法制化のための24条の改正等を唱えている（『時事ドットコムニュース』２０１９年8月16日付）。こうした政党を取り込む戦略として、自民党が4項目とは別の項目をあらたに候補として提案することも考えられる。その際に、１９５０年代にはじまった保守改憲勢力による〈憲法改正〉を求める動きの中で常に対象となってきた24条が、議論の俎上に載る可能性があろう。すでに２０１９年9

月21日に富山市で行われた講演会で、自民党選挙対策委員長の下村博文氏（元同党憲法改正推進本部長）が改憲議論の項目として、同性婚を可能とするために24条1項の改正等を例示したとの報道がなされている（『日本経済新聞』２０１9年9月21日付〔電子版〕等）。

なお、同性婚の法制化は24条の改正を必要とするものではない。なぜなら同条は①同性婚を禁止するためにつくられたわけではないことに加え、②1項の両性の合意のみに基づく婚姻の成立とは異性婚の婚姻成立要件を示すものであり、③同性婚の法制化はむしろ2項が要請する個人の尊厳に基づく立法にしたがって実現可能であると解釈できるからである。

自民党政務調査会・憲法調査会憲法改正プロジェクトチームが２００4年に発表した「論点整理」では同条の見直しを求める意見が出され、同党の２０１2年の「日本国憲法改正草案」にいたっては、同条の新設項として①家族が社会の基本的単位であること、および②家族が助け合わなければならないことを盛り込む案等が具体的に示されている。こうした経緯があることから、また「家族の助け合い」という〈道徳的〉に美しく響きかねない言葉を耳にすれば、容易に賛成する国民が一定以上いることが予想できることから、改憲の実績作りのための戦略として、そもそも本命の一つであった24条の改憲議論が復活するかもしれないのである。

本稿ではその24条に着目し、１９８０年代後半以降の再評価の試みとそこから導くことができる非軍事・非武装・非暴力の思想を整理しながら、同条が9条とともに憲法の平和主義原理を構成する重要条文であることを概説する。その上で、日本で最も多くの自衛隊関連施設を有する北海道での自衛隊依存のまちづくりと社会の軍事化の関係を検討し、そこから24条の平和思想が求められる理由を模索する。

## 2．憲法24条起草者の意思

（1）24条の起草者ベアテ・シロタ・ゴードン

家庭生活における個人の尊厳と両性の本質的平等を謳う憲法24条の原案は、GHQ民政局のスタッフであったベアテ・シロタ・ゴードンにより起草された。オーストリア生まれのベアテは、幼い頃に家族とともに約10年間日本で暮らしたことがあった。ユダヤ人である父レオ・シロタが、ヨーロッパで吹き荒れる反ユダヤ主義から逃れるために、東京藝術大学の教授に就任したからである。

GHQ民政局のスタッフとして憲法草案の起草にかかわることになったとき、ベアテは「女性が幸せにならなければ、日本は平和にならないと思った。男女平等は、その大前提だった」（ベアテ・シロタ・ゴードン（平岡磨紀子構成・文）『新装版　1945年のクリスマス――日本国憲法に「男女平等」を書いた女性の自伝』柏書房、1997年、159頁）と考えた。日本社会に対してこうした発想を持ちえたのは、家族とともに過ごした日本で女性が社会に根付くジェンダー規範や性差別的な家制度等により抑圧されている姿を目にしてきたからである。

ベアテがいう〈男女平等〉とは、単純に女性に男性と同様の権利を認め、平等な機会を保障することのみを意味していたわけではない。むしろその視点は、子どもや女性を含む社会的に弱い立場にある人々の人権擁護に向けられていた。そのためのさまざまな条文案（例えば、非嫡出子の平等な取扱い等）を起草したが、残念ながらそれらの多くはGHQ案から削除された。

（2）男性優位の秩序に基づく家制度とその廃止

家制度とは、近代民法で一般的にみられる父権および夫権を規定するフランスのナポレオン法典をモデルにして制定された明治民法に基づく、日本独自の家族に関するしくみのことである。各家には戸主が置かれ、原則長男が単独で家督（＝戸主の地位や権限、財産）を相続していた。戸主は家族の構成員（＝戸主と同じ戸籍にいる者）に対する扶養義務を負っていたが、同時に例えば、身分や家籍にかかわる婚姻や養子縁組への同意権、家籍変動同意権、居所指定権等の構成員に対する一定の権限が認められていた。女性が戸主になることもあったが、それは例外的なものであった。このように家制度は男性優位の秩序から成り立つしくみであった。また、夫婦間も、例えば夫に妻の財産の管理権が付与されていたり、子の親権が原則父親のみに認められていたりする等、法的に不平等な関係にあった。すなわち、大日本帝国において、女性は父権と夫権に基づく家父長支配および性支配という二重の抑圧下におかれていたのである。

家制度は、現行憲法にしたがってなされた1947年の明治民法の大改正により廃止された。その際に憲法上の根拠となった条文は13条（個人の尊重、生命・自由・幸福追求の権利）、14条1項（法の下の平等）、そしてなによりも24条であった。24条が①両性の合意のみに基づく婚姻と夫婦の平等の権利（1項）、②個人の尊厳と両性の本質的平等に基づく、配偶者の選択、財産権、相続、住居の選定、離婚や婚姻およびその他の家族に関する事項の立法化（2項）を規定している以上、性差別的な家制度は存在しえないからである。

## 3．憲法24条の積極的再評価と平和主義

### （1）憲法学上の通説と80年代後半以降の再評価の動き

憲法学の通説上、24条は家制度の廃止をもたらしたという観点から、消極的な意味での自由権と平等権を保障した条文として理解されてきた。すなわち、性差別的な意味での抑圧の装置であった家制度から女性を解放し、それにより社会の平等と民主化が促されたという解釈である。それ以上の価値が見いだされることなく、研究対象としても注目をあびなかった。

しかし、1980年代後半以降にその流れが大きく変わっていく。家制度廃止以後の24条の意義・役割を積極的にとらえなおそうとする再評価の試み――消極的解釈から積極的解釈へ――がはじまった

からである。1970年代の女性解放運動を経て、1980年代には既存の知をジェンダー視点から再構築しようとする女性学&ジェンダー・スタディーズが盛り上がりをみせるようになったが、24条の再評価の試みもそうした学問上の流れの一環にあるといえるだろう。

家制度の廃止が女性に一定レベルの自由をもたらしたことは間違いないが、それは女性が安心して家庭生活を送ることができるようになったことを意味するものではない。家族に象徴される私的領域では、いまなおジェンダー規範に基づく性別役割分担やそれが生み出す従属関係に起因するDV等の暴力が存在している。24条の再評価の試みにおいては、同条を家制度の廃止だけではなしえなかった家族内でのジェンダー差別や暴力からの解放のための条文、またはそれらを克服するための条文として位置づけるようになった。換言すれば、個人の尊厳の侵害をもたらす支配関係ではなく、暴力が介在しない対等な関係を築くための条文ということができよう。

また、24条が否定する家庭生活におけるジェンダー規範に基づく差別や暴力からの解放は、憲法前文が謳う「平和のうちに生存する権利」(平和的生存権)の保障の範疇に含まれると考えることもできよう。平和的生存権を構成する重要な要素は「恐怖」と「欠乏」からの解放であるが、恐怖を生み出す暴力とは戦争や武力行使に限定されるものではない。私たちが暮らす社会には、公的領域・私的領域を問わず、例えば、職場や学校でのいじめや各種のハラスメント、性暴力、児童虐待、ヘイトスピーチ等、さまざまな形態の暴力や差別が存在している。被害者の視点からみれば、これらはすべて恐怖に相当するものであろう。いうまでもなく、その中には24条が否定する家族生活におけるジェンダー差別やそれに基づく暴力も含まれる。このように恐怖の概念を幅広くとらえると、「平和＝戦争や武力行使がない世界」という限定された図式が看過してきたものを網羅することができ、それは平和的生存権の適用範囲を広げることにつながる。この点からも、24条と平和主義および平和的生存権との関係をみいだすことができよう。

### （2） 24条のもうひとつの平和主義的視点――男性中心の軍国主義の否定

上述のように、24条は大日本帝国の土台を支えたしくみのひとつである家制度を解体することに大きな役割を果たした条文である。帝国主義および植民地主義国家であった大日本帝国は軍国主義を拡大させながら、帝国の維持と支配力の拡大を図った。対内的には、その体制に従順にしたがう強い愛国心を有する国民（当時は元首かつ唯一の主権者であった天皇の〈家来〉という意味で「臣民」と呼ばれていた）をつくるために、教育勅語等を用いて皇民化教育／愛国教育を行った。皇民化教育ほどではないにしろ、男性優位および男性支配に基づく家族秩序を法制化した家制度もまた、同帝国の軍国主義を支える役割を担っていた。

ジェンダー視点から平和教育や平和研究に従事してきた教育学者ベティ・リアドンが指摘するように、軍国主義は「家父長政治によって支えられており、家父長政治の構造と慣習は、国家のなかに体現され、民族国家体制の基本的パラダイムを形成している。だからこそ、この体制のあらゆる側面で、性差別主義的偏見は不可避」（ベティ・リアドン『性差別主義と戦争システム』勁草書房、１９８８年、29頁）となる。まさに家制度がそうであったように。また、そのような軍国主義を体現する手段のひとつである軍隊は、必然的に敵を勇敢に打ち負かすこと、すなわちジェンダー規範からみれば〈男らしい〉とされる戦闘性を示すことが強く要請される組織となる。そうであるからこそ、その内部はジェンダー規範に基づく男性中心の縦社会によって維持されてきたのである。

この点から考えていくと、家制度の廃止は男性優位の家父長的な軍国主義に依拠した体制からの脱却を意味し、またそれを果たした24条は家制度同様に男性中心の秩序からなる軍事組織そのものを否定する非軍事・非武装な社会を構築するための条文であると読み解くことができよう。それゆえに、同条は9条とともに非暴力な社会を生み出し、それを支える両輪となっているのである。ただし、社会の非暴力性を支える条文はこれら2つに限定されるわけではなく、基本的人権を保障する他のさまざまな人権条項と密接にかかわりながら、相互に補完しあう関係にあることにも留意が必要である。

## 4. 自衛隊関連施設が多い北海道に住むということ

### (1) 身近な存在である自衛隊

沖縄県と北海道にはそれぞれ在日米軍(沖縄)と自衛隊の関連施設(北海道)が集中している。自衛隊関連施設の半数近くにあたる42%が北海道にあり、その面積は約460平方キロメートルである(防衛省・自衛隊『平成30年版防衛白書――日本の防衛』2018年、432頁)。道内にいると、移動する陸上自衛隊のトラック等の車両を頻繁に目にする。それだけ関連施設があるということは、自衛隊が道内の有力就職先のひとつであることも意味している。実際に筆者の勤務先の大学でも、毎年親きょうだいが自衛官という北海道出身の学生に会う。道民にとっては、親きょうだい、親戚、友人や知人の中に自衛官がいるのは極めて〈普通〉のことである。換言すれば、道民の日常生活において、自衛隊の関連施設(駐屯地や演習場等)やそこで勤務する自衛官の姿は見慣れた光景なのである。筆者は8年前の2011年に北海道に引っ越したが、それまでは北海道に自衛隊関連施設が多数存在することは知っていたものの、正直に書くとここまでその存在が身近なものであるとは思っていなかった。実際に、筆者の職場・住居から車で約15分程度のところに陸上自衛隊の幌別駐屯地(登別市)がある。

ここでは、「自衛隊の町」のひとつとして知られる遠軽町の様子を身近な存在の例として紹介する。遠軽町(紋別郡)は北海道北東部にあるオホーツク海に近い内陸の町である。中心部から約2キロ離れたところに陸上自衛隊遠軽駐屯地があり、当然ながら町内には自衛官とその家族が多数住んでいる。遠軽町の人口は約2万人であるが、うち10%にあたる約2000人が自衛官とその家族といわれている。町中を移動すると否応でも目に入るのが、陸上自衛隊遠軽駐屯地存置期成会等が作成した巨大な看板である。これらの看板が掲げるキャッチフレーズは「めざそう日本一」である。最初にこのキャッチフレーズを目にした瞬間は、すでに駐屯地が存在している以上、何の日本一をめざしているのかわからなかったが、地元の平和運動関係者と話しているうちに、その主旨が自衛隊やその関係者に最も快適に過ごしてもらうことができる町としての日本一をめざすアピールであることがわかってきた。

遠軽駐屯地からはこれまで、イラク人道復興支援特別措置法に基づく2004年のイラク派遣や2010年のハイチ大地震の被災者支援・復興支援のための派遣等で、自衛官を海外に派遣している。イラク戦争以後、遠軽町では陸上自衛隊が毎年6月に市中パレードを行うようになった。そこには、町民のみならず遠軽町長や周辺の他の町の町長まで参加している。ハイチ派遣の際は遠軽町長が派遣された自衛官の激励のために、わざわざハイチまで出かけた。まさに町をあげての大歓迎ぶりである。なお、陸上自衛隊遠軽駐屯地存置期成会は任意団体である

遠軽町福祉センターの外壁に掲げられている看板。2019年５月１日、清末撮影。

が、会長は町長が務め、活動予算の一部として町費の一般的な補助金が交付されているという。実質的に町が自衛隊の駐留を支援するための団体として機能しているといえよう。町の中心部にある通りは「連隊通り」と呼ばれているが、これは期成会が町議会を通さずに一方的につけた愛称である。

遠軽町が自衛隊の町と呼ばれるのは、単純に駐屯地があるからではない。町民の個々の思いは一枚岩ではないとはいえ、町全体に自衛隊の存在を歓迎・支援するムードや体制がつくられ、自衛隊を受け入れてきた実績を積極的にアピールするまちづくりがあからさまになされているからである。

演習場を含む自衛隊関連施設を受け入れている自治体には国から各種の交付金が入り、また自衛隊関係者の在住により一定の人口と税収も確保できるため、多くの自治体、とりわけ産業の衰退やそれにともなう人口減により予算の獲得に苦しんでいる自治体にとってみれば、受け入れ自体が大きな魅力を伴うものである。しかし、軍事組織である自衛隊に依存したまちづくりが進めば進むほど、コミュニティの各側面にはその影響が大なり小なり及んでいくことになる。時間の経過とともに住民も受け入れに慣れ、それを支えることに何ら疑問を持たなくなる。加えて、こうしたまちづくりに違和感を覚える住民がものを言いにくくなる雰囲気も生まれる。遠軽町以上に自衛隊の町として知られる千歳市は、人口約9万7000人のうち、現役の隊員とその家族および退職者とその家族が3分の1近くを占める。陸上自衛隊の東千歳駐屯地や北千歳駐屯地、航空自衛隊の千歳航空基地があるからである。ただし、最近は札幌市に比較的近く、また大きな商業港を持つ苫小牧市と札幌市との間にあることから、自衛隊関係者以外の転入者が多くなり、全体的に市の人口が増加現象にあるため、退職者を含む自衛隊関係者の割合は減少気味にある。

千歳市では、市民が駐屯地・基地や大きな騒音をともなう演習（日米共同演習も含まれる）に不満を持っても、まわりに自衛隊関係者が多いため、自衛隊のことを悪く言いにくい雰囲気ができあがっている。同市は、自衛隊側が自衛隊関係者を町内会の活動等に積極的に参加させることで市民の間で受け入れを容易にさせる方針をとっているモデル地区であり、長年の実績があることから自衛隊関係者にとっても快適で過ごしやすい町となっている。

（2）30大綱と北海道の演習場化の促進

２０１９年12月18日に国家安全保障会議および閣議で決定された「平成31年度以降に係る防衛計画の大綱について」（以後「30大綱」という）において、北海道には陸上自衛隊の作戦起動部隊の半数を維持すること、すなわち現状維持を継続することが明記された（30防衛大綱の全文は、防衛省・自衛隊のウェブサイトの次のページから読むことができる。https://www.mod.go.jp/j/approach/agenda/guideline/2019/pdf/20181218.pdf）。北海道には北海道大演習場、矢臼別演習場等の陸上自衛隊の訓練施設等（30大綱の表現を借りれば「良好な訓練環境」となる。同上25頁）があるからである。現在、自衛隊の配備強化は南西諸島で集中的に行われているが、30大綱がいうように「統合輸送能力により迅速に展開・移動させることを前提」（同頁）にすれば、北海道で演習をさせ、そこから南西諸島に配備していくことが十分可能ということになる。また、30大綱は自衛隊の訓練について「北海道を始めとした国内の演習場等や国外の良好な訓練環境の整備・活用に加え、米軍施設・区域

遠軽町の中心部に掲げられている看板。2019年５月２日、清末撮影。

の共同使用、自衛隊施設や米軍施設・区域以外の場所の利用等を促進する」（27頁）と述べている。

30大綱からは、今後ますます北海道を演習場として活用していく意図を明確に読み取ることができる。先述のように沖縄には在日米軍基地が日本で最も集中しているが、それは米軍の単独使用の場合を指すのであり、米軍と自衛隊との共同使用の施設を含めると、在日米軍が最も集中しているのは北海道である。例えば、東千歳駐屯地と北海道大演習場（東千歳地区）の敷地の双方にまたがる形で、米軍の情報施設であるキャンプ千歳がある。30大綱に基づく北海道の演習場化問題を考える際には、米軍施設・区域の共同使用のゆくえも看過するわけにはいかない。

２０１９年8月26日の夜、北海道の釧路管内で陸上自衛隊による長距離機動訓練がはじまり、戦車を含む戦闘車両が釧路駐屯地から釧路港までの公道を走行した。戦車を用いた公道訓練が釧路市街地を通る形で実施されるのははじめてのことであった（『北海道新聞』２０１９年8月27日付）。町の中を戦車が走る姿を想像してみてほしい。訓練であろうとも、市民の中にはその姿が戦争や武力行使の可能性を身近に感じさせる光景に映った者もいるだろう。だからこそ、当日は戦車の公道訓練に反対する抗議行動が走行する自衛隊車両の前で行われたのである（同上）。

千歳市では戦車の公道訓練が日常的に実施されている。東千歳駐屯地には戦車等の専用の出入口があり、ここから10キロほど離れた北海道演習場（千歳地区）に向けて、通称「戦車道路」（C経路）と呼ばれる公道を戦車等の車両が走行する。一般車も走行しているこの道路は戦車の重量に耐えることができるように舗装されている。このように市民の日常空間にしっかりと入りこむ形で自衛隊の訓練が展開されており、すぐそばでそれを目にしながら人々が暮らしている。公道演習を含む演習の光景およびそこから生じる騒音等が人々の日常生活の一部を形成し、それらに慣らされているため、実際に戦争や武力行使がはじまっても、特別なアナウンスがなければ、市民はそのことに気がつかないかもしれないという指摘も地元にはある。

30大綱の下で北海道の演習場化が進めば進むほど、筆者を含む道民は軍事が当たり前のように存在する生活空間に住むことを余儀なくされ、またその蓄積による慣れにより〈安全保障〉や〈国防〉の名の下で軍事が優先されていく生活に違和感を覚えなくなっていくだろう。あるいはそうした感覚を持つこと自体に躊躇したり、後ろめたさを感じたりするようになるかもしれない。戦争や武力の行使等の放棄、戦力の不保持および交戦権の否認を規定する9条を有する憲法の下では、そもそも軍事化された社会が本来的には存在しえないものであるにもかかわらずである。

## 5. おわりに
### ——社会の軍事化に抗するための24条

本稿の前半では、憲法学と護憲運動の双方において大きな関心が持たれてこなかった憲法24条を取り上げ、とりわけ１９８０年代後半以降にはじまった同条の再評価の試みとその延長線上にある平和主義を構成する重要条

東千歳駐屯地の戦車等の専用出入口。2019年９月５日、清末撮影。

文としての意義について検討した。後半では筆者が住む北海道に自衛隊関連施設の約半数がおかれている点に着目し、自衛隊依存のまちづくりとそれにともなうコミュニティの軍事化の問題を議論した。

本稿で検討したように、24条は非軍事・非武装・非暴力な社会を構築する上で、9条とともに平和主義の両輪となる条文として位置づけることができる。同条はそうした社会を構築するために、各々の家族（その形態は多様である）が①武器の使用を含むさまざまな暴力に依拠しない人間を育てる場、②軍国主義とそれを支える愛国心を強制しようとする国家（政策）に従順に従わない人間を育てる場、③強権的な政府を生まない努力をする人間を育てる場、④万が一強権的な政府が生まれてしまったときに、非暴力でそれに抵抗できる人間を育てる場になることを求めているのではないだろうか。その上で公権力に対し、家族がそうした場になるための家族政策をとることを要請していると解することができる。24条の平和思想は、武力に依拠した〈安全保障〉や〈国防〉のために家族を利用することとは、真逆の発想にある。

安保法制の下で武力行使を目的とする自衛隊の海外派兵がなされるようになると、〈安全保障〉や〈国防〉の名の下で、海外で戦う自衛隊・自衛官を社会全体で支えることを是とする社会づくりが少しずつ進められていくであろう。同時に海外で勇敢に戦う自衛官を支えることが家族の務めであるかのような論調が力を持つようになり、それを支えるための施策も導入されるようになるかもしれない。平和主義を構成する条文のひとつである24条は、このような社会が形成されないようにするためにあり、こうした流れに抗する際の重要な根拠条文になりうる。

演習場としてのさらなる活用が想定され、また自衛隊関係者が多数住んでいる北海道においては、今後はこれまで以上に上記のような社会づくりが進められることが予想できる。そうであるからこそ、社会の軍事化に歯止めをかけるために24条の平和主義の精神が道民の間で広く共有されることが求められているのではないだろうか。平穏な日常生活よりも軍事が優先される社会、そうした状況に住民が慣れさせられた社会の先には、自らの家族が戦場に送られるときにものが言えなくなる社会、または家族としてそれを称えざるをえない社会が待っている。

【主な参考文献】

・法學協會編『註解日本國憲法（上巻）』有斐閣、1948年
・宮澤俊義『法律學体系　コンメンタール篇1　日本國憲法』日本評論社、1955年
・清末愛砂「重要条文・憲法二四条はなぜ狙われるのか」塚田穂高編著『徹底検証　日本の右傾化』筑摩書房、2017年、182―201頁
・中里見博、能川元一、打越さく良、立石直子、笹沼弘志、清末愛砂『右派はなぜ家族に介入したがるのか――憲法24条と9条』大月書店、2018年

＊本稿第4項の執筆にあたり、筆者を講師として招いてくださった「遠軽九条の会」の関係者の方々、「米軍問題を考える会」事務局長およびフリーランスの北海道平和基地ガイドを務めておられる谷上隆さんに、現地案内や情報提供等で大変お世話になりました。この場を借りて御礼申し上げます。原稿の内容にかかる責任は、本稿執筆者が負うこともここで明記させていただきます。

# 第5章　新防衛計画大綱、中期防から見えてくるもの

稲　正樹

【要旨】

２０１８年12月に策定された30防衛計画大綱と31中期防は、軍事的安全保障の呪縛の中で、中国・北朝鮮を仮想敵国として、専守防衛の名前のみを残しながら、さらなる日米の軍事協力の強化路線を目指している。２０１３年の「統合機動防衛力」概念に代わって、「多元的統合防衛力」概念を前面に押し出し、従来の陸海空の３次元（作戦領域）に宇宙・サイバー・電磁波の３次元を加えた、自衛隊の統合運用体制を計画している。米軍の体制に合わせるとともに、宇宙、サイバー、電磁波の次元で強化されている中国軍に対抗することを志向したものである。敵基地攻撃能力の獲得、統合ミサイル防空の採用、南西地方における島嶼防衛の名目による対中共同作戦の拠点化、統合司令部の創設など、30防衛計画大綱と31中期防は、「戦争する国づくりの完成に向けた大軍拡宣言」であり、自衛隊は専守防衛を脱ぎ捨てた外征軍に変質を遂げようとしている。

安倍政権の「戦争をする国づくり」と大軍拡計画を阻止する力の結集の必要性を、改めて痛感している。それとともに、このような防衛計画大綱に代わる選択肢、アメリカとの軍事同盟とその下での自衛隊の国防軍化・外征軍化の道ではない選択肢を、説得的に提示し、憲法の軍縮平和主義を実現する憲法構想を具体的に提案する努力を果たしていくことが急務である。

## はじめに

「防衛計画の大綱」とは何か。それは「日本の防衛力のあり方、自衛隊の態勢・定員・装備などを長期

的見地に立って規定する最高方針文書で、閣議決定によって自衛隊にしめされる文書」[*1]のことである。これまで、1976年・三木内閣、1995年・細川—村山内閣、2004年・小泉内閣、2010年・鳩山—菅内閣、2013年・安倍内閣と5回策定された。10年程度を踏まえる長期計画であり、一内閣で二つの大綱という前例はない。今回安倍政権が昨年、2018年12月に決定した新防衛計画大綱（制定された年の元号による年表示を元にして30大綱と一般に呼称）は、それ以前の2013年の25大綱以後に策定された、2015年のガイドラインと安保法制（戦争法）の発動を可能にするために作成されたと考えることができる。

本稿では、この30大綱（平成31年度以降に係る防衛計画の大綱[*2]）と、大綱とともに策定された中期防「中期防衛力整備計画（平成31年度～平成35年度）[*3]」（一般に31中期防）を読みといてみたい。

## 1．軍事的安全保障の呪縛

新防衛計画大綱は「1　策定の趣旨」のところで、枕詞として「我が国は、戦後一貫して、平和国家としての道を歩んできた」の次に、防衛力こそ国家の安全保障を最終的に担保するものであり、平和国家である我が国の揺るぎない意思と能力を明確に示すものであると述べたうえで、こう記述している。

「現在、我が国を取り巻く安全保障環境は、極めて速いスピードで変化している。国際社会のパワーバランスの変化は加速化・複雑化し、既存の秩序をめぐる不確実性は増大している。また、宇宙・サイバー・電磁波といった新たな領域の利用の急速な拡大は、陸・海・空という従来の物理的な領域における対応を重視してきたこれまでの国家の安全保障の在り方を根本から変えようとしている」。「今後の防衛力の強化に当たっては、以上のような安全保障の現実に正面から向き合い、従来の延長線上ではない真に実効的な防衛力を構築するため、防衛力の質及び量を必要かつ十分に確保していく必要がある。特に、宇宙・サイバー・電磁波といった新たな領域については、我が国としての優位性を獲得することが死活的に重要となっており、陸・海・空という従来の区分に依拠した発想から完全に脱却し、全ての領域を横断的に連携させた新たな防衛力の構築に向け、従来とは抜本的に異なる速度で変革を図っていく必要がある」。

この記述は、「私たちの社会・経済生活を支える科学技術の発展とそれに伴うシステムの保持・保全・保安の問題を、国家の軍事的安全保障問題と意図的に渾然一体化させて、軍事開発の必要性に結びつけ、のちに見るような『大軍拡』を正当化しようという意図がうかがえる。平時の中に有事対応の発想を公然と持ち込んで、軍事態勢の充実を導く論法は、『平和国家』の理念とおよそかけ離れている」[*4]と批判されている。国家の軍事的安全保障を前提にして議論を進めていく大綱の立場は、そもそも憲法のよって立つ無軍備平和主義もしくは軍縮平和主義と相容れない。

ここでは、防衛力の「質質及び量を必要かつ十分に確保」と言っているだけで、さすがにGNP比2％とは書かなかった（書けなかった）が、31中期防では２０１９年から5年間の所要経費は「おおむね27兆４７００億円程度を目処とする」としている。[*5]

## 2. 中国、北朝鮮は仮想敵国

「Ⅱ 我が国を取り巻く安全保障環境」のところでは、軍事力の更なる強化や軍事活動の活発化の傾向の顕著化を指摘したのちに、中国と朝鮮を仮想敵国として取り扱っている。中国に関しては、高水準での国防費増加による軍事力強化、サイバー・電磁波・宇宙領域における能力の強化、力を背景とした一方的な現状変更、尖閣諸島周辺での領海侵入、南シナ海での軍事拠点化の進行などを挙げ、「こうした中国の軍事動向等は……我が国を含む地域と国際社会の安全保障上の強い懸念となって」いる。北朝鮮は「核・ミサイル能力に本質的な変化は生じていない」、「我が国の安全に対する重大かつ差し迫った脅威であり、地域及び国際社会の平和と安全を著しく損なうもの」と述べている。

ここでは、対中国が日本の軍拡の最大目的であるという認識を示している。また、朝鮮半島をめぐる緊張緩和にもかかわらず、北朝鮮を「重大かつ差し迫った脅威」呼ばわりすることにも違和感を禁じ得ない。

### 3．専守防衛の名存実亡化と日米同盟の強化

「Ⅲ　我が国の防衛の基本方針」のところでは、冒頭、「専守防衛」について、以下のように述べる。「我が国は、国家安全保障戦略を踏まえ、積極的平和主義の観点から、我が国自身の外交力、防衛力等を強化し、日米同盟を基軸として、各国との協力関係の拡大・深化を進めてきた。また、この際、日本国憲法の下、専守防衛に徹し、他国に脅威を与えるような軍事大国にならないとの基本方針に従い、文民統制を確保し、非核三原則を守ってきた」。「今後とも、我が国は、こうした基本方針等の下で、平和国家としての歩みを決して変えることはない」。

しかし、その「専守防衛」の中身が大きく変わっている。新防衛計画大綱は「我が国に侵害を加えることは容易ならざることであると相手に認識させ、脅威が及ぶことを抑止する。さらに、万が一、我が国に脅威が及ぶ場合には、確実に脅威に対処し、かつ、被害を最小化する」ことを防衛の目標として掲げている。このような記述から理解されることは、「専守防衛」とは敵が攻めてきたら守るという受け身ではなく、敵地攻撃能力をもつことによって抑止力とすることを「専守防衛」と呼ぶことにしたということである。[*6]「専守防衛」という言葉は名存実亡のものにすぎなくなった。

第Ⅲ章は3部構成になっている。

「1　我が国自身の防衛体制の強化」では、「防衛力は、平時から有事までのあらゆる段階で、日米同盟における我が国自身の役割を主体的に果たすために不可欠のものであり、我が国の安全保障を確保

するために防衛力を強化することは、日米同盟を強化することにほかならない」と、自前の防衛力強化を前提とした日米同盟強化が述べられている。

「2　日米同盟の強化」では、「各種の運用協力及び政策調整を一層深化させる」と、共同作戦計画まで含めての自衛隊と米軍一体化が強調されている。

「⑴日米同盟の抑止力及び対処力の強化」の項目では、以下のように記載されている。

「平時から有事までのあらゆる段階や災害等の発生時において、日米両国間の情報共有を強化するとともに、全ての関係機関を含む両国間の実効的かつ円滑な調整を行い、我が国の平和と安全を確保するためのあらゆる措置を講ずる。

このため、各種の運用協力及び政策調整を一層深化させる。特に、宇宙領域やサイバー領域等における協力、総合ミサイル防空、共同訓練・演習、共同のISR活動[*7]及び日米共同による柔軟に選択される抑止措置の拡大・深化、共同計画の策定・更新の推進、拡大抑止協議の深化等を図る。これらに加え、米軍の活動を支援するための後方支援や、米軍の艦艇、航空機等の防護といった取組を一層積極的に実施する[*8]」。

「3　安全保障協力の強化」では、「多角的・多層的な安全保障協力を戦略的に推進する。その一環として、防衛力を積極的に活用し、共同訓練・演習、防衛装備・技術協力、能力構築支援、軍種間交流等を含む防衛協力・交流に取り組む」と記述されている。自衛隊は、対中国作戦を想定して、米軍以外の他国軍との共同訓練も強化している。

## 4．多元的統合防衛力

今回の防衛大綱は、2013年の大綱（いわゆる25大綱）で強調した「統合機動防衛力」の方向性を進化させ、「宇宙・サイバー・電磁波を含む全ての領域における能力を有機的に融合し、平時から有事までのあらゆる段階における柔軟かつ戦略的な活動の常時継続的な実施を可能とする、真に実効的な防衛力として、多次元統合防衛力を構築していく」ことを、新たな防衛力構想として打ち出している。

その理由は、「軍事力の質・量に優れた脅威に対する実効的な抑止及び対処を可能とするためには、宇宙・サイバー・電磁波といった新たな領域と陸・海・空という従来の領域の組合せによる戦闘様相に適応することが死活的に重要になっている」。「今後の防衛力については、個別の領域における能力の質及び量を強化しつつ、全ての領域における能力を有機的に融合し、その相乗効果により全体としての能力を増幅させる領域横断（クロス・ドメイン）作戦により、個別の領域における能力が劣勢である場合にもこれを克服し、我が国の防衛を全うできるものとすることが必要である」。「不確実性を増す安全保障環境の中で、我が国を確実に防衛するためには、平時から有事までのあらゆる段階における活動をシームレスに実施できることが重要である」としている。

陸海空の3次元（作戦領域）に宇宙・サイバー・電磁波の3次元を加え、統合して動かせる体制を目指している。これまでの統合作戦は陸海空を一体的に動かすことであったが、これに新たに3次元を加える。これは、２０１８年5月29日の自民党提言「新たな防衛計画の大綱及び中期防衛力整備計画の策定に向けた提言～『多次元横断（クロス・ドメイン）防衛構想』の実現に向けて～」をほぼ全面的に反映させたものである。ただし、これは、陸海空3自衛隊のほかに宇宙自衛隊とかサイバー自衛隊を新設するということではない。31中期防では、宇宙領域専門部隊は航空自衛隊に、サイバー防衛隊は陸海空共同部隊としてつくられる。

このような措置は、米軍の体制に合わせるとともに、宇宙、サイバー、電磁波の次元で強化されている中国軍に対抗するものである。[*9]

## 5．宇宙・サイバー・電磁波領域を優先

「Ⅳ　防衛力強化にあたっての優先事項」は「1　基本的考え方」、「2　領域横断作戦に必要な能力の強化にかかる優先事項」、「3　防衛力の中心的な構成要素の強化における優先事項」からなっている。1では「防衛力の強化に当たっては、特に優先すべき事項について、可能な限り早期に強化する」としている。2のところでは、「⑴宇宙・サイバー・電磁波の領域における優先事項」が出てくる。2015年の第3次ガイドラインには第Ⅳ章として、「宇宙及びサイバー空間に関する協力」という章があって日米両政府、自衛隊および米軍の宇宙、サイバー空間に関する協力をうたっていたが、それに対応している。

30大綱の「宇宙領域における能力」には「宇宙空間の状況を地上及び宇宙空間から常時継続的に監視する体制を構築する」とある。現在、自衛隊は向かってくる弾道ミサイルの発射探知は米軍の早期警戒衛星に依存しているが、JAXA（宇宙航空研究開発機構）と防衛省の共同研究で早期警戒衛星の保持の実現に向かっている。[*10] 宇宙領域に続く「サイバー領域における能力」では、「有事において、我が国への攻撃に際して当該攻撃に用いられる相手方によるサイバー空間の利用を防げる能力」の記述がある。サイバー反撃能力となると、敵の攻撃拠点に大量のデータを送りつけて麻痺させるDDoS攻撃（Distributed Denial of Service attack 分散型サービス拒否攻撃）が考えられるが、サイバー攻撃を武力攻撃事態と認定して敵サイバー基地を攻撃できるが問題となる。サイバーに続いて、「電磁波領域における能力」では「相手方のレーダーや通信等を無力化するための能力を強化する」という記述がある。

## 6．敵基地攻撃能力を獲得

Ⅳの「2　領域横断作戦に必要な能力の強化における優先事項」では、宇宙・サイバー・電磁波とい

うテーマのあとに、「⑵従来の領域における能力の強化」に関して優先事項が列挙されている。その初めに出てくるのが「いずも」の航空母艦化である。30大綱には「現有の艦艇からのＳＴＯＶＬ機の運用を可能とするよう、必要な措置を講ずる」と表現されているだけであるが、31中期防のほうを見ると、「ヘリコプター搭載護衛艦（「いずも」型）の改修」との記述があり、これを「多機能の護衛艦」と称している。

「いずも」は基準排水量１９５００トン、全長２４８メートルの大型艦。２０１５年に就役、最大１４機のヘリを載せることができる。31中期防では、「有事における航空攻撃への対処、警戒監視、訓練、災害対処等、必要な場合にはＳＴＯＶＬ機の運用が可能となるよう検討の上」改修すると述べたうえで、「なお、憲法上保持し得ない装備品に関する政府見解には何らの変更もない」と強弁している。

１９７８年の政府見解では、攻撃型兵器の保有は自衛のための必要最少限度を超えるため許されないとしており、例として大陸間弾道ミサイル、長距離戦略爆撃機、攻撃型空母をあげていた。ステルス戦闘機Ｆ35Ｂを念頭においた、短距離離陸・垂直着陸が可能なＳＴＯＶＬ（ストーバル：Short Take Off and Vertical Landing）機を搭載した「いずも」は、ヘリ搭載型護衛艦ではなくＳＴＯＶＬ機を搭載させた航空母艦になり、敵基地攻撃能力を獲得することになる。なお、当初計画で最新鋭ステルス戦闘機Ｆ35Ａを63機、ＳＴＯＶＬ機のＦ35Ｂを42機で合計１０５機調達する方針を閣議で了承し、すでに導入を決めているＦ35Ａ42機と合わせると１４７機体制となる。*11

「いずも」空母化に続いて「スタンド・オフ防衛能力を獲得」の記述がある。「スタンド・オフ」とは「遠ざかっている」という意味。この場合は戦闘機に敵国の領空・領海外から攻撃できる能力を持たせる、つまり敵基地攻撃能力を持つことになる。しかしながら、防衛省は「攻撃能力」でなく「反撃能力」だと言いつくろい、第一撃はミサイル防衛で阻止、第二撃を撃たせないために反撃能力を持つのだと説明している。*12

スタンド・オフ攻撃能力を与えるため、F15戦闘機を改修して、ロッキード・マーティン社製のJASSM（対地攻撃ミサイル、射程900キロ）やLRASM（対艦攻撃ミサイル）を搭載する。あるいはF35A戦闘機にコングスベルク社製のJSM（対艦・対地巡航ミサイル、射程500キロ）の搭載が想定されている。30大綱を待たずして、すでに2018年度からイージス・アショアとともに導入のための予算がついていた。

「いずも」空母化にしてもスタンド・オフ攻撃能力にしても、「敵が攻めてきたら守る」という受け身ではなく、敵地攻撃能力を持つことによって抑止力とすることを「専守防衛」と呼ぶことにしたことが明白である。*13

## 7．総合ミサイル防空

2017年12月19日に、北朝鮮のミサイル発射に対抗するためとして、陸上配備型の迎撃ミサイルシステム「イージス・アショア」を2基陸上自衛隊に配備することが閣議決定された。秋田市の新屋演習場と山口県萩市のむつみ演習場に設置が予定されている。朝鮮のミサイルの捕捉・迎撃用と言われているが、韓国・ロシア・中国も監視することになる。また強力な電磁波の影響が心配され、新たな攻撃対象にもなる。

大綱・中期防改定に先立ってミサイル防衛の拡大に動いたのは、アメリカの統合防空ミサイル防衛（IAMD）に合わせるためである。イージス・アショアはイージス艦と連携して運用されるが、陸海の自衛隊の連携が必要になってくる。そこで、大綱には「ミサイル防衛に係る各種装備品に加え、従来、各自衛隊で個別に運用してきた防空のための各種装備品も併せ、一体的に運用する体制を確立」と書かれている。

アメリカ政府のＦＭＳ（対外有償軍事援助）によって取得するイージス・アショアの価格は非常に高く（２０１９年度の陸上自衛隊予算案約1兆８４５０億円のうちイージス・アショアの取得経費は約１７５７億円で約1割）、なぜ陸自の保有なのか、ミサイル防衛に不可欠なのかという問題を検討したうえで、軍事戦略から導き出されたものではなく、日米同盟を維持する（アメリカの離反を防ぐ）という政治的思惑によって決められたという指摘がなされているところである。[*14]

## 8．島嶼防衛の名目による対中共同作戦の拠点を南西地方に[*15]

30大綱は、「島嶼部を含む我が国への攻撃に対しては、必要な部隊を迅速に機動・展開させ、海上優勢・航空優勢を確保しつつ、侵攻部隊の接近・上陸を阻止する。海上優勢・航空優勢の確保が困難な状況になった場合でも、侵攻部隊の脅威圏の外から、その接近・上陸を阻止する。万が一占拠された場合には、あらゆる措置を講じて奪回する」と記述している。「日米同盟の一層の強化に当たっては、我が国が自らの防衛力を主体的・自主的に強化していくことが不可欠の前提であり、その上で、同盟の抑止力・対処力の強化」という部分と合わせて読んでみると、対中有事の対処の全体像は、当然日米の共同作戦となるが、離島は自前で実力で守る体制をとるということになろう。[*16]

「従来の領域における能力の強化」の箇所の「総合ミサイル防空能力」に続く、「機動・展開能力」のところでは、島嶼部への攻撃対処のため「水陸両用作戦能力等を強化」と述べている。31中期防では「1個水陸機動連隊の新編」と書かれており、現在、佐世保に2個連隊ある水陸機動団（日本版海兵隊）を沖縄に配備することを考えている。「島嶼防衛用に高速滑空団部隊を保持」することも、大綱に明記されている。

25大綱のもとで島嶼防衛の名目で進められてきた自衛隊の新基地建設はまだ進行中である。自衛隊の「南西シフト」が立案された結果、２０１６年に与那国島、２０１９年3月に宮古島、奄美大島への自衛隊配備が実行に移された。[17]

「これらの施策は島嶼部への中国軍による侵攻への対処を想定しているが、米軍も自衛隊もいない状態ならば侵攻・占領の必然性はなかったはずで、自ら攻撃を受ける対象を作ったことにな」ると批判されている。[18]

## 9．統合司令部の創設へ

大綱の第Ⅴ章は「自衛隊の体制等」であり、どのようにして自衛隊の統合運用を行うのかについて、こう記述している。「あらゆる分野で陸海空自衛隊の統合を一層推進するため、自衛隊全体の効果的な能力発揮を迅速に実現し得る効率的な部隊運用態勢や新たな領域に係る態勢を統合幕僚監部において強化するとともに、将来的な統合運用の在り方について検討する」。

中期防には、大綱より具体的な以下の記述がある。「統合幕僚監部において、自衛隊全体の効果的な能力発揮を迅速に実現し得る効率的な部隊運用態勢や新たな領域に係る態勢を強化するほか、将来的な統合運用の在り方として、新たな領域 に係る機能を一元的に運用する組織等の統合運用の在り方について検討の上、必要な措置を講ずるとともに、強化された統合幕僚監部の態勢を踏まえつつ、大臣の指揮命令を適切に執行するための平素からの統合的な体制の在り方について検討の上、結論を得る」。

統合幕僚監部の強化によって、陸海空と宇宙・サイバー・電磁波部隊を統合して動かす部隊を創設することを計画しているように思われる。

第4次「アーミテージ・ナイ報告書」[19]には、西太平洋における日米合同の統合任務部隊（combined joint task force）や自衛隊における統合作戦司令部（joint operations command）創設の提言があり、それとの関連も含めて今後の推移に注意していく必要がある。

## 10．結びにかえて

２０１５年のガイドライン、安保法制の成立を経て、日米間の軍軍間協議を基本にして策定された30大綱は、「戦争する国づくりの完成に向けた大軍拡宣言」[*20]であり、自衛隊は専守防衛を脱ぎ捨てた外征軍に変質を遂げつつある。「異次元の大軍拡」とトランプいいなりの米国製高額兵器の爆買いが進行している。[*21] ２０１８年12月20日に発表された中悪丰教授たち「社会権の会」の「防衛費の膨大な増加に抗議し、教育と社会保障への優先的な公的支出を求める声明」[*22]の指摘する通り、「世界的にも最悪の水準の債務を抱える中、巨額の兵器購入を続け、他方では生活保護や年金を引き下げ、教育への公的支出を怠る日本政府の政策は、憲法と国際人権法に違反し、早急に是正され」なければならない。

安倍9条加憲によって憲法の平和主義原則が根底的に破壊されてしまう以前に、30大綱と31中期防によって、平和的生存権と憲法9条に基づく憲法規範は実質的に憲法運用のレベルにおいて無意味化し、形骸化する結果をたどることが明らかになった。改憲の実現の前に、改憲がなされたのと同じ状況を我々は目撃している。

山内敏弘教授は、「現に進行しつつあるこのような事態は、憲法9条の改憲を先取りしたものということもできるが、ただ、9条の改憲がなされない限りは、まだしも憲法9条と25条を盾にとって、その不当性を批判し、改善する可能性は残っている。しかし、かりにでも自衛隊が憲法に明記されたならば、もはやその不当性を批判する根拠も失われていくことを、私たちは、覚悟しなければならない」と、警告している。[*23]

安倍政権の「戦争をする国づくり」と大軍拡計画を阻止する力の結集の必要性を改めて痛感している。それとともにこのような防衛計画大綱が狙っている、アメリカとの軍事同盟とその下での自衛隊の国防軍化・外征軍化の道ではない選択肢を提示していくこと。すなわち、憲法の軍縮平和主義を実現する憲法構想を説得的に提示する努力を果たしていくことが、我々憲法研究者に課せられた責務であることを痛感している。[*24]

【注】

（1）前田哲男「安倍軍拡はどこへ向かうか——防衛大綱と概算要求にみる新段階」世界２０１８年11月号89頁。

（2）mod.go.jp/j/approach/agenda/guideline/2019/pdf/20181218.pdf

（3）mod.go.jp/j/approach/agenda/guideline/2019/pdf/chuki-seibi31-35.pdf

（4）小沢隆一「新たな『防衛計画の大綱』と九条改憲」前衛２０１９年３月号49頁。

（5）新中期防の総額は、安倍政権復帰の翌２０１３年末に策定した中期防（いわゆる25中期防：２０１４—２０１８年度）を２兆８０００億円、約11％上回る過去最大。

（6）大内要三「防衛計画の大綱」改定の現実とは」九条の会ブックレット『新防衛計画大綱と憲法第９条』２０１９年、22頁の指摘。以下の本文でも、この大内論文を活用。

（7）intelligence, surveillance and reconnaissance：情報・監視・偵察。戦闘に必要とされる三つの活動。

（8）ここで記載されているものは、２０１５年ガイドラインが「同盟調整メカニズム」ととりあえず抽象的に表現していたものの具体的内容とその実相である。宇宙からサイバー領域、ミサイルから核戦略にも関わる拡大抑止に至るまで、「同盟調整メカニズム」が包括的に機能することがわかる。そして、２０１５年の安保法制の重要影響事態法によって全面化された米軍等への「後方支援」や改正自衛隊法95条の２として新設された「外国軍隊の武器等防護（のための武器使用の容認）」も「日米同盟の強化」という枠組みのなかに位置付けられている。小沢、前出論文50—51頁の指摘。

（9）大内要三「『防衛計画の大綱』改定の現実とは」九条の会ブックレット『新防衛計画大綱と憲法第９条』２０１９年、23—24頁の指摘。

（10）産経新聞２０１９年６月12日「ミサイル発射探知、実証へ　政府、警戒衛星の保有検討」https://www.sankei.com/politics/news/190612/plt1906120005-n1.html

（11）Ｆ35の機体単価は１機で１１６億円。機体購入費と維持費で総額６兆２１８１億円と指摘されている。https://www.jcp.or.jp/akahata/aik18/2019-01-10/2019011001_01_1.html

(12) 防衛白書では、「隊員の安全を確保しつつ、わが国の防衛を全うするために不可欠なスタンド・オフ・ミサイルは、あくまでも相手から武力攻撃を受けたときに、これを排除するために不可欠なものであり、自衛のための必要最小限度の装備品」と強弁している。
https://www.mod.go.jp/j/publication/wp/wp2018/html/nc007000.html

(13) 大内要三「『防衛計画の大綱』改定の現実とは」前出29―30頁の叙述。

(14) 福好昌治「イージス・アショアは必要か」世界２０１９年３月号、１５７頁。

(15) 大内要三「改定された防衛計画大綱を読み解く」平和憲法研究会例会（２０１９年３月３日、明治大学）報告レジュメの表現。

(16) 飯島滋明「南西諸島の自衛隊配備――『平和主義』的視点からの考察を対象に」平和憲法研究会例会（２０１９年６月９日、明治大学）報告レジュメでは、「先島への自衛隊配備は中国による米軍への軍事活動を阻止するためであることが防衛省の文書自体で示されている。アメリカの軍事戦略の一環としての『対中国封じ込め作戦』、中国の太平洋進出を阻止するための役割をアメリカ軍に代わって実施するのが、先島に配備される自衛隊」と指摘している。

(17) 南西諸島における陸上自衛隊を中心とする基地建設に関しては、池尾靖志「シリーズ連載・ルポ軍事列島第６回南西諸島――知られざる複数の基地建設」世界２０１９年３月号１１３―１２０頁、「座談会・軍事化される島々――奄美・宮古・石垣・与那国の現地から」同上号１２１―１３０頁、「自衛隊の『南西シフト』三つのポイント」週刊金曜日２０１９年５月24日号25―27頁、小西誠『自衛隊の南西シフト』社会批評社、２０１８年などを参照。

(18) 大内要三「『防衛計画大綱』改定への動向」法と民主主義２０１８年７月号（５３０号）14頁。

(19) "More Important Than Ever: Renewing the US-Japan Alliance for the 21st Century", Center for Strategic and International Studies の筆者による邦訳に関しては、https://kenponet103.com/archives/５８２を参照。

(20) 紙谷敏弘「新たな『防衛大綱』『中期防』は、『戦争する国』づくり完成に向けた大軍拡宣言」月刊憲法運動２０１９年２月号（№４７８）17―30頁。

(21) 山根隆志「安倍政権の『戦争をする国づくり』を許すな――新『防衛大綱』・『中期防』の危険性」前衛２０１９年３月号13―31頁。

(22) https://blog.goo.ne.jp/shakaiken/e/d690746f80d460229ded47262f52230b

(23) 山内敏弘「安倍九条加憲論のねらいと問題点——九条加憲は市民の生活・人権にどのような影響を及ぼすか」獨協法学第１０８号（２０１９年4月）80頁。

(24) 最近、千葉眞「『小国』平和主義のすすめ——今日の憲法政治と政治思想史的展望」思想２０１８年第12号（１１３６号）８３—１０９頁を読んで、国連との提携をさらに深めて日米同盟を相対化し、第９条の徹底した平和主義を活性化していく、非戦型の「小国平和主義」の道の提唱に感銘を受けた。これは、「人があまり通っていない道」であるが、「誰かが通るのを待っている道」でもあり、日本の民衆と政府には、世界平和への政治的意思と地道な歩みとが求められているという言葉で結ばれている。今後、「小国」平和主義の道を具体化し、憲法の平和主義に基づく国内体制の構築と世界秩序の再編を展望する作業を進めていく必要があると考えている。

＊本稿は、法学館憲法研究所の２０１９年8月5日の「今週の一言」に掲載された拙稿 http://www.jicl.jp/hitokoto/backnumber/20190805.html とほとんど同内容であることを、お断りします。

# 第6章 「あいちトリエンナーレ２０１９」中止をめぐる憲法問題

飯島　滋明

【要約】

２０１９年8月1日、「あいちトリエンナーレ２０１９」が開催された。あいちトリエンナーレ２０１９の企画展「表現の不自由展・その後」には、日本軍「性奴隷」(die Sexsklavinnen『南ドイツ新聞』２０１９年8月5日付での表現)を題材にした「平和の少女像」も展示されていた。河村たかし名古屋市長は「平和の少女像」の展示の中止を求めた。菅官房長官も補助金交付の決定をしないことをうかがわせる発言をした。「平和の少女像」が展示されていることへの犯罪予告などもあり、あいちトリエンナーレ２０１９は3日で中止に追い込まれた。菅官房長官や河村市長による、「平和の少女像」などの展示の中止を求める言動は、芦部信喜先生的な「検閲」理解によれば、憲法21条2項で禁止された「検閲」にあたる。本件では河村市長や菅官房長官の「検閲」行為により、表現の自由や国民主権に対する重大な侵害がおこなわれた。さらに「日本軍性奴隷」の事実を否定する河村名古屋市長や松井一郎大阪市長の歴史修正的言動は、近隣諸国との友好関係の構築を目指す「国際協調主義」(憲法前文、98条)とも相容れない言動である。

## 1．事実の経過と問題

２０１９年8月1日、愛知県などで構成される実行委員会が3年に一度、開催している「あいちトリエンナーレ２０１９」がはじまった。しかし、わずか3日で中止となった。というのも、企画展「表現の不自由展・その後」には、過去に日本の美術館などで展示を拒否された芸術作品が説明とともに展示されていたが、その中には旧日本軍の慰安婦を象徴する少女像などが展示されていた。そうした展示に対して抗議の電話やメールが殺到した。「ガソリンの携帯缶をもってお邪魔する」といった脅迫文も届けられた。

　河村たかし名古屋市長は2日に会場を視察したのち、「どう考えても日本人の、国民の心を踏みにじるもの。いかんと思う」と発言した。大村秀章愛知県知事に抗議文を出し、展示の中止などを求めた。2日、菅官房長官もあいちトリエンナーレが文化庁の助成事業であることに言及したうえで、「補助金交付の決定にあたっては事実関係を確認、精査したうえで適切に対応していく」などと発言した。3日、日本維新の会の杉本和巳衆議院議員も「公的な施設が公的支援に支えられて行う催事として極めて不適切」だとして、展示の中止を求める要望書を提出した。そして3日、愛知県はあいちトリエンナーレの中止を決定した。この中止がなされた当日、日本ペンクラブは声明を出し、河村市長と菅官房長官の発言に対して「こうした発言は政治的圧力そのものであり、憲法21条2項が禁じている「検閲」にもつながるもの」と強く批判した。

　5日の定例会見で、大村知事は河村市長から送られた抗議文を手にして、「〔河村氏の〕一連の発言は憲法違反の疑いが極めて濃厚だ」、「税金でやるからこそ、表現の自由、憲法21条は守られなければならない」、「公権力を持つ立場の者が、『この内容は良くて、この内容はダメ』というのは、憲法21条が禁止する『検閲』ととられても仕方がない。裁判されたら直ちに負けると思う」と発言した。日本維新の会に対しても「表現の自由を認めないのか、憲法21条を理解していないのかと思わざるを得ない」と批判した。

　一方、河村市長も「ああいう展示はいいんだと県が堂々と言ってください」と批判し、「表現の自由は憲法21条に書いてあるが、絶対的に何をやってもいいという自由ではありません。表現の自由は一定の制約がある」、「日本国民の心を踏みにじる」、「市民の血税でこれをやるのはいかん。人に誤解を与える」と反発した。

なお、5日には松井一郎大阪市長も「民間であれば展示は自由だが、税金を投入してやるべきではなかった」、「強制連行された慰安婦はいません。あの像は強制連行され、拉致監禁されて性奴隷として扱われた慰安婦を象徴するもので、それは全くのデマだと思っている」と発言した。

あいちトリエンナーレの中止をめぐってはさまざまな人や団体がさまざまな発言をした。本書でも巻末資料として掲示されているように、憲法研究者有志による声明も出された。

そして9月13日、不自由展の実行委員会5人がトリエンナーレの実行委員会（委員長：大村秀章知事）を相手に、展示の再開を求める仮処分を名古屋地方裁判所に求めた。

9月18日前後にも大村知事と河村市長の論争は続いており、大村知事は17日の記者会見で「誰もが認めるものじゃないとやっちゃいけないのはナチスそのものだ」、「内容がけしからんからやめろというのは、憲法違反そのものではないか。大学の憲法の授業の教材になる」と河村市長を批判した。9月20日には河村市長が大村知事に対して「検閲概念を持ち出すのは不相応ではないか」などとの内容の公開質問状を出した。

さらに9月26日には文化庁が補助金の全額不支給を決定した。それに対して大村知事は裁判で争う姿勢を示した。

このようにあいちトリエンナーレ中止をめぐる一連の動きは法的な争いにもなっている。大村知事が河村市長を「憲法違反」と批判し続けてきたように、あいちトリエンナーレ２０１９の企画展の展示の中止は憲法にも大きく関係する。本稿ではこの問題を憲法的視点から考察する。

なお、あいちトリエンナーレの企画展中止をめぐっては昭和天皇に関わる作品も問題となったが、本件では「平和の少女像」をめぐる動向とその憲法問題に限定して話を進める。

## 2. 表現の自由と「検閲」

（1） 問題の所在

憲法21条では「表現の自由」が保障されている。後述するように、表現の自由は「自己実現の価値」「自己統治の価値」を実現するために「優越的地位」（Preferred Position）があるとされ、公権力による表現の自由の規制は必要最小限度でなければ憲法上、許されない。そして「表現の自由」規制の典型的なものとして、敗戦までの日本でも最たる表現規制行為であった「検閲」は明文で禁止されている（21条2項）。

今回の企画展の中止をめぐっては、「検閲」という批判がなされている。

一方、メディアに掲載された憲法研究者のコメントでは「検閲ではない」という評価もある。「検閲の概念は、アメリカでもヨーロッパでも、現在など学説上論議があり、必ずしも一義的に解されていない」（芦部後掲364頁）ゆえ、定義の違いとも言えるもしれない。ただ、菅官房長官や河村市長の発言が「検閲」に当たるとなれば、憲法で禁じられた行為をしたことになる。河村市長や菅官房長官の行為が「検閲」に当たるかどうかを明確にすることは、あいちトリエンナーレ問題の中でも極めて重要な問題である。そこで本稿では菅官房長官や河村市長の言動と「検閲」の関係について考察する。そして「検閲」の概念を解明するためには、なぜ表現の自由が保障されるのかという原理論に言及する必要がある。そこで本稿では「表現の自由」を支える価値について論じ、その議論を手がかりに「検閲」概念を考察する。

（2）「表現の自由」を支える価値と「表現の受け手」

アメリカでは「表現の自由」研究の第一人者であるトーマス・エマスンが、「個人の自己充足」「知識の伸長と真理の発見」「決断形成への市民参加」「安定と変化との均衡」という4つの価値を表現の自由が保障される根拠として挙げてきた。そしてエマソンの挙げる4つの価値をめぐってアメリカではさまざまな議論がなされてきた。日本でもアメリカの判例や学説の動向などを踏まえ、「自己実現の価値」「自己統治の価値」が表現の自由を厚く保障する根拠として挙げられてきた。たとえば芦部教授は「表現の自由を支える価値は二つある。一つは、個人が言論活動を通じて自己の人格を発展させるという、個人的な価値（自己実現の価値）である。もう一つは、言論活動によって国民が政治的意思決定に関与するという、民主政に資する社会的な価値（自己統治の価値）」である（芦部・高橋後掲160頁）。「表現の自由」がどのような視点から保障されるべきかを明確にするために、さらに「表現の自由」を支える二つの価値と「情報の送り手」「情報の受け手」との関係、とりわけ「情報の受け手」と表現の自由の重要性の関係も明らかにしたい。

表現の自由は、自分が言いたいことを公権力により不当に制限されない権利、表現者が公権力による規制や干渉を受けないで表現する権利と解されてきた。ただ、「表現の自由」が保障されるのは「表現の受け手」の「知る権利」を充足するためでもあることにも十分、留意する必要がある。たとえば長谷部教授は「自己実現」（長谷部教授の用語では個人の自律およびそれに基づく人格的発展）について、「個人の自律およびそれに基づく人格的発展を根拠とする論議からすれば、情報の受け手の自由と同じく、送り手の自由も尊重されるべきである」（傍線は飯島強調）と主張する。

さらに「自己統治の価値」（長谷部教授の用語では「民主的政治過程の維持」）についても長谷部教授は以下のように説明する。「さまざまな政策、意見、批判、さらに事実の報道により十分な情報を得ることで、市民は議員の選挙など各種の投票や大衆行動などを通じてその意思を政治に反映させることが可能になる。政治に参加する市民に十分な情報を提供すること、つまり国民の「知る権利」に答えることが本来の目的であり、情報の送り手の自由はその重要な手段として保障されることになる」（長谷部後掲199頁。傍線部は飯島強調）。長谷部教授によれば、「自己統治の価値」に関しては、「表現の自由の受け手」の利益を保障する「手段」として「表現の自由の送り手」の自由も保障されるとされる。このように表現の自由を支える二つの価値、「自己実現の価値」「自己統治の価値」も、「表現の受け手」と密接な関係があることを認識する必要がある。そしてこの密接な関連を意識することが、「検閲」概念やトリエンナーレの憲法問題を解明する「カギ」となる。

（3）憲法21条2項で禁止された「検閲」とあいちトリエンナーレの中止

「検閲」について最高裁判所は、「行政権が主体となって、思想内容等の表現物を対象として、その全部又は一部の発表の禁止を目的として、対象とされる一定の表現物につき網羅的一般的に、発表前にその内容を審査した上、不適当と認めるものの発表を禁止すること」と判示した（税関検査事件最大判昭和59・12・12民集38巻12号1308頁）。この判示については「最高裁のいうような極めて狭い意味での「検閲」にあたるものとして、具体的にどのような制度があり得るかは疑問である」（後掲、長谷部文献213頁）のように、学説では厳しい批判がむけられている。最高裁判所のような定義では、思想発表の禁止を目的として、行政権が思想内容を網羅的一般的に審査する制度以外は「検閲」でないことになる。こうした定義ではほとんどの表現規制行為が「検閲」に当たらず、憲法21条2項で検閲が禁止された意義がなくなろう。

一方、学説では、「公権力が外に発表されるべき思想の内容をあらかじめ審査し、不適当と認めるときは、その発表を禁止すること、すなわち事前審査を意味する」という、宮沢俊義先生の見解が通説的立場を占めてきた。ただ、この通説的見解に関しても、①検閲の「主体」――「行政権」だけか、裁判所を含む「公権力」か――、②検閲の性質――①の「主体」の問題とも密接に関連するが、検閲は「絶対的に禁止」か、「例外」を認めるべきか――、③検閲の「対象」――「思想内容」か、「表現内容」か――、④検閲の「時期」――「事前審査」に限定されるか、「事後審査」も含まれるか――、をめぐって議論が交わされてきた。ここでは④の「時期」について検討を進める。先に「表現の自由」が手厚く保障される根拠を紹介したが、その二つの価値はいずれも「情報の受け手」の立場を重視するものである。つまり「表現の自由」が手厚く保障されるのは、「表現の受け手」のためでもある。そうであれば「表現の受け手」に情報や思想が伝播しない事態を公権力が作り出すこと自体が憲法的にも許されないことになる。表現行為に対する規制が表現行為の事前か事後かが決定的要素なわけではない。思想・情報を受ける「情報の受け手」の「知る権利」を重視する立場から、「事前審査」だけではなく、事前検閲と同視できるような抑止効果を及ぼす公権力の行使は、たとえ発表後であっても「検閲」に含まれることになる。芦部教授によれば、「マス・メディアの自主規制であっても、自主規制機関が公権力からの非公式の強い圧力を受け、それを実質的に代弁するような形で一定の情報を「思想の自由市場」から排除してしまうような場合」など、「言葉の厳密な意味での事前検閲は存在しないとしても、実質的には「非公式の検閲」(informal censorship) とも言われる出版物の伝播に対する重大な抑圧が行われたと言えるので、それが事前検閲と同視され、憲法上許されないと解される」。そして、「アメリカの判例理論における事前抑制 (prior restraints) はこのような広い概念として考えられ、それが検閲 (censorship) と呼ばれるのが通常である」(芦部後掲、363―364頁)。

表現の自由が手厚く保障される根拠とされる「自己実現」「自己統治」の価値は「表現の自由の受け手」を重視していることからすれば、表現行為前か後かという「形式的」考慮ではなく、芦部信喜先生が主張するように、「表現の受け手」の情報の受領前か後かという機能的観点から「検閲」が捉えられるべきである。あいちトリエンナーレでの「平和の少女像」の展示を中止に追い込む発言をした河村市長や菅官房長官の発言は、たとえ展示後であっても展示の継続を断念せざるを得ない影響を及ぼし、「表現の受け手」から閲覧する機会を奪うものであり、憲法21条2項で禁止された「検閲」にあたる。

### 3.「自己実現」の機会を奪う「あいちトリエンナーレの中止」

（1）「表現の受け手」の視点から

2019年9月15日。私はシンガポールから日本へ戻る際、中継先のハノイでイギリスの雑誌 The Economist 2019年9月7日付を購入し、読んでいた。その雑誌にはジャン＝ラフ＝オハーンさん死去の記事も掲載されていた。この記事では、ジャン＝ラフ＝オハーンさんは「大日本帝国軍の戦時強姦の被害者」(war-rape victim of the imperial Japanese Army) であり、2019年8月19日に亡くなられたと記載されている。そしてその記事では、日本軍性奴隷の人数は20万人と記されている。

このように、日本軍による慰安婦が問題とされているのは韓国だけではない。オハーンさんはオーストラリアの首都キャンベラにある国立戦争記念館でも日本軍「性奴隷」(Sex-Slaves) と紹介されている。オハーンさんは生前、オーストラリアのテレビでも発言し、「安倍首相が謝罪するまで私は死ねない」などと発言している（写真1と2を参照）。

また、マリーナベイ・サンズホテルなどで有名なシンガポールでも、旧日本軍の行為が至る所で紹介されている。たとえば旧フォード博物館では日本軍占領の様子が「恐怖の体制」などと紹介され、「強姦」「慰安所への連行」「さらし首」「赤ちゃんを放り投げて銃剣で突き刺す」などの旧日本軍の残虐行為が紹介されている。こうした展示も私が2018年6月にシンガポールに行った時よりも整備されており、「打ち首」や「赤ちゃんを放り投げて銃剣で突き刺す」ことに関するオーラル・ヒストリーやその様子を描いた絵なども紹介されている（写真3参照）。

微笑みの国「タイ」のカンチャナブリにも、日本軍による捕虜酷使の歴史を紹介する「死の鉄道博物館」があり、その博物館では「日本軍性奴隷」をめぐる書物が発売されている。

日本では、さきの松井大阪市長や河村名古屋市長の発言のような、「日本軍慰安婦はデマ」との発言がまかり通っている。しかし今まで紹介したように、日本軍性奴隷の事実および被害者の証言は世界のさまざまな場所で紹介されている。にもかかわらず、「日本軍慰安婦はデマだ」という情報だけしか接することができないとしたら、「日本軍性奴隷」に関する自己の判断を適切に形成することが可能であろうか。とりわけ今後、国際社会に進出する可能性を持つ子どもたちには、国際社会が日本軍性奴隷についてどのように認識しているのかを紹介し、子どもたち自身の見解を深める機会を提供することが必要であろう。「従軍慰安婦はデマ」という情報だけを一方的に子どもたちに紹介するのであれば、そうした教育を受けた子どもたちが国際社会に進出した際、外国の人々と不必要な摩擦を起こすことも危惧される。たとえば２０１６年11月、欅坂46の衣装がナチスの服装と似ていることが国際的な批判を浴び、秋元康氏などが謝罪に追い込まれた。国際社会がどのような歴史認識をもっているか、そしてどのように行動すべきかを正確に認識しないとどのような目に合うかを示す例である。「少女像の

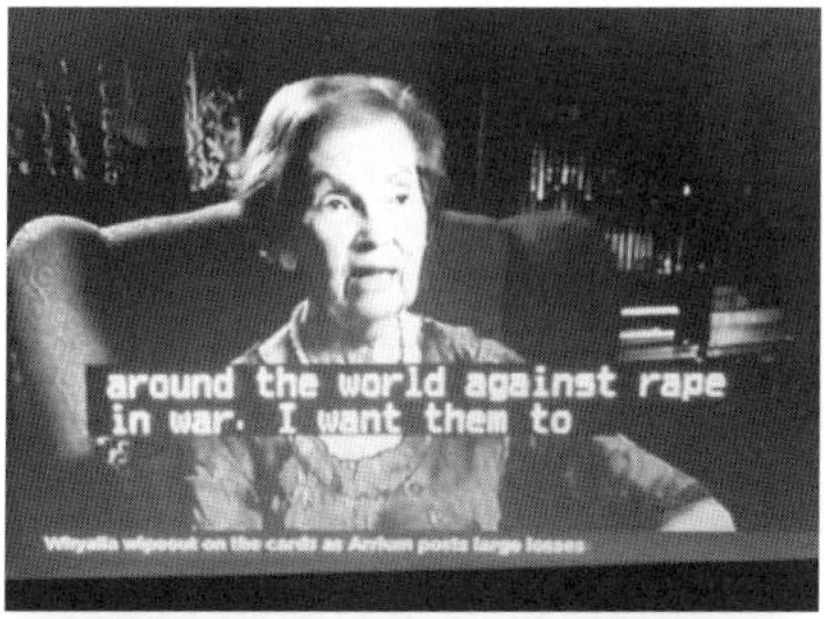

写真１、写真2　オーストラリアのダーウィンでのテレビ報道。オハーンさんは安倍首相などの謝罪を求めていた。2017年２月、ダーウィンでのホテルで飯島撮影。

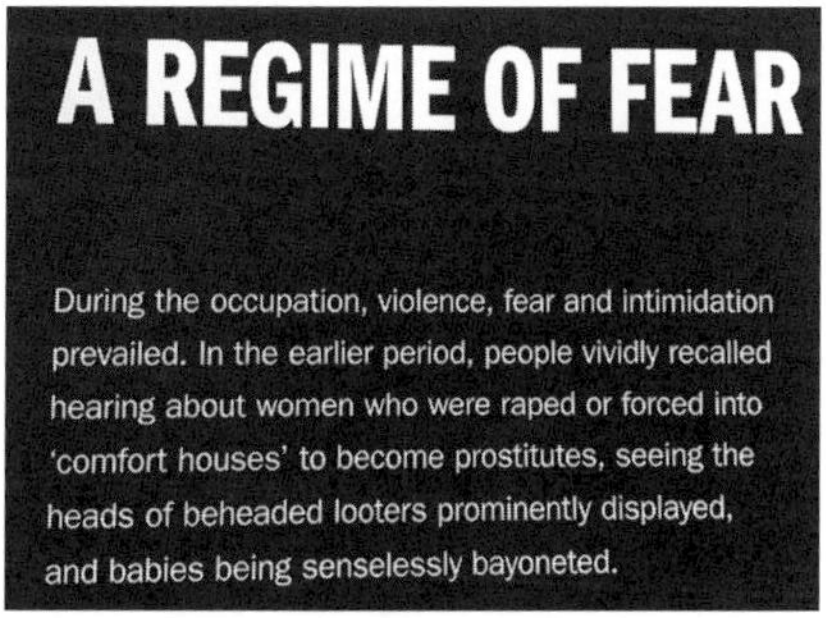


写真３　1942年２月15日、山下中将がイギリスのパーシバル氏に対して「イエスかノーか」と降伏を迫った場所である、フォード工場跡地にある博物館の展示。2019年９月、飯島撮影。

展示」は、外国の人々が旧日本軍の行為をどのように認識しているかを知る機会であり、それを見た一人ひとりが日本軍性奴隷について考え、そして判断する機会となる。とりわけ海外に行く機会が少ない人は、こうした展示に接することで、外国の人が日本軍性奴隷についてどのような考えを持っているかを知る機会となる。にもかかわらず、河村市長や菅官房長官は、「平和の少女像」の展示を中止するような政治的圧力をかける「検閲」をおこなった。そして「平和の少女像」の展示は「言論テロ」や「脅迫」という、民主主義を破壊する言動と相まって中止に追い込まれた。海外での日本軍性奴隷の見解を提示する機会を公権力が奪うことで、日本軍性奴隷について自ら考え、判断する機会を奪われた。こうして様々な情報や考えに接することで自己の見解を確立するという「自己実現」の機会が奪われた。

（2）表現の送り手の立場から

「平和の少女像」を見た河村市長は「どう考えても日本人の、国民の心を踏みにじるもの。いかんと思う」と発言し、展示の中止を求めた。「平和の少女像」は「反日だ」と言われる。テレビでも「反日」などとの評価をして得意顔のコメンテーターなどもいる。ただ、本稿では「平和の少女像」に込められた作成者の意図や経歴などを紹介したい。

２０１７年4月26日、韓国の済州島で銅像「最後の子守歌」の除幕式がおこなわれた。ベトナム戦争で犠牲となった子どもを抱く母親を形象化した、１５０センチほどのこの像は「ベトナム・ピエタ」とも呼ばれる。この像には、韓国軍による民間人虐殺を謝罪し、被害者たちを慰める思いが込められている。この像を作成したのは韓国の彫刻家である金運成（キムウンソン）氏と金曙炅（キムソギョン）夫妻である。金夫妻が作成した作品の一つが「平和の少女像」である。こうした経歴、ベトナム戦争時の韓国の非人道的行為に焦点を当てた作品を作成していることからも分かるように、金夫妻は「反日」と単純に分類される作家ではない。金夫妻は「少女像は慰安婦が戦時中、戦後に受けた苦痛を表現したもので、反日の象徴ではなく、平和の象徴です」と述べている。

「表現の抑圧」はミルトンの『アレオパジティカ』の言葉を借りれば、「自由で知的な精神に対する最も不愉快で侮辱的なもの」である。まして自分の作品を展示することを業とする芸術家にとって、芸術に込めた思想を表現することを拒否されたのは「最も不愉快で侮辱的」な行為であろう。8月25日、金夫妻は企画展中止後に会場を訪れ、閉鎖されている展示室を見た。金曙炅さんは「真っ暗な中に閉じ込められた少女像がかわいそうで、涙が出た」と述べている。にもかかわらず、河村名古屋市長は芸術家が作品に込めた思いを理解せずに「平和の少女像」の展示の中止を求め、菅官房長官も補助金の決定に言及することで平和の少女像の展示の中止を忖度させる発言をした。河村市長や菅官房長官はまさに表現の自由を支える重要な価値である、「表現の送り手」の「自己実現」も否定した。

（3）税金や公的施設の役割

「平和の少女像」などの展示に関しては「民間であれば展示は自由だが、税金を投入してやるべきではなかった」とも主張される。河村市長もこうした主張を繰り返している。「逆」であろう。税金や施設が河村氏の個人的所有物であれば、展示を中止することは許される。しかし税金や公的施設は河村氏の個人的所有物ではない。税金や公的施設はあらゆる個人の自己実現、そして民主主義に役立つように活用されるための「公共財」である。さまざまな見解や価値観の提示が「自己実現」や民主政の実現に有益であり、そのための支援が公権力の果たすべき役割である。犯罪行為や「ヘイトスピーチ」などに該当する表現でない限り、個々の表現内容や芸術内容に公権力が介入することは憲法上、許されない。河村氏や松井氏の個人的政治見解にそぐわないがゆえに「平和の少女像」の展示の中止を求めるという発想は「税金や公的施設の私物化」に他ならなず、個人の自己実現や民主主義社会にとっての「表現」や「芸術」の重要性への理解を欠いた発想である。「文化芸術基本法」では、「文化芸術は、人々の創造性をはぐくみ、その表現力を高めるとともに、人々の心のつながりや相互に理解しあう土壌を提供し、多様性を受け入れることができる心豊かな社会を形成するものであり、世界の平和に寄与するものである」（前文）とされている。さらには「文化芸術に関する施策の推進に当たっては、文化芸術活動を行う者の自主性が十分に尊重されなければならない」（文化芸術基本法2条1項）、「文化芸術に関する施策の推進に当たっては、文化芸術活動を行う者の創造性が十分に尊重されるとともに、その地位の向上が図られ、その能力が十分に発揮されるように考慮されなければならない」（2条2項）とされている。菅官房長官や河村市長の言動は、文化芸術基本法前文、2条1項、2条2項にも反する言動である。

なお、「平和の少女像」に関しては「政治的主張であって芸術ではない」などとも主張する人がいる。このような主張をする人は、そもそも「芸術」というものを理解しているのだろうか？　たとえば東京駅に大きく掲示されている、ピカソの「ゲルニカ」。周知のように、これは1937年、ナチスによるスペインのゲルニカに対する「無差別爆撃」を題材にした絵画である。ピカソの「ゲルニカ」は「反戦」や「抵抗」のシンボルとなっている。「平和の少女像」は「政治的プロパガンダ」などと主張する人は、「ゲルニカ」も同様に「芸術ではない」と主張するのだろうか？　映画『ＡＮＰＯ』のプロデューサーであり監督のリンダ・ホーグランド氏は、「世界的に日本の近代アートは映画を含めて高く評価されていますが、露骨に戦争の記憶や米軍基地問題と向き合った作品は殆ど知られていません。そして、世界にこの素晴らしい「文化遺産」を紹介したいと思ったと同時に、日本の若い人にも知ってほしいと思いました。日本にも「抵抗」の歴史があることと同時に、その「抵抗」を世界級のアートとして表現し続けているアーティストたちは輝かしい存在」だと述べている。芸術作品はしばしば政治的主張と密接に関連することを理解しない人には「芸術」を語る資格はない。

（4）文化庁による補助金不支給の決定と「表現の自由」「民主主義」

9月26日、文化庁は「補助金適正化法第6条等に基づき、全額不交付とする」と決定した。この決定に関して、横大道聡慶応大学教授は以下のように述べている（『朝日新聞』2019年9月26日付）。「今回のような国のあからさまな動きは特殊な事例だ。いったん採択した補助金について、後から「手続きに不備があったから撤回する」というやり方が今後も通るのであれば、文化事業をする自治体や団体を委縮させる効果は相当大きい」、「国が求めるように、展示作品を決めた段階で予想さえる社会からの反響を国に伝えなければ補助金が支給されないという仕組みになれば、何が起こるか。少しでも物議をかもしそうなイベントは、補助金の決定に影響するから差し控えようとする配慮が働くようになるだろう。社会全体で、表現が流通する余地が狭まれば狭まるほど、表現に触れる機会は減り、「表現の自由」は制約される」。

今回の文化庁の不支給の決定は、表面的には手続違反を理由にしている。しかし8月2日に菅官房長官が「内容を精査」して対応すると発言していることからすれば、横大道教授も指摘するように、展示内容を考慮したうえで補助金の不支給の決定をした疑いがぬぐいきれない。こうした決定が前例となれば、時の権力者の考えを「忖度」せざるを得ない状況が生じ、思想や芸術の多様性が失われる危険性が高くなる。人間の成長や人格形成、そして民主主義が健全に運営されるためには多様な思想や情報が社会に存在することが必要なため、表現の自由には一般的に「優越的地位」があるとされる。しかし文化庁の補助金不支給の決定は、時の権力者の意向を「忖度」せざるを得ない状況を作り出し、「萎縮効果」をもたらす危険が極めて高い。今回の文化庁の不支給の決定は「表現の自由」や「民主主義」に対する重大な侵害行為である。

## 4.「国際協調主義」に反する日本の政治家の言動

### （1）「国際協調主義」とは

日本国憲法では「国際協調主義」が基本原理とされている（憲法前文、98条）。「国際協調主義」の内容だが、①国際的な約束を自己中心的な立場から簡単に無視・違反してきた歴史に対する反省として、国際社会の約束を誠実に遵守することが内容となっている。②また、世界平和実現のため、日本が外交手段などを通じて積極的な平和活動をすること、武力紛争などの際にも両当事者への和解活動などの外交を展開することも「国際協調主義」の内容に含まれる。③さらに「他国のことを尊重しながら国際社会で行動すること」も「国際協調主義」の一内容となる。③については「いづれの国家も、自国のことのみに専念して他国を無視してはならない」と憲法前文で明記されている。

「他国を無視してはならない」という文言の内容として、歴史認識の問題も含まれる。日本が過去におこなった非人道的行為の犠牲となった遺族は、日本軍の行為を決して忘れてはいない。生命は奪われずとも、「日本軍性奴隷」の被害者であった人々は、まさに「個人の尊厳」を蹂躙された。そうした人々に対して日本が真摯に謝罪し、対応しないのであれば、「自国のことのみに専念して他国を無視」することになりかねない。その結果、近隣諸国との友好関係を構築することができず、「国際社会で名誉ある地位を占める」ことはできない。その点、日本は真摯な謝罪等の対応をしてきたのであろうか。また、あいちトリエンナーレをめぐる日本の政治家の言動は、上記のような「国際協調主義」からはどのように判断されるのであろうか。

（2）世界の信頼を得られない日本の政治家

この像の存在が知られることを嫌う右翼政治家たちには皮肉なことだが、この騒ぎにより、「平和の少女像」はより有名になった。南ドイツ新聞2019年8月5日付では「日本での展覧会が中止に追い込まれた。というのも、展覧会は日本軍慰安所における韓国人性奴隷の歴史（die Geschichte der koreanischen Sexsklavinnen）をテーマにしたからである」と記されている（なお、この記事でも「性奴隷」（die koreanische Sexsklavinnen）と表現されている）。8月14日には、スペインのジャーナリストで映像関連企業を共同経営するタチョ・ベネット氏がこの少女像を購入した。ベネット氏はバルセロナに開く計画の美術館に「平和の少女像」を展示する予定だという。ベネット氏は「芸術作品が非難されただけではなく、非難を受けて展示会を中止したことは二重にナンセンスだ」と語ったという（『東京新聞』２０１９年8月15日付夕刊）。作成者が「平和」への思いを込めた芸術作品の展示を東京、名古屋、大阪の政治家がこぞって中止に追い込む国、日本。海外の人々はこうした政治家たちのいる日本という国をどう思うだろうか？「野蛮な国」と思わないだろうか？　過去の非人道的行為に真摯に向き合い、戦争時に近隣諸国に対して謝罪と賠償の外交を根気強く続けてきたドイツの政治家と、戦争時の非人道的行為を認めず、謝罪と賠償を拒み続けてきた日本の政治家。国際社会はどちらの国を信頼し、尊敬するだろうか。正直、私もかつての日本軍が世界各地で紹介されている非人道的行為をおこなってきたとは認めたくはない。しかし残念なことに、世界各地で紹介されていることが「嘘」だとは思えない。だからこそ、かつての日本軍がおこなってきた非人道的行為に対しては近隣諸国の民衆に対して根気強く謝罪を続けること、そして今後は二度とこうした行為をしない日本であることを示すことこそ、日本が国際社会から信頼を得て、近隣諸国とも友好関係を構築する最善の方法ではなかろうか。イギリスの新聞 The Times ２０１９年9月19日付には、イギリス軍ラグビーチームが戦争犯罪人を讃える「靖国神社」を訪問したことを在日英国大使が問題視している記事が掲載されている。「歴史認識」は決して「過去」の問題ではない。歴史にどう向き合い、対応するかという点では「現在」の問題ともなっている。

（3）友好関係を破壊する政治家の言動

日本の政治家の言動は、国際社会から信頼を得られないというだけに留まらない。他の国々との対立すらも生じさせる。

２０１９年8月30日。私はソウルから日本に戻る飛行機の中で Korean Times ２０１９年8月30日付を読んでいた。同新聞の1面は、「文大統領は東京〔＝安倍政権〕の不誠実な態度を糾弾する」との記事ではじまっている。この記事では「文大統領は、ドイツの行動を例に挙げ、日本の戦時の歴史を回顧するように安倍政権に求めた」と記述されている。文大統領が指摘しているように、ドイツは第2次世界大戦の行為についてさまざまな場面で謝罪をしてきた。有名なのは1971年12月、ワルシャワにあるゲトー碑前に西ドイツのブラント首相が跪いて哀悼の意を示したことであろう。ただ、その後もドイツの首相や大統領は第2次世界大戦で被害をもたらした近隣諸国に対して謝罪と賠償の外交を続けてきた。

2019年9月1日は、第2次世界大戦がはじまってから80年目となるが、ドイツのシュタインマイヤー大統領は、最初の爆撃地となったヴィエルニでおこなわれた式典で、ドイツ語とポーランド語で「ヴィエルニ攻撃の犠牲となった人々、そしてドイツの残虐行為の犠牲となったポーランドの人々に頭を下げる。そして許しを乞いたい」と発言した。その後、ワルシャワに移動した式典でも「過去の罪の許しを乞う」と発言した。このようにドイツの大統領や首相は折に触れて第2次世界大戦時の行為について謝罪と賠償を続けてきた。賠償額も各種試算があるが、総額は700億ユーロ（約8兆2000億円）を超えるとみられている。このように、ドイツは謝罪と賠償を根気強く続ける外交を通じて、近隣諸国から信頼を得て、友好関係を構築することができた。しかし、こうした謝罪と賠償を粘り強く続けてきても、依然として「溝」が完全に埋まったわけではない。2019年8月、ポーランドのモラウィエツキ首相は「今日までドイツから大戦中の残虐行為への適切な賠償を受けていない」と発言した。ポーランド議会はナチスの行為の被害額を公表し、8500億ドル（約90兆円）と試算した。ドイツは1960年代の補償協定で「解決済」との立場だが、2019年4月、ギリシャ議会は第2次世界大戦中のナチス占領期の際の損害の賠償を求める議決をした。ギリシャ議会は賠償金を3000億ユーロ（約35兆円）と試算している（やや話がそれるが、戦争は80年以上たってもこうして国々やその市民に「しこり」を残すことも、「決して戦争はいけない」という根拠の一つとなろう)。ドイツのように近隣諸国に対して謝罪と賠償を続けても、いまでも戦争時の非人道的行為は国家間の火種としてくすぶっており、完全な友好関係は構築できない。ましてや日本の政治家たちが「日本軍慰安婦はデマ」「狭義の強制はなかった」などと歴史を否定する発言すれば、性奴隷の被害者のみならず、近隣諸国はどのように感じるだろうか。イギリスの新聞 The Guardian weekly 2015年2月1日付では、「主流の歴史家たちは、文書や目撃証言などを引用して、戦争が終わるまでに約20万人の女性、その多くは日本に占領されていた朝鮮の女性たちが駆り出されて日本兵の性の相手をさせられたと認識している。安倍首相を含めた、日本の修正主義者たち(Japanese revisionists)は、慰安婦たちは強制されていなかったと主張することで、中国、韓国、アメリカとの緊張関係を高めてきた」と記されている。この記事で指摘されているように、過去の日本軍の非人道的行為を否定することで、日本の右翼政治家たちは近隣諸国との対立を生じさせてきた。こうした日本の政治家の対応は、憲法の「国際協調主義」とは相容れない。

## 5. おわりに

ヴァイマール共和国が僅か14年(1919~1933年)で幕を閉じ、ヒトラー独裁に至った要因は何か。ヴァイマール憲法48条の非常事態権限の濫用、「不公平な司法」とともに「テロ行為」の横行も挙げられる。ナチスが政権を獲得・強化するに際しては、「緊急事態条項」などを濫用してナチスに目障りな存在を弾圧するだけではなく(大統領命令による「上からの革命」(Revolution von oben))、至るところで「テロ行為」を実行した(いわゆる「下からの革命」(Revolution von unten))。そしてナチスによるテロ行為は自由な言論を封じ込め、民主主義社会を崩壊させた。

今回、愛知県に対してなされた「犯行予告」は卑劣なテロ行為かつ明白な犯罪行為というだけに留まらない。ナチス同様、民主主義社会に必要な「表現の自由」を暴力や暴力の威嚇により弾圧しようとする行為、民主主義社会を崩壊に導く行為に他ならない。将来の世代に民主主義国家を引き継ぐためには、私たちはこのような卑劣かつ民主主義を崩壊に導く犯罪行為を決して許容してはならない。南ドイツ新聞2019年8月5日付では「名古屋における表現の自由その後の展示会が劇的に示すのは、現在の日本社会がいかに表現の自由を認めないかということである」と記述されている。自由な言論を封じ、民主主義社会を崩壊に導く、表現の自由への「暴力」や「犯罪予告」に対しては、私たち市民は厳格な姿勢で臨む必要がある。

また、個人が自らの「生き方」を決定し（自律）、自らを成長させるため（自己実現）、そして主権者として適切に政治の場面で意志表示をする（自己統治）ためには、社会に多様な情報や見解が存在する必要がある。河村市長による「平和の少女像」展示の禁止を求める言動や、補助金の支出に言及することで展示の中止を求めたとも受け取れる菅官房長官の発言は、憲法21条2項で禁止された「検閲」であり、情報や思想の多様性を否定するものである。特定の見解や思想が権力者から見れば好ましくないとの理由で規制されることは、「自己実現の価値」「自己統治の価値」を否定するために「表現の自由」に違反し、民主主義の陥穽を掘るに等しい。河村市長や菅官房長官の憲法違反の言動を黙認することも、やはり民主主義の崩壊を黙認することにつながることを認識する必要がある。

【参考文献】


・芦部　信喜『憲法学Ⅲ人権各論（3）』有斐閣、2000年
・芦部　信喜著／高橋和之補訂『憲法〔第7版〕』岩波書店、2019年
・長谷部　恭男『新法学ライブラリー2　憲法〔第6版〕』新世社、2014年
・飯島　滋明「オーストラリア、シンガポールでの日本軍の「痕跡」と「国際協調主義」」『名古屋学院大学論集（社会科学編）』55巻2号、2018年10月31日、171―191頁。

# 第7章　天皇代替わり儀式の違憲性

稲　正樹

【要旨】
本章は、発端としての2016年8月の天皇メッセージの問題点、現在の憲法と法律の下では一連の天皇代替わり儀式を実施する法的な根拠がないこと、「憲法の趣旨」と「皇室の伝統等の尊重」が順接的であり、しかも同じ程度の価値があることを前提としている政府の基本方針が誤っていることを指摘し、天皇代替わり儀式が国民主権と政教分離原則という憲法原則に反していることを論じている。最後に、天皇の元首化と祭主化を進める支配層の天皇政策がなぜ強行されているのかという点に触れ、国家の非神話化を進めていく必要性を述べている。

## 1．始まりとしての天皇メッセージ

2016年8月8日にテレビで放送された、「象徴としてのお務めについての天皇陛下のおことば」が、皇室典範特例法を成立させ、明仁天皇の退位と徳仁天皇の即位、それに伴う天皇代替わり儀式をもたらす契機となっている。

その内容はどのようなものだったのか。明仁天皇は国民に対して、以下のように語った。いままで自分は、「日本国憲法下で象徴と位置づけられた天皇の望ましい在り方」を模索してきた。天皇が象徴であるとともに国民統合の象徴としての役割を果たすためには、天皇もまた国民に対する理解を深め、常に国民とともにある自覚を育てる必要を感じ、日本の各地への旅などの、「象徴的行為」を天皇制に不可欠なものとして行ってきた。しかし高齢のため「全身全霊をもって象徴の務め」を果たせなくなる恐れがでてきた。だが、「国事行為」や「象徴としての行為」を限りなく縮小することは無理があり、摂政を置いても天皇が十分に務めを果たせぬまま在位することには変わりがない。これからも、「象徴天皇の務めが常に途切れることなく、安定的に続いていくことをひとえに念じ」ている（そのためには退位しかないのではないか）。国民の理解を得られることを、切に願っている。

渡辺治は、「この天皇メッセージ」の結果生まれた天皇制度に対する論議の歪みをこう指摘する。

その一つは、過去の議論と異なり、憲法のめざす象徴像がいとも軽々と無視され、逆にそれからの離反が慫慂されさえしている。様々な憲法学者による象徴的行為の肥大化の容認や「平成の玉音放送」（保坂正康）という称賛がなされている。・・・

立憲主義を標榜する側からのこうした議論は、皮肉にも、立憲主義に反して拡大し続けた公的行為のさらなる拡大や、天皇メッセージの発信を、明仁天皇の論理にしたがって、積極的に容認しようとしている。しかし、もし次代の天皇が、戦没者への慰霊の旅として全国の護国神社、靖国神社への参拝を行った場合、論者はどう評価するのであろうか。また逆に天皇が、時の政府が強行しようとしている法案たとえば共謀罪法案を危惧し、政府の反対を押し切って、戦前の政治への復古を憂慮するメッセージを発したらどうであろうか。こうした事態は、国政にかかわる一切は主権者たる国民が民主的な政治過程を通じて決すべきであり、民主的選出によらない天皇による介入は一切認めないとした憲法の民主主義の構想と根本的に矛盾するものであるが、近年の天皇をめぐる言説は、その方向を助長している。

歪みの二つ目は、天皇制度をめぐる議論における人権視点の欠落である。退位論も従来のそれが論点にあげてきた、人権としての退位、「脱出の権利」としての退位論は影を潜め、専ら「皇位の安定」という文脈でのみその是非が論じられ、女性天皇につながる女性宮家創設論も、ひたすら「皇位の安定」という理由で、かつての男女同権論、憲法14条の人権論からの議論は影を潜めている。

本来ならば、日本国憲法が構想している国民主権原理に適合的な象徴天皇制の模索や改革案の提示、明仁天皇が積極的に行ってきた「象徴としての行為」の見直し、天皇ではなく国民や国民代表がなすべき戦争責任の明確化と謝罪、憲法の人権原則に適合的な皇室典範の改正などの諸課題があった。にもかかわらず、実際に成立したのは、天皇への敬愛、国民の側の天皇の気持ちへの理解、共感を露骨に表明した異様な文言からなる、皇室典範特例法の成立であった。

法律第63号（平29・6・16）天皇の退位等に関する皇室典範特例法

（趣旨）

第一条　この法律は、天皇陛下が、昭和六十四年一月七日の御即位以来二十八年を超える長期にわたり、国事行為のほか、全国各地への御訪問、被災地のお見舞いをはじめとする象徴としての公的な御活動に精励してこられた中、八十三歳と御高齢になられ、今後これらの御活動を天皇として自ら続けられることが困難となることを深く案じておられること、これに対し、国民は、御高齢に至るまでこれらの御活動に精励されている天皇陛下を深く敬愛し、この天皇陛下のお気持ちを理解し、これに共感していること、さらに、皇嗣である皇太子殿下は、五十七歳となられ、これまで国事行為の臨時代行等の御公務に長期にわたり精勤されておられることという現下の状況に鑑み、皇室典範（昭和二十二年法律第三号）第四条の規定の特例として、天皇陛下の退位及び皇嗣の即位を実現するとともに、天皇陛下の退位後の地位その他の退位に伴い必要となる事項を定めるものとする。

（天皇の退位及び皇嗣の即位）

第二条　天皇は、この法律の施行の日限り、退位し、皇嗣が、直ちに即位する。(以下、略)

## 2. 天皇代替わり儀式に関する憲法・法律上の根拠

横田耕一は、日本国憲法の下では、そもそも天皇の代替わり儀式を国家的な行事として挙行する憲法・法律上の根拠がないことを、以下のようにまとめている。

明治憲法体制においては、皇室祭祀を含む神道は国教の地位を与えられており、従って、神道形式で儀式が挙行されることにはなんら問題がなかった。

ところが国民主権の下での象徴天皇制においては、皇室典範における規定、登極令は廃止され、代替わりに関連する一切の儀式の法的根拠はなくなった。

日本国憲法においては、2条で「皇位の継承」として、「皇位は世襲のものであって、国会の議決した皇室典範の定めるところにより、これを継承する」と定めている。現在の皇室典範では、それを受けて、2条で「皇位は、皇統に属する男系の男子が、これを継承する」、4条で「天皇が崩じたときは、皇嗣が、直ちに即位する」、24条で「皇位の継承があったときは、即位の礼を行う」と規定しているのみである。「即位」「即位の礼」の具体的内容は記されていない。「神器」「大嘗祭」は現皇室典範においては削られ、大嘗祭が行われるべき場所も言及されていない。

政教分離原則を規定する日本国憲法の施行を前にして、皇室祭祀(皇室神道)に関連する旧皇室典範を含めたもろもろの皇室令(即位・大嘗祭にかかわる登極令、天皇皇后等の葬儀にかかわる皇室葬儀令、天皇皇后の墓にかかわる皇室陵墓令など)はすべて廃止され、同時に皇室典範から皇室祭祀にかかわる規定はすべて消えた。その結果、日本国憲法のもとでは、天皇の代替わり儀式を国家的な行事として挙行する憲法・法律上の根拠がなくなったのである。ただし、日本国憲法施行の前日に、宮内府長官官房文書課長名で出された「依命通牒」によって、廃止された皇室令の中身が、皇室の伝統という名目で実質的に維持された。笹川紀勝が指摘しているように、政教分離を定めた憲法の最高法規は、皇室との関係では貫徹されないことになってしまった。

### 3．政府が発表した一連の退位・即位関係儀式の基本方針

2018年4月3日に政府は、「天皇陛下のご退位及び皇太子殿下のご即位に伴う式典の挙行に係る基本方針」を閣議決定した (http://www.kunaicho.go.jp/kunaicho/shiryo/tairei/pdf/shiryo301012-1.pdf)。「1 各式典は、憲法の趣旨に沿い、かつ、皇室の伝統等を尊重したものとすること 2 平成の御代替わりに伴い行われた式典は、現行憲法下において十分な検討が行われた上で挙行されたものであることから、今回の各式典についても、基本的な考え方や内容は踏襲されるべきものであること」とされている。

この基本方針では、「憲法の趣旨」と「皇室の伝統等の尊重」が順接的であり、しかも同じ程度の価値があることを前提としている。しかし、天皇の代替わり関連儀式はすべて、憲法の基本原則に合致して行われなければならない。憲法の基本原則や憲法の趣旨を侵害・凌駕する「皇室の伝統等の尊重」があってはならない。天皇の代替わり関連儀式が本当に「皇室の伝統」であるのかも、問われなければならない。中島三千男は、「代替わり儀式」はたかだか今から150年前の明治以降に形作られた、極めて新しいもの、イギリスの歴史学者エリック・ホブズボウムが言う「近代に新しく創られた伝統」にすぎないと述べている。

### 4．剣璽等承継の儀の違憲性

旧皇室典範では「践祚」を規定し、天皇の位の象徴たる剣、璽、神鏡を先帝から受け継ぐことにより践祚は実現するとしていた。旧皇室典範では天皇没後すぐに践祚を行うこと、およびそれに神器の

伝授が伴うべきことを規定したが、現行皇室典範では没後すぐに即位することを規定し、践祚の語は用いず、神器伝授にも触れていない。

従って、かつての「剣璽渡御ノ儀」をカモフラージュして、「剣璽等承継の儀」を2019年5月1日に国事行為として行ったが、神器を承継することを国事行為として行うことはできないのである。神器の承継によって即位するという考え方自体がおかしいのであって、天照大神の神勅を皇位の根拠とする明治憲法の立場に立っており、象徴天皇の地位を国民の総意に基づくと定めている日本国憲法の立場に反する。

「三種の神器」の「承継」をもって天皇の「代替わり」のあかしとする儀式を国事行為として行うことは、憲法の国民主権の原則と両立しない。また、きわめて宗教色の濃いこうした儀式を国事行為として行うことは、憲法の政教分離の原則とも相いれない（日本共産党の政府に対する申し入れ）。

## 5．即位後朝見の儀の問題点

「御即位後初めて国民の代表に会われる儀式として、即位後朝見の儀を行う。剣璽等承継の儀後同日に、国事行為である国の儀式として、宮中において行う」という趣旨の式典である。しかし、憲法規定の「儀式を行うこと」を根拠にして、国事行為を野放図に拡大することは憲法の予定しているところではない。2019年5月1日に、三権の長、国務大臣、国会役員、認証官、地方公共団体の代表各夫妻等292人を前に、「天皇のおことば」と内閣総理大臣の「国民代表の辞」という形でセレモニーを挙行したが、国民主権下の式典のあり方として相応しいものではなかった。もともと「朝見」とは、臣下が宮中に参上して天子に拝謁することを意味する言葉である。

### 6．即位礼正殿の儀の違憲性

「御即位を公に宣明されるとともに、そのご即位を内外の代表がことほぐ儀式」として、2019年10月22日に皇居宮殿（正殿「松の間」等）で国事行為である国の儀式として行なわれる。

平成の代替わりの際には、内外の約2200人の参列者を前に、天皇が高御座に、皇后が御帳台に昇り、天皇が即位を宣明し、内閣総理大臣が寿詞を述べ、内閣総理大臣の音頭で万歳三唱を行うという形で行われた。

前回の代替わりでは、以下のような「寿詞」を宗教的色彩の濃厚な儀式において、天皇を仰ぐ形で述べ、万歳三唱を行なったが、このような前例を踏襲することは憲法の定める国民主権、政教分離原則に違反し、許されない。

「謹んで申し上げます。天皇陛下におかれましては、本日ここにめでたく即位礼正殿の儀を挙行され、即位を内外に宣明されました。一同こぞって心からお慶び申し上げます。ただいまは、天皇陛下から、いかなるときも国民と苦楽を共にされた昭和天皇の御心を心とされ、常に国民の幸福を願われつつ、日本国憲法を遵守し、象徴としての責務を果たされるとのお考えと、我が国が一層発展し、国際社会の友好と平和、人類の福祉と繁栄に寄与することを願われるお気持ちとを伺い、改めて感銘を覚え、敬愛の念を深くいたしました。私たち国民一同は、天皇陛下を日本国及び日本国民統合の象徴と仰ぎ、心を新たに、世界に開かれ、活力に満ち、文化の薫り豊かな日本の建設と、世界の平和、人類福祉の増進とを目指して、最善の努力を尽くすことをお誓い申し上げます。ここに、平成の代の平安と天皇陛下の弥栄をお祈り申し上げ、お祝いの言葉といたします。」

かつて司法からは即位の礼に関して、以下のような指摘がなされている（大阪高等裁判所1995年3月9日判決）。

「現実に実施された本件即位礼正殿の儀……は、旧登極令及び同附式を概ね踏襲しており、剣、璽とともに御璽、刻字が置かれたこと、首相が正殿上で万歳三唱をしたこと等、旧登極令及び同附式よりも宗教的な要素を薄め、憲法の国民主権原則の趣旨に沿わせるための工夫が一部なされたが、なお、神道儀式である大嘗祭諸儀式・行事と関連づけて行われたこと、天孫降臨の神話を具象化したものといわれる高御座や剣、璽を使用したこと等、宗教的な要素を払拭しておらず、大嘗祭と同様の趣旨で政教分離規定に違反するのではないかとの疑いを一概に否定できないし、天皇が主権者の代表である首相を見下ろす位置で『お言葉』を発したこと、同首相が天皇を仰ぎ見る位置で『寿詞』を読み上げたこと等、国民を主権者とする現憲法の趣旨に相応しくないと思われる点がなお存在することも否定できない。」

政教分離の会の木村庸五弁護士は、以下のように指摘する。

「極めて神道色の強い場所と様式で行われる即位の礼を国事行為として行うことは憲法の政教分離の原則に明らかに反する。さらに宗教的性格を持つ高御座から、天皇が参列者に言葉を述べ、総理大臣が祝いの言葉を述べて万歳三唱をすることは、事実上臣下の礼を行うことを意味する。このような即位の礼の形は、天皇を現人神とする戦前の国家神道体制の下で作られたものであり、現在の日本国憲法においては、政教分離原則にも、国民主権の原則にも反する。この儀式では、天孫降臨を模したとされる高御座を設け、三種の神器を供える等、天皇が神の子孫であり、神話的権威を有する存在であることを儀式の骨格にしている。天皇は、出席者に対して終始極めて高い位置にあり、三権の長に向き合い、その万歳三唱を受けるなど、憲法の想定しない主従関係がみられ、国民主権の原則に立つ現憲法の基本理念に挑戦するものである。」

笹川紀勝は、内閣総理大臣が万歳を叫ぶなら、国民主権を軽視しないような仕方でなされなければならない。「天皇の即位を喜ぶかどうかは、まったく人々の価値観に左右されるからである」と述べている。

## 7．大嘗祭関連儀式の違憲性

大嘗祭に関しては、「天皇陛下の御退位及び皇太子殿下の御即位に伴う式典の挙行に係る基本方針」（２０１８年３月30日天皇陛下の御退位及び皇太子殿下の御即位に伴う式典準備委員会決定、４月３日に閣議口頭了解）が発表されている（https://www.kantei.go.jp/jp/singi/taii_junbi/pdf/h300330_kihon_housin.pdf）。そこでは、「大嘗祭の挙行については、『「即位の礼」・大嘗祭の挙行等について』（平成元年12月21日閣議口頭了解）」における整理を踏襲し、今後、宮内庁において、遺漏のないよう準備を進めるものとする」となっている。

今回の基本方針で言及されている「平成の御代替わりにおける大嘗祭の整理」（https://www.kantei.go.jp/jp/singi/taii_junbi/dai2/siryou5.pdf）は以下の通りであった。

１　大嘗祭の意義

大嘗祭は、稲作農業を中心とした我が国の社会に古くから伝承されてきた収穫儀礼に根ざしたものであり、天皇が即位の後、初めて、大嘗宮において、新穀を皇祖及び天神地祇にお供えになって、みずから召し上がりになり、皇祖及び天神地祇に対し、安寧と五穀豊穣などを感謝されるとともに、国家・国民のために安寧と五穀豊穣などを祈念される儀式である。それは、皇位の継承があったときは、必ず挙行すべきものとされ、皇室の長い伝統を受け継いだ、皇位継承に伴う一世に一度の重要な儀式である。

２　儀式の位置付け及びその費用

大嘗祭は、前記のとおり、収穫儀礼に根ざしたものであり、伝統的皇位継承儀式という性格を持つものであるが、その中核は、天皇が皇祖及び天神地祇に対し、安寧と五穀豊穣などを感謝されるとともに、国家・国民のために安寧と五穀豊穣などを祈念される儀式であり、この趣旨・形式等からして、宗教上の儀式としての性格を有すると見られることは否定することができず、また、その態様においても、国がその内容に立ち入ることにはなじまない性格の儀式であるから、大嘗祭を国事行為として行うことは困難であると考える。

次に、大嘗祭を皇室の行事として行う場合、大嘗祭は、前記のとおり、皇位が世襲であることに伴う、一世に一度の極めて重要な伝統的皇位継承儀式であるから、皇位の世襲制をとる我が国の憲法の下においては、その儀式について国としても深い関心を持ち、その挙行を可能にする手だてを講ずることは当然と考えられる。その意味において、大嘗祭は、公的性格があり、大嘗祭の費用を宮廷費から支出することが相当であると考える。

3　大嘗祭の中心的儀式である『大嘗宮の儀』及び『大饗の儀』については、おおむね次のとおりとすることとされた。

・挙行時間：平成2年秋を目途とし、国事行為たる『即位の礼』の挙行後を予定する。
・挙行場所：皇居内を予定する。
・参列者：1000名程度を予定する。
・大嘗宮：大嘗宮を設営する。

この整理は、大嘗祭の意義について事柄を矮小化している。大嘗祭は後述のように明白な宗教行事であり、天皇家の宗教儀式として行うしかない。それにもかかわらず「公的性格」があると強弁して、膨大な経費（皇位継承、総額166億円。大嘗祭経費27億1900万円と報道）を宮廷費から出捐することはあってはならない。

2018年12月10日に東京地裁に提訴された即位の礼・大嘗祭違憲訴訟の訴状では次のように主張されている。

大嘗祭は、戦前においては、天皇が神になる儀式であると理解されていた。これに対し政府は、本件大嘗祭について、「稲作農業を中心とした我が国の社会に古くから伝承されてきた収穫儀礼に根ざしたものであり、天皇が即位の後、初めて、大嘗宮において、新穀を皇祖及び天神地祇にお供えになって、みずからお召し上がりになり、皇祖及び天神地祇に対し、安寧と五穀豊穣などを感謝されるとともに、国家・国民のために安寧と五穀豊穣などを祈念される儀式である。」との公式見解を発表している。上記政府見解によっても、天皇が天神地祇や皇祖神といった超自然的存在と交流できる存在であり、その交流によって日本国及び日本国民の繁栄があるという日本国と日本国民の成り立ちに関する宗教的観念、神話的イデオロギーに根差している。大嘗祭は、宗教的象徴行為であるため、これが公的性格の儀式として挙行されること自体によって、国民の精神領域に上記宗教的観念ないし神話的イデオロギーを流布、伝達する効果を生ぜしめる効果を持つ。また、宗教的儀式に対する公金の支出により特定の宗教と国家との公的な結びつきを作るこれらの儀式の実施は、それ自体が大きな影響を及ぼす性質の行為であり、直ちに政教分離に明確に違反するものであって、裁判所はそのような公金の支出を違憲と判決すべきである。むしろ、いかなる影響・効果を与えるかを吟味するまでもなく、宗教行事を国家自らが行うという一事をもって憲法違反となるものである。これは国家による特定の宗教への過度のかかわり合いであることは明らかである。

これらの儀式は、明治政府による宗教利用施策において定められ行われたことを踏襲しようとするものにすぎず、これは伝統でも習俗でもない。仮に伝統や習俗的な要素があるとしても、宗教的性格が明白である限り、現行憲法はこれに国家が関与することを排除しているものと解すべきことは明らかである。

以下、とくに大嘗宮の儀に関して、中島三千男の先行研究に即して明らかにしたい。昭和18年の国定教科書『初等科修身　第四』「十四　大嘗祭の御儀」では、「これこそ、實に大神と天皇とが御一體におなりあそばす御神事であつて、わが大日本が神の國であることを明らかにするものと申さなければなりません」（国立国会図書館デジタルコレクション http://dl.ndl.go.jp/info:ndljp/pid/1277130）と記述されていた。

## 8．大嘗宮の儀の違憲性

大嘗祭を行う施設として大嘗宮が建設される。左右対称の同じ結構（古俗を表すため、黒木造り、柱は皮付きの櫟《くぬぎ》、茅葺切妻屋根）の二つの神殿（東方に「悠紀殿」、西方に「主基殿」）を新しく建て（「昭和」度は、京都御所の小御所中庭、「平成」度は皇居東御苑）、そこで同様の儀式を、時間をずらして行う。悠紀殿供饌の儀（夕御饌の儀）と主基殿供饌の儀（朝御饌の儀）の二つの儀式が、午後6時過ぎより暗闇の中、わずかに時々燃え上がる庭燎の焔の灯りの中で行われる。

天皇は神事の服の中でも最も神聖な生絹の御祭服を纏い、二度三度の潔斎を重ねて式に臨む。儀式の内容は亀卜（「斉田点定の儀」）により定められた「悠紀斎田」、「主基斎田」で採れた新穀（米や粟）をもとにして醸された酒（神酒）や食べ物（神饌）をそれぞれ「悠紀殿」、「主基殿」において皇祖天照大神（及び天神地祇）に天皇自らお供えし、拝礼、お告文を述べるとともにその後、神に捧げたのと同じ神酒と御飯を自ら食する儀式を行う。方8・1ｍ（約65㎡）の「内陣」には天照大神が座す「神座」（第二の「神座」）、天皇が座す「御座」がある。燈籠の薄明かりの中、ここで対面して親供の儀式が行われるが、内陣には天皇の他「陪膳の采女」と「後取の采女」の二人しかいない。外陣に運び込まれた品一つ一つを「後取の采女」が受け取り、それを「陪膳の采女」に渡し、天皇はそれを神前に「御親供」する。

学問的には「神」と「人」が同じものを食することによって神の神性を人が身に付けるという「神人共食の儀式」であり。この儀式を経ることによって天皇が初めて神聖性をまとうことができるとされている。

このほかに、学問的には「大嘗祭」は天皇霊の受け継ぎ、あるいは聖婚の儀式だという説がある。天皇霊の受け継ぎというのは、大嘗宮の内陣中央に「寝座」（第一の神座）というものがあるが（八重畳に板枕の寝座に衾が掛けてある）、この衾こそかつて瓊瓊杵尊が高天原より降臨するときに覆われていた「真床追衾」（マドコオブスマ『日本書紀』）であり、新天皇がこれを覆うことにより、「天皇霊」＝アマテラス・ニニギノミコトの魂、霊力を受け継ぐものでもあるというもの。これは「人」が「神」と寝ることによって神の持つ霊力を身に付けることができるという「神人共寝の儀式」にほかならない。……「神人共食の儀式」説では、寝座（第一の神座）は単に天照大神が休むところとしている。それでも「神人共食の儀式」により天皇が聖化され、天皇がアマテラス・ニニギノミコトと受け継いだ「魂」を代々受け継いで「霊力」を身に付ける儀式であることに変わりはない（以上は、中島三千男の著書より引用）。

政府は、大嘗祭が宗教上の儀式であることを認めている。それが皇室の私的行事であって、国事行為とすることはできないとしながらも、「公的性格」があるとして、宮廷費からその費用を支出することを決定した。しかしながら、大嘗宮建設・大嘗祭執行のための国費支出は、宮廷費か内廷費かにかかわらず、皇室神道の宗教活動を援助・助長・促進する効果を有し、特定宗教との過度の関わり合いを生じしめている点において、明白な政教分離原則違反である。

## 結びにかえて

水林彪は以下のように、重要な論点を提起している。

天皇の「おことば」を受けて、「天皇の人間化」を支持する国民の心情は、必ずしも日本社会の市民社会化の進展を意味するものではない。そこには、主権者たる国民の無為を天皇が補い（慰問と慰霊の旅など）、国民はそのことを有り難く承るという、市民社会原理とは正反対の、相も変わらぬ「お上」意識の残存現象が認められるからである。そのような国民の意識を基盤として、政権・与党勢力の天皇制政策──「天皇の元首化」と「天皇の祭主化」──が展開する。

前者は、自民党「日本国憲法改正草案」（２０１２年）が明示するところであり、後者は、「有識者会議」ヒアリングにおいて、「保守」の論客たちが、天皇の本質として、異口同音に強調したことであった。

支配層の天皇制像と覚しきものを要約するならば、次のようになろう。「天皇は祭主であり、その本質は宗教的存在たることにある。政治的存在としての天皇は、内閣の完全な統制下にあるという意味で、無力な存在とする。天皇・皇族に人権は認められない。現実の政治権力は、天皇の権威のもと、天皇の名において、内閣が執行する」。

２０１２年の自民党改憲草案が目指している天皇の元首化と今回の代替わり儀式に見られる天皇の祭主化は、社会統合が破綻し、階層社会があらわになった国民を天皇制の呪縛によって包摂し、天皇の権威を新たに作り出していくことを狙っている。

我々がいま目の当たりにしている、天皇の代替わり儀式は、憲法の国民主権・政教分離原則に違反する明白な違憲の儀式のオンパレードである。にもかかわらず大きな批判も起こらず、違憲の儀式が粛々として行われようとしている。

天皇の代替わり儀式の違憲性を指摘する声は小さく、その力は弱いが、30年前に戸村政博が述べていた指摘は今日でも妥当する。

すなわち、大嘗祭を初めとする今後の天皇制をめぐる闘いは、国家の神話化に対する非神話化の闘いともいうことができるであろう。そして、われわれは、それが民主主義の原点に立ち帰る闘いにほかならないと考えるものである。

【参考文献】

・渡辺治「近年の皇室論議の歪みと皇室典範の再検討」吉田裕・瀬畑源・河西秀哉（編）『平成の天皇制とは何か——制度と個人のはざまで』岩波書店、２０１７年
・横田耕一「大嘗祭の法的諸問題」富坂キリスト教センター（編）『キリスト教と大嘗祭』新教出版社、１９８７年
・笹川紀勝「皇室法制」杉原泰雄編『新版　体系憲法事典』青林書院、２００８年
・中島三千男『天皇の「代替わり儀式」と憲法』日本機関紙出版センター、２０１９年
・日本共産党中央委員会「天皇の『代替わり』に伴う儀式に関する申し入れ」https://www.jcp.or.jp/akahata/aik17/2018-03-23/2018032304_01_0.html
・木村庸五「天皇の即位儀式の問題点」政教分離の侵害を監視する全国会議（略称「政教分離の会」）政教分離２０１９年９月30日号。
・笹川紀勝「即位の礼と大嘗祭」横田耕一・江橋崇（編）『象徴天皇制の構造』日本評論社、１９９０年
・水林彪「象徴天皇制——法史学的考察」『法律時報増刊・戦後日本憲法学70年の軌跡』日本評論社、２０１７年
・戸村政博『即位礼と大嘗祭を読む——現代と王権』新教出版社、１９９０年

# 【巻末資料】

## 巻末資料について

２０１９年６月13日18時から衆議院第２議員会館第８会議室にて、「憲法研究者・行政法研究者が問う！　沖縄・辺野古新基地建設問題」と題する集会が開催された。この集会は行政法研究者と憲法研究者が共同で集会を開催するという、画期的な試みであった。行政法からは龍谷大学教授の本多滝夫先生が「辺野古新基地建設問題をめぐる行政法上の問題と現在《いま》」と題する報告をされた。憲法からは石村修専修大学名誉教授による「沖縄という空間と日本国憲法」という報告、笹沼弘志静岡大学教授による「沖縄辺野古基地問題――人権と民主主義から考える」という報告がなされた。参加者からは極めて内容の濃い、良い集会だったという声を多く頂いた。なお、平日の東京で行われた集会のため、参加できない研究者も多くいた。そうした研究者からは当日の集会にむけてのコメントが寄せられた。そのコメントを【資料１】で掲載する。

さらに８月３日、「あいちトリエンナーレ２０１９」の企画展「表現の不自由展・その後」が中止に追い込まれた。中止に追い込まれた背景には河村名古屋市長や菅官房長官の言動があった。ここでも憲法ネット１０３に属する憲法研究者を中心に、「表現の自由」の観点から河村市長や菅官房長官の発言の問題点を社会に提起する声明を出すべきとの意見が出され、実際に８月11日、各メディアで発表された。その声明を【資料２】で紹介する。

飯島　滋明

【資料1】

## 辺野古新基地建設に関する研究者のコメント
## ――2019年6月13日の院内集会へのメッセージ

**憲法研究者・行政法研究者一同　2019年6月13日**

**飯島　滋明**（名古屋学院大学。憲法）

与那国島、石垣島、宮古島、奄美大島では自衛隊が粛々と配備されている。この自衛隊配備は「日本防衛」を名目にしているが、実際は「日本を守る」ためではない。アメリカの「対中国封じ込め戦略」である「エアシーバトル構想」「オフショア・コントロール」の一環である。アメリカの「対中国封じ込め作戦」の一端を担い、「米軍の一部化」して与那国島、石垣島、宮古島、奄美大島に配備される自衛隊は、アメリカのためにアメリカ軍の代わりに戦う危険性がある。その結果、これらの地域が「戦場」となる危険性も生じる。そして日本版「海兵隊」と言われる水陸機動団の配備も想定される辺野古の新基地建設も、アメリカの対中国軍事戦略「エアシーバトル構想」「オフショア・コントロール」の一環を担い、日米の出撃拠点を新たに構築すると同時に、有事の際には攻撃対象となる危険性をもたらす。与那国島、石垣島、宮古島、奄美大島への自衛隊配備、そして辺野古の新基地建設は、「平和的生存権」を根底から脅かす、極めて危険な行為である。

**石川　裕一郎**（聖学院大学。憲法）

沖縄は、現下の日本国が直視すべき現実が集約された地である。そこでは、繰り返し表明されてきた民意が無視され、地方自治の精神が踏みにじられ、住民の生命と自由と権利が日々脅かされ続けている。それが現実である。だが、それは沖縄だけの現実ではない。沖縄の現実を克服することは、他でもない日本の現実を克服することである。

その一方で、沖縄は、現下の日本国が指向すべき未来を展望しうる地でもある。そこでは、多くの人々が、不屈の精神をもって、しかし根本において楽観主義をもって、小異を残しつつも大同に就き、その諸困難に立ち向かい続けている。そこに未来がある。だが、それは沖縄だけの未来ではない。沖縄の未来を切り拓くことは、他でもない日本の未来を切り拓くことである。

かように、私たちは、現実と未来が交錯する地点に立っている。未来をわがものとすることができるか否か、その成否は偏に私たち一人ひとりにかかっている。

**稲　正樹**（元国際基督教大学教員。憲法）

辺野古新基地建設に反対する民意は繰り返し明確に示されている。直近の県民投票の結果をみれば、そのことは明瞭である。にも関わらず、沖縄県民の民意を一顧だにすることなく新基地建設の工事を強行し続けている日本政府は、民意に沿った選択をしなければならないという民主主義の基本に反している。その土地の問題はその土地の住民の選択するところに従って解決されなければならないという、憲法の地方自治の原則にも反している。

沖縄県民は一度も自らの意思で米軍基地を選択したことはなかった。近隣アジア諸国民の融和と協力のもとに、万国津梁を実現する沖縄の新しい未来が開かれなければならない。沖縄県民の平和に生きる権利を日常的に侵害している米軍基地に加えて、２００年も３００年も半永久的に存在し続ける辺野古の新基地建設は直ちに停止されなければならない。辺野古新基地建設は憲法の基本原理に反する暴挙であり、生態系を破壊するエコサイドであり、沖縄県民に対する構造的差別にほかならない。

日米地位協定の抜本的改定を求める世論を高め、現下の不条理極まりない非立憲政治を終わらせ、憲法を守り抜く展望を本日の集会でともに語りあいたい。

**榎澤　幸広**（名古屋学院大学。憲法学）
先月5月15日は47年前に米軍統治下の沖縄が日本に復帰した日でした。沖縄の人々は人権尊重、国民主権、平和主義をベースとする日本国憲法体制下であれば、軍や基地の問題に苦しめられないと思い、復帰を望んだはずでした。しかし、後の歴史は言うまでもなく、望んだ方向とは真逆の鍵括弧付きの復帰でした。近年の知事選や県民投票でも沖縄の人々の反対の民意は示されているのに、国は粛々と辺野古新基地建設を行っています。国の重要事項であり、特定の自治体に負担を押し付ける基地建設の話であるにも関わらずです。沖縄が本当に憲法体制下の日本に復帰したのであれば、憲法の地方自治の精神に則り、一定の手続を経て、拘束力のある住民投票にかけるのが正当なのではないでしょうか（憲法95条）。国が本来行うべきことを常態的に行わなかった結果があらゆる民主主義的な手段を駆使せざるを得なくさせたのです。そこで出された沖縄の民意こそ無視するべきではないでしょう。

**清末　愛砂**（室蘭工業大学大学院。憲法）
沖縄県民は選挙や県民投票を通して辺野古への新基地建設を反対する声を繰り返し示してきた。それにもかかわらず、政府は沖縄の民意は傾聴に値しないといわんばかりに、新基地建設を強行してきた。政府の態度は沖縄に対する露骨なまでの差別的取扱いであり、断じて許されない。新基地建設の強行は沖縄をめぐる問題ではあるが、日本という国家が牙をむき出しにしながら沖縄県民に問題を押し付けてきた点に鑑みれば、それはむしろ〈沖縄をめぐる日本問題〉と表現すべきものであろう。憲法が真に平等に適用されることがなければ、憲法の存在意義はない。その適用において例外は認められない。沖縄県民の基本的人権や平和的生存権を侵害し、沖縄の地方自治を否定する行為がまかり通ってきたこと自体が憲法の機能停止や形骸化を明確に示している。まさに異常事態の継続としかいいようがない暴力的状況である。〈沖縄をめぐる日本問題〉の解決なくして立憲主義の回復はありえず、沖縄の民意とともにある尊厳は踏みにじられたままである。

**小林　武**（沖縄大学。憲法）

沖縄を重要なテーマとしてとり上げた大切な集いに出席できず、申し訳ありません。今日の沖縄問題の焦点は、本土政府が沖縄県民の意思を一蹴して、それと真逆の政策を強行しているところにあります。

これ以上の米軍の新しい基地の建設を認めないという民意は明瞭です。沖縄県民は、どの選挙でも、また争点を新基地建設の是非に絞った県民投票でも、この意思を示しつづけています。それにもかかわらず、現政権は、これを一顧だにしません。あまつさえ、投票に先立って、「結果いかんにかかわらず建設を進める」と言い放つ始末です。ここにおいて憲法保障する民主主義・地方自治は蹂躙され、立憲主義それ自体が破壊されています。

今こそ、沖縄問題を全国で考えることが求められています。全国に共通した課題として捉えることが、問題を解決するカギであると思います。そして、憲法の道に戻って政治をする真っ当な政権を、私たちの手でつくりあげたいものです。

**清水　雅彦**（日本体育大学。憲法学）

安倍政権は沖縄の民意を尊重し、辺野古新基地建設を断念すべきです。また、この問題については、本土の多数派国民の姿勢も問われています。私は日米安保条約は憲法違反と考えるので、日本から全ての米軍基地を撤去すべきと考えています。一方で、国民の多数派は安保条約に賛成していきます。しかし、安保条約に賛成しながら、国土面積わずか0・6％の沖縄に在日米軍基地・施設の約71％を押しつけているのはおかしくないでしょうか。この構図は、本来なら送電ロスを減らすために発電所を消費地の近くに設置すべきなのに、東京電力の原発を東京電力の管内ではない福島に設置したこと同じです（柏崎原発も）。基地や原発といった「迷惑施設」を地方に押しつけることはもうやめませんか。自分たちが引き受けたくないなら、基地そのものの国内からの撤去を考えませんか。

**高佐　智美**（青山学院大学。憲法・国際人権法）

辺野古新基地建設に反対という県民投票の結果を無視して建設を強行するということは、沖縄の人々の民意を踏みにじるということにとどまらず、日本全体に蔓延している政治への絶望や無力感をさらに加速させることに他ならない。これからの日本を背負っていく若者や子どもたちに、「この国はどうせ何を言っても何も変わらないんだ」という諦観を植え付け、さらに政治に対する無関心を増長させることこそが、まさに日本の危機である。

このような危機的状況を打破するためにも、沖縄だけの問題としてではなく、日本全体の問題として、私たち一人一人が、できることを考えていかなければならない。

**高良　沙哉**（沖縄大学。憲法）

辺野古新基地建設是非を巡る、沖縄と日本政府との長引く対立は、沖縄に生きる者たちの人権意識、民主主義的意識を高めている。一方、この間日本政府は、憲法で保障された人権を抑圧し、民主主義的プロセスで表明された住民の意思（国政選挙、地方選挙、県民投票も）をことごとく無視して、新基地建設を強行し続けている。

沖縄側からの辺野古新基地建設予定海域の軟弱地盤の指摘は、新基地建設計画の再考が求められる重大な指摘であるが、「辺野古ありき」で工事を急ぐあまり、政府は環境や安全性といった基本的な事柄も顧みない。

政府は、今でも沖縄を憲法の外におき、人権を抑圧し、住民の政治意思を無視しながら、日本の軍事化の最前線にし続ける。広大な米軍基地で土地を奪い、空には戦闘機が飛び交い、海までも奪おうとする。あまりにも不平等に重い軍事的負担だ。

沖縄に生きる者も人権を有する。政府による理不尽な扱いは、到底、許されるものではない。

**成澤　孝人**（信州大学。憲法学）

２０１９年２月の沖縄県民投票は、辺野古埋立てに反対する沖縄県民の意思が明確に示されたという点で、非常に重いものである。政府がその結果を無視して、工事を強行することは、この国が本当に民主主義社会であるかどうかを疑わせるものである。

そもそも、辺野古埋立ては、法の理念を無視するやり方で強行されている。沖縄県は、埋立て承認の撤回をおこなった。しかし、政府は、行政不服審査法を悪用し、県知事による埋立て承認の撤回処分を、国土交通大臣が「審査」して執行停止にしたうえで、工事を強行している。しかし、日本国憲法において、地方自治体は国の下部機関ではない。埋立て承認の権限は知事にあり、それが撤回された以上、国は工事を強行してはならないのである。

法の理念と県民投票の結果を無視して強行される辺野古基地建設を黙認するならば、わたしたちは、地方自治という重要な憲法原理を失うことになるだろう。

**根森　健**（東亜大学大学院。憲法学）

ゴールデンウイークの合間に、家族と駆け足で沖縄に出かけた。旅のメインは、沖縄の中でも海がひときわきれいな古宇利島経由で沖縄美ら海水族館見学。最近人気の定番の沖縄観光コースだ。利用した地元の観光バスは、当日、道路の渋滞を避けて、沖縄本島の北側のコースを選んだ。バスガイドは、巧みな話術と歌で乗客を飽きさせない。話はごく自然に、道の両側を占拠して広がる米軍基地と米軍家族のためのあまりにも立派な施設のこと、彼女の住む普天間でのとりわけ轟音を響かすオスプレイのことなどにも及んだ。道すがら、車窓越しに見ることのできた埋めたて中の辺野古の工事現場と、強制的に撤去された反対運動のテント跡——いまもなお、頑張っている人たちがいた！——。美しい沖縄と、その背中合わせの基地の島・沖縄。

私たちが、沖縄の美しい自然と其処に暮らす懐かしい人たちを大切に思うなら、もうこれ以上、沖縄県民の「辺野古新基地建設反対」の明確な民意に抗ってまでも、強権的に辺野古新基地建設工事を推し進める安倍政権の暴挙を許してはいけないと思う。沖縄と沖縄県民の自己決定権や自由な意思表明そして平和的生存権を顧みることのない、この冷徹で無礼な新たな「琉球処分」にＮＯ！　の意思表明をしなければならないのは、私たち一人一人の日本の有権者のはず。そのチャンスは、いま目の前にある！

**藤野　美都子**（福島県立医科大学。憲法）

沖縄県民は、国政選挙、地方選挙、県民投票により、辺野古埋立てに反対する意思を繰り返し示してきました。にもかかわらず、政府は、普天間基地移設のためには辺野古新基地建設が唯一の選択肢であるとして、埋立てを推し進めています。政府は、県民投票の結果を受け、埋立てを中止し、沖縄県そしてアメリカ合衆国政府と再度協議を行うべきでした。併せて、普天間基地の使用中止をアメリカに要求すべきです。

辺野古新基地建設は、県民の生活を守らず、命を守らないと沖縄の人々が受け止めている事実は重たいものです。沖縄県民の意思に反する施策が、「国民の命と平和な暮らしを守り抜く」施策といえるでしょうか。新基地は何のために建設されようとしているのでしょうか。私たち一人ひとりが今一度考えなければならない問題です。全世界の国民に、つまり一人ひとりに「平和のうちに生存する権利を有することを確認する」と謳う日本国憲法の意義が問われています。

【資料2】

# 「あいちトリエンナーレ2019」における河村市長・菅官房長官の「表現の自由」侵害行為に抗議する憲法研究者声明

憲法研究者有志一同　2019年8月11日

2019年8月1日、愛知県で国際芸術祭「あいちトリエンナーレ2019」の企画展「表現の不自由・その後」が開催されましたが、8月3日に中止に追い込まれました。中止に追い込まれた理由として、大村知事は愛知県に寄せられた、テロ予告や脅迫を挙げました。

テロ予告や脅迫はそれ自体犯罪であり、そのような暴力的な方法で表現活動をやめさせようとすることは強く非難されるべきものです。さらに、今回とりわけ問題なのは、この展示会中止にむけての政治家の圧力です。8月2日に現地を視察した河村名古屋市長は「日本国民の心を踏みにじるもの」などと発言して企画展の中止を求めました。8月2日、菅官房長官もあいちトリエンナーレが文化庁の助成事業であることに言及したうえで、「補助金交付の決定にあたっては事実関係を確認、精査したうえで適切に対応していく」などと発言しました。

わたしたちは、河村市長と菅官房長官の言動は民主主義国家における「表現の自由」の重要性について全く理解を欠いたものであると考えます。企画展の展示内容は、例えば、名誉毀損として処罰されるべきものでも、特定の人種や民族の人々をそうした属性を有するというだけで誹謗・中傷するものでもありません。今回の展示中止の要請は、きちんとした理由のあるものでなく、単に、権力者が自分の気に入らない言論を自分が気に入らないという理由だけで禁止し、抑制しようとするものです。しかし、自由な民主主義社会においては、こうしたことはあってはならないことです。このようなことが許されれば誰も権力者を批判することができなくなり、その結果、わたしたちは権力者を批判する表現を受け取ることが不可能になるでしょう。これはとても息苦しい社会です。

憲法21条で保障された表現の自由は、様々な考えの人の存在を前提としている民主主義社会にとって不可欠なものです。自分が気に入らないという以外に特別な理由なく展示の撤回を求めた河村市長と菅官房長官の言動は、憲法21条に反するものであり、強く批判されるべきだと考えます。わたしたちは、河村市長と菅官房長官の言動に対して、断固抗議し、撤回を求めます。

【賛同者一覧】２０１9年8月17日段階95名

愛敬浩二（名古屋大学）青井未帆（学習院大学）浅野宜之（関西大学）足立英郎（大阪電気通信大学名誉教授）飯島滋明（名古屋学院大学）井口秀作（愛媛大学）石川多加子（金沢大学）石川裕一郎（聖学院大学）石塚　迅（山梨大学）石村　修（専修大学名誉教授）井田洋子（長崎大学）市川正人（立命館大学）伊藤雅康（札幌学院大学）稲　正樹（元国際基督教大学教員）井端正幸（沖縄国際大学）岩本一郎（北星学園大学）植野妙実子（中央大学名誉教授）植松健一（立命館大学）植村勝慶（國學院大學）浦田一郎（一橋大学名誉教授）浦田賢治（早稲田大学名誉教授）榎澤幸広（名古屋学院大学）江原勝行（早稲田大学）大内憲昭（関東学院大学）大久保史郎（立命館大学名誉教授）大野友也（鹿児島大学）岡田健一郎（高知大学）岡田信弘（北海学園大学教授・北海道大学名誉教授）奥野恒久（龍谷大学）小栗　実（鹿児島大学名誉教授）小沢隆一（東京慈恵会医科大学）押久保倫夫（東海大学）上脇博之（神戸学院大学）彼谷　環（富山国際大学）河上暁弘（広島市立大学広島平和研究所）菊地　洋（岩手大学）北川善英（横浜国立大学名誉教授）木下智史（関西大学）清末愛砂（室蘭工業大学）清田雄治（愛知教育大学特別教授）倉田原志（立命館大学）倉持孝司（南山大学）小林武（沖縄大学客員教授）小林直樹（姫路獨協大学）小松　浩（立命館大学）斉藤小百合（恵泉女学園大学）笹沼弘志（静岡大学）佐藤信行（中央大学）澤野義一（大阪経済法科大学）志田陽子（武蔵野美術大学）清水雅彦（日本体育大学）鈴木眞澄（龍谷大学名誉教授）芹沢　斉（青山学院大学名誉教

授）髙佐智美（青山学院大学）高橋利安（広島修道大学）高橋　洋（愛知学院大学）高良沙哉（沖縄大学）竹内俊子（広島修道大学名誉教授）竹森正孝（岐阜大学名誉教授）田島泰彦（元上智大学教員）多田一路（立命館大学）建石真公子（法政大学）千國亮介（岩手県立大学）塚田哲之（神戸学院大学）土屋仁美（金沢星陵大学）常岡（乗本）せつ子（フェリス女学院大学名誉教授）長岡　徹（関西学院大学）中川　律（埼玉大学）中里見　博（大阪電気通信大学）中島茂樹（立命館大学名誉教授）中村安菜（日本女子体育大学）永山茂樹（東海大学）成澤孝人（信州大学）成嶋　隆（新潟大学名誉教授）丹羽　徹（龍谷大学）根森　健（東亜大学大学院特任教授）畑尻　剛（中央大学）福嶋敏明（神戸学院大学）藤井正希（群馬大学）藤野美都子（福島県立医科大学）古川　純（専修大学名誉教授）前原清隆（元日本福祉大学教員）松原幸恵（山口大学）宮井清暢（富山大学）三宅裕一郎（日本福祉大学）三輪　隆（元埼玉大学教員）村田尚紀（関西大学）本　秀紀（名古屋大学）森　英樹（名古屋大学名誉教授）山内敏弘（一橋大学名誉教授）横尾日出雄（中京大学）吉田栄司（関西大学）若尾典子（元佛教大学教員）脇田吉隆（神戸学院大学）和田　進（神戸大学名誉教授）

以上

## あとがきに代えて

「はじめに」でも触れられているように、本書は、編者の3人が属している「憲法研究者と市民のネットワーク（憲法ネット103）」のこれまでの取り組みの中から生まれた。

憲法ネット103は、安倍政権が、国会での「数の力」に任せて、「安倍4項目改憲案」を推し進めようとする動きの中で、今まで以上に危機感を抱く憲法研究者が集まって2017年秋に発足した。現在のメンバーは、若手研究者から教員リタイア組まで総勢116名を数える。発足に当たっての、呼びかけ人たちによる「参加の呼びかけ」文には、次のようなフレーズがある。

「……研究者にとっては研究と教育が本務です。しかし、安保法制（戦争法）や共謀罪法の経験から、憲法研究者に求められるのは、これまで以上に現実の社会における憲法問題について広く発言し、市民とともに行動し、市民とともに歩むことであると思われます。これはまずもって個々の憲法研究者が各自の責任で行なうことです。と同時に、憲法研究者がお互いに連絡をとって、必要に応じて共同して活動していくことも必要とされましょう。……」

憲法ネット103の活動には、①重要な憲法問題に対する「緊急声明」の作成・とりまとめ・公表への取り組み、②憲法ネット103としてのシンポジウム・集会などの開催、③（市民からの憲法問題を考えるための講師派遣依頼に応えるための）「憲法なんでも出前講師グループ」活動、④（市民と憲法を語り合う憲法講座）「どこでも憲法」などがある。その他に、課題として、website（https://ken

ponet103.com/）での「（市民と憲法研究者の）交流の広場」の活性化がある。

本書は、上記の活動の②と④での活動の積み上げが元になっている。また、本書の巻末資料２編は、①の最近の活動例でもある。

以下に、本書の元になった②と④での取り組みを紹介させて頂く。

1．２０１７年10月9日（月）憲法ネット１０３立ち上げ集会&シンポジウム
「一緒に考えよう――なんで解散？ なんで改憲？ 決めるのは私たち！」
問題提起者：長峯信彦「解散権は、総理大臣の〝専権事項〟ではない」
稲　正樹「選挙における改憲論の提起にどう対応するか」
藤井正希「安倍改憲論の問題性」
植野妙実子「国家緊急権の問題性：コントロールの不能性」
コメント：根森　健「立憲主義・法の支配」という座標軸から見た「安倍政権と解散」
三輪　隆「支配の正統性の根拠としての憲法」と〝壊憲〟状況：選挙にどう立ち向かうか

2．市民と語る憲法講座「どこでも憲法」シリーズ第１回～第４回
第1回：２０１７年11月27日（月）
①植野妙実子「選挙結果と憲法改正の動向」
②根森　健「憲法改正のもつ意味」
第2回：２０１８年2月1日（木）
①井口秀作「憲法改正手続について考える」

②浦田一郎「9条加憲について考える」
第3回：2018年4月12日（木）
①成嶋　隆「教育の無償化と憲法改正」
②稲　正樹「憲法改正の動向と私たちの取り組み」
第4回：2018年8月18日（土）
①加藤一彦「参議院選挙での『合区』解消と憲法改正」
②石村　修「緊急事態条項の導入と憲法改正」
3．2018年5月8日（火）「全国どこでも憲法」第1回・シンポジウム
＊新安保法制の撤回を求める信州大学人の会との共催
　成澤孝人・稲　正樹・根森　健「日本国憲法改正と憲法研究者の役割」
4．2018年10月27日（土）憲法ネット103・発足1周年記念シンポジウム
「安倍政治を問う——9条・教育・沖縄」
①麻生多聞「憲法9条に適合的な非武装での安全保障論とは——ジーン・シャープ「市民的防衛」について」
②中川　律「憲法を改正すれば教育は良くなるのか？——教育の無償化を題材に考える」
③小林　武「沖縄から安倍政治を総括する」
5．2019年4月27日（土）憲法ネット103・集会
「天皇制と沖縄のいまを問う」
①横田耕一「代替わりに考える「天皇教」の生成と存続」
②高作正博「辺野古が問う民主主義と法治主義——埋立承認「撤回」の法的・政治的意味」

6．2019年10月20日（日）憲法ネット103・公開研究会
＊公益財団法人・政治経済研究所「憲法研究室」との共催
君島東彦「安全保障研究の最先端——憲法平和主義への示唆」

憲法ネット103の活動を通して、メンバーの多くの方が、すでに個人として、日本国憲法の立憲（人権保障）・民主・平和主義を市民とともに護り活かしていく様々な活動に精力的に取り組んでいることを改めて確認することができた。

動き始めてまだ2年だが、憲法ネット103が、ささやかでも、今後も、こうしたメンバー諸氏の様々な活動を繋いで、市民と憲法研究者とのネットワークの強化に寄与できる存在であり続けられるように、編者たちも微力ながら取り組んでいきたいと、本書を手にして改めて思っている。

2019年11月3日日本国憲法公布の日に
憲法ネット103運営委員　根森　健

**執筆者紹介：**（執筆順）

**鈴木　眞澄**　龍谷大学名誉教授。著書等に、松井幸夫編著『変化するイギリス憲法——ニュー・レイバーとイギリス「憲法改革」』（敬文堂、2005年）、倉持孝司他編著『憲法の「現代化」——ウェストミンスター型憲法の変動』（敬文堂、2016年）、など。

**藤井　正希**　群馬大学准教授。著書等に、後藤光男編『法学・憲法への招待』（敬文堂、2014年）、後藤光男編『行政救済法論』（成文堂、2015年）、『マスメディア規制の憲法理論——「市民のためのマスメディア」の実現』（敬文堂、2016年）、など。

**村田　尚紀**　関西大学教授。著書等に、『改憲論議の作法と緊急事態条項——国家緊急権とは何か』（日本機関紙出版センター、2016年）、『比較の眼でみる憲法』（北大路書房、2018年）、永田秀樹・倉持孝司・長岡徹・村田尚紀・倉田原志『講義・憲法学』（法律文化社、2018年）、など。

**成嶋　隆**　新潟大学名誉教授。著書等に、『教育法学と子どもの人権』（三省堂、1998年）、『教育基本法改正批判』（日本評論社、2004年）、など。

**植野　妙実子**　中央大学名誉教授。著書等に、『基本に学ぶ憲法』（日本評論社、2019年）、『フランスにおける憲法裁判』（中央大学出版部、2015年）、『[新版]憲法の基本』（編集工房　球、2015年）、など。

**井口　秀作**　愛媛大学教授。著書等に、奥平康弘他編『改憲の何が問題なのか』（岩波書店、2013年）、井口秀作・浦田一郎他編『いまなぜ憲法改正国民投票法なのか』（蒼天社出版、2006年）、「憲法改正概念・考」阪口正二郎他編『憲法の思想と発展』（信山社、2017年）、など。

**石村　修**　専修大学名誉教授。著書等に、「緊急事態への対処方法——自然災害と向き合う憲法」（専修ロージャーナル14号、2018年）、『基本権の展開』（尚学社、2017年）、など。

**小林　武**　沖縄大学客員教授。著書等に、『現代スイス憲法』（法律文化社、1989年）、『地方自治の憲法学』（晃洋書房、2001年）、『憲法判例論』（三省堂、2002年）、『平和的生存権の弁証』（日本評論社、2006年）、『ようこそ日本国憲法へ[第３版]』（法学書院、2016年）、など。

**笹沼　弘志**　静岡大学教授。著書等に、『臨床憲法学』（日本評論社、2014年）、『ホームレスと自立／排除――路上に〈幸福を夢見る権利〉はあるか』（大月書店、2008年）、監修著書として『えほん日本国憲法――しあわせに生きるための道具』（明石書店、2008年）、など。

**飯島　滋明**　名古屋学院大学教授。著書等に、前田哲男・飯島滋明編『国会審議から防衛論を読み解く』（三省堂、2003年）、前田哲男・飯島滋明編『Q＆Aで読む日本軍事入門』（吉川弘文館、2014年）、『沖縄・辺野古から見る日本のすがた』（八月書館、2019年）、など。

**根森　健**　東亜大学大学院特任教授、新潟大学・埼玉大学名誉教授。著書等に、『資料集　人権保障の理論と課題』（尚学社、2002年）、ドイツ憲法判例研究会編『ドイツの憲法判例［2版］』（信山社、2003年）、『時代を刻んだ憲法判例』（尚学社、2012年）、など。

**長峯　信彦**　愛知大学法学部教授。専門は国旗焼き棄ての象徴的表現、ヘイトスピーチなど、「表現の自由」を中心とした精神的自由権。近著は、「忘れられる権利」に関する論文を収めた樋口陽一他編『憲法の尊厳――奥平憲法学の継承と展開』（日本評論社、2017年）。近年は憲法9条改悪反対などの講演も多数。

**麻生　多聞**　鳴門教育大学大学院学校教育研究科准教授。著書等に、『憲法9条学説の現代的展開――戦争放棄規定の原意と道徳的読解』（法律文化社、2019年）、「在韓米軍地位協定の改定経緯――日本より有利な改定が実現した要因の分析」（明治学院大学国際平和研究所紀要PRIME43号、2020年刊行予定）、など。

**清末　愛砂**　室蘭工業大学大学院准教授。著書等に、飯島滋明・前田哲男・清末愛砂・寺井一弘編著『自衛隊の変貌と平和憲法――脱専守防衛化の実態』（現代人文社、2019年）、中里見博ほか著『右派はなぜ家族に介入したがるのか――憲法24条と9条』（大月書店、2018年）、など。

**稲　正樹**　元国際基督教大学教授。著書等に、『平和憲法の確保と新生』（北海道大学出版会、2008年、共編）、『アジアの憲法入門』（日本評論社、2010年、共編）、『北東アジアの歴史と記憶』（勁草書房、2014年、共訳）、『法学入門』（北樹出版、2019年、共編）、など。

**安倍改憲・壊憲総批判——憲法研究者は訴える**

発行日　2019年12月 8 日　第 1 版第 1 刷発行
編　者　憲法ネット103
（編集代表：稲　正樹・根森　健・飯島　滋明）
発行所　株式会社八月書館
〒113－0033
東京都文京区本郷 2－16－12 ストーク森山 302
TEL 03－3815－0672　FAX 03－3815－0642
郵便振替 00170－2－34062
印刷所　創栄図書印刷株式会社

ISBN978－4－909269－07－2　定価はカバーに表示してあります